SD 中小学教师师德养成系列丛书

德高

——中小学教师职业道德修养

zhongxiaoxue jiaoshi
zhiye daode xiuyang

为师

唐凯麟 刘铁芳 主编

东北师范大学出版社
NORTHEAST NORMAL UNIVERSITY PRESS
长春

图书在版编目（CIP）数据

德高为师：中小学教师职业道德修养 / 唐凯麟，刘铁芳主编. —长春：东北师范大学出版社，2013.6
ISBN 978 - 7 - 5602 - 9128 - 4

Ⅰ.①德… Ⅱ.①唐… ②刘… Ⅲ.①中小学—教师—职业道德 Ⅳ.①G635.16

中国版本图书馆 CIP 数据核字(2013)第 155242 号

□责任编辑：吴东范　　□封面设计：李冰彬
□责任校对：邓江英　　□责任印制：张允豪

东北师范大学出版社出版发行
长春净月经济开发区金宝街 118 号（邮政编码：130117）
销售热线：0431—84568091
传真：0431—85605102
东北师范大学音像出版社制版
北京柯蓝博泰印务有限公司印装
2013 年 8 月第 1 版　　2019 年 5 月第 3 次印刷
幅面尺寸：169mm×239mm　　印张：13　字数：220 千

定价：26.00 元

序　言

　　教师职业道德问题对于教师的特殊意义在于，教师职业乃是以教书育人为中心的职业，教师自身就是教师职业行为的出发点和根本依据，言传与身教从来就是紧密相连、不可分割的整体。一种优良的教育实践从来就是与教师自身的优良德性分不开，甚至可以说，一位教师的优良教育实践就是其德性的实践形式。

　　近年来，教师职业道德问题的重要性日渐突出。这种突出除开我们的文化传统中对师道尊严的强调，其实还有以下几点理由：一是人们对好的教育的期待。好的教育离不开教师，好的教育直接地根源于好的教师，好教师的灵魂乃是优良的师德。二是尽管我们社会教师的职业地位逐渐提升，教师自身的素养也在整体提升，但零星暴露出来的教师职业道德问题依然突出，有的教师甚至连禽兽都不如，这意味着教师职业道德问题的严峻性不能不让人深思。三是人们对未来、对社会改进的期待。我们今天社会的进步是有目共睹的，但其中隐在的问题也让人揪心，特别是道德失范问题不容小觑。学校教育就是在培植民族的未来，学校教育不应随波逐流，而应引导社会风气的纯化，教师理当担负起促进儿童健全发展、引领社会精神风向的使命。要实现这一点，没有对师德问题的足够意识是不可能的。

　　教师职业道德问题如此重要，究竟何为师德，或者说今日教师职业道德的精髓是什么？今日的教师职业道德不能仅仅停留在对教师职业的简单规定上，而更重要的是如何引领教师职业，提升教师职业的内在觉悟，促成德性向着教师职业的内在转化。我们认为，师德的灵魂就是个体对教师职业的内在觉悟，以及由此而来的对教师职业价值的追求、守护、实践，并成就自己职业人生幸福的德性品质。这主要包括三个方面：（1）敬重教师职业，由此而不断地觉悟、理解教师职业的内在价值，爱教师职业，这是教师职业道德的起点与基础。（2）领悟并践行教师职业之道，可谓教师职业道德的关键，这主要包括：教师对学生的爱，没有爱就没有教育；教师的学习与自我成长，没有教师的自我成长，教育实践就难免是封闭的，难以达成对学生的生动引领；教育的教育创新，要培养学生的创新意识和创新能力，需要教师自身创造性的教育实践；走向团队化生存，教师的教育实践不是孤立化个体的活动，需要教师之间、教师和家长之间的相互合作，教育需要合力；以身作则，不断追求教师人格的自我完善，让教师人格的发展融入并贯穿教师的教育实践。

(3) 教师职业道德还有一个重要的方面就是乐业，也就是教师能从教育实践之中找到自我生命完满的方式，实现个体人生的价值，求得教师人生的幸福。教师燃烧自己，照亮的不仅是学生，也是教师自我人生。

在这里，我们试图找到一种贴近当代教育生活，贴近教师伦理发展的方式来阐述教师职业道德的内涵，我们同样试图寻找一种贴近教师人生的方式来谈论师德。我们如何谈论师德，这个问题同样重要。换言之，谈论教师职业道德，我们首先需要有一种理解教师，理解现实的教师生存状况的姿态，而不是简单地居高临下，训以种种师德规范。如何找到一种立足教师现实生命状态，促成教师职业生活的精神自觉，同时又切实把握现实师德问题，引导教师将师德本身转换成生命的资源而不是生命的负担，这是我们在编写过程中考虑的基本主题。本书试图从教师职业道德的内在理路出发，引导大家理解师德，内化师德，实践师德，从而将教师应当遵循的伦理基础融入到育人的职业生命之中去。

作为一本培训教师职业道德的专业教材，无疑要面对两方面的问题，一方面是社会对教师师德的要求，一方面是教师本身对于师德的态度和需要。本教材的逻辑思路，乃是基于这样一个逻辑起点，即师德既是一种社会要求，同时更是教师本身的生命诉求，而发展师德即是发展教师的生命能力，以此为基点，教材接下来分别论述了敬业、师爱、学习、创新、合作等教师职业生命发展中的基本能力及其对于师德发展的基本意义与要求，最后教材落脚到教师人格发展和教师职业人生的完整和幸福这样的基本问题。这样的逻辑思路，激发阅读者反观自身的职业生命，从而在其中发现和发展自身内在师德，进而一步步将师德的社会性要求与生命性意蕴融合起来。

本书试图做到在思想上既深刻回应师德现实问题、又体现师德理论发展本身的基本理论成果与体现学术前沿；在语言上，既有理论深度、又能通俗晓畅、简洁明快，兼顾教师自身的可读性；在体例上有所保留又有所创新。全书以正文的理论论述为主，在章前引入名人名言、本章导言和案例剖析，在文中引入知识或者案例链接，在文后则附上思考问题，由此使得文本具有一定的文化性、历史性和当代性，生动、丰富、明晰，具有可读性。

当然，设想与具体实践是两回事，我们虽然想努力编好，但由于诸多原因，实际上我们也无法达成自己预想的目标，虽然本书是我们师德教材编写的第二次尝试，我们依然感到前方的路很长。本书由主编拟定提纲和编写要求，诸位同仁和朋友一起参与，彼此合作而成。第一章由樊杰、罗繁荣执笔，第二章由周凯兴执笔，第三章由段慧兰执笔，第四章由唐泽霞执笔，第五章有刘黎明执笔，第六章由陈艳萍执笔，第七章由周俊帆执笔，第八章由杨琪文执笔。每章前的案例及点评由樊杰执笔，在统稿的过程中，樊杰也做了大量的工作。

唐凯麟　刘铁芳

目　录

第一章
教师职业道德修养的历史脉络与时代意蕴

　　崇高的道德行为往往具有震撼人心的力量。央视"感动中国"评选出来的使整个中华民族都深深受到触动的人物，几乎都具备着高尚的道德动机和良好的修养。他们不计自身利益，辛劳付出，使他人从中得益。他们中很多人身份普通，不善言辞，但是他们却能唤起整个民族心灵的向往。难怪德国哲学家康德会说，"那最神圣恒久而又日新月异的，那最使我们感到惊奇和震撼的两件东西，是天上的星空和我们心中的道德律"。

　　我们的民族是一个重视道德的古老民族，同时也是一个看重"师道"之"尊严"的民族。言文必言教，言教必言师，言师必言德。教师职业道德和我们整个民族的文化和精神紧密联系在一起。孔子一生学而不厌，诲人不倦，言传身教，被尊为"万世师表"，成为整个民族精神的源泉。

　　具有教师职业道德的教师在我们的文化习惯中通常被比喻为春蚕、铺路石、太阳、孺子牛、人类灵魂的工程师、园丁、路标、摆渡人等等，且被赋予崇高的敬意。究竟教师职业道德是什么？我国传统中的教师职业道德有何含义？西方文化背景下的教师职业道德要求与我们的有何异同？现代社会仍然需要教师职业道德吗？教师职业道德是否契合教育之内在发展的要求？是否契合教师自身生涯发展的要求？等等。这一系列问题将是本章着重探讨的问题。

教育的关键问题是教师。对于教育，兴之抑或亡之，在于教师。……根本问题是，是教师精神，是全人教养，是教师之道，是根性，是灵魂。教师之道尤其需要锻炼。

——小原国芳①

典型案例 DIANXINGANLI

汶川地震发生时，当时正在四川都江堰光亚学校上语文课的老师范美忠，察觉到发生大地震后，撇下学生率先逃生到操场。其后范美忠对学生说："我从来不是一个勇于献身的人，只关心自己的生命，你们不知道吗？上次半夜火灾的时候我也逃得很快！"接着，他还对一位对他感到有些失望的学生说道："我是一个追求自由和公正的人，却不是先人后己勇于牺牲自我的人！在这种生死抉择的瞬间，只有为了我的女儿我才可能考虑牺牲自我，其他的人，哪怕是我的母亲，在这种情况下我也不会管的。因为成年人我抱不动，间不容发之际逃出一个是一个，如果过于危险，我跟你们一起死亡没有意义；如果没有危险，我不管你们有没有危险，何况你们是十七八岁的人了！"

范美忠写道："我没有丝毫的道德负疚感，我还告诉学生，'我也决不会是勇斗持刀歹徒的人！'"范美忠接下来还质疑说"崇高是一个好老师的必要条件吗？"

事件被报道之后，有人表示愤慨，也有人表示理解，有人认为他是"真实的小人，好过虚伪的君子"。有很多网友补充说，一位老师很难崇高到随时愿意牺牲生命救孩子，而在中国教师普遍性地位低下的现实中，要求教师道德崇高也是不宽容的。不过即便如此，2008 年香港凤凰网进行了一项名为"你怎样看待范美忠率先逃跑的行为"的调查，吸引了高达 245888 位网友的投票，其中有 58.9% 的人认为范美忠"已经不适合继续做教师了"，有 17.1% 的人对范美忠"不管是言论还是行为都不赞成"，而赞成范美忠言行的仅占 4.5%。

点评

地震中，范美忠丢下学生独自逃跑的行为，虽然从人性上可以理解，但是从教师职业道德修养的角度来说，则是明显不符合要求的。教师不同于普

① 小原国芳. 小原国芳教育论著选：下卷 [M]. 北京：人民教育出版社，1993：46-47.

通人群，需要具备职业所需的高尚的职业道德。崇高的教师职业道德是教育事业的本质需求，在中西方的历史文化发展中都是至关重要的因素，其意义和价值并不因时代和环境变化发生改变。教师应通过自我修养，提高师德水平，实现职业人生完满，追求教育的神圣价值。

第一节 教师职业道德修养：历史的脉络

古往今来，每一个国家和民族都重视道德、重视教育、重视教师。教师的职业道德修养是一个普世性的、永恒性的问题。

一、教师职业道德修养的内涵

1. 职业与教师职业

"职业是随着社会分工而出现的，并随着社会分工的稳定发展而构成人们赖以生存的不同工作方式。"① 教师作为一门专业性的职业，是专门从事教书育人这一特殊职业的人员。《教育大辞典》中明确把教师定义为"学校中传递人类科学文化知识和技能，进行思想品德教育，把受教育者培养成一定社会需要的人才的专业人员"②，我国于 1994 年 1 月 1 日正式实施的《教师法》第三条中规定："教师是履行教育教学职责的专业人员，承担教书育人，培养社会主义事业建设者和接班人、提高民族素质的使命，教师应当忠诚于人民的教育事业。"这就从法律上确认了教师教书育人的职业特性。

在中国，教师在春秋战国时期就作为一种独立职业而出现，并经历了长者为师、以官为师、职业教师三个阶段。近代以来，随着清末《钦定学堂章程》和《奏定学堂章程》的颁布，师范教育被正式确定下来，教师职业步入制度化的发展轨道。③ 西方，教师职业经历了教仆和小学教师、智者、哲学派教师、人文主义者、导师制。师范教育后，才步入教师职业制度化的历程。在这一发展过程中，教师职业本身"教书育人"的根本特点并未发生变化，但是其要求和标准却越加严格，越来越专业化。

---

① 中国大百科全书总编辑委员会. 中国大百科全书·社会学 [Z]. 北京：中国大百科全书出版社，1991：475.
② 顾明远. 教育大辞典 [Z]. 上海：上海教育出版社，1990：8.
③ 刘铁芳. 学校教育学 [M]. 北京：教育科学出版社，2011：144.

2. 职业道德与教师职业道德

社会要发展和完善，除了诉诸刚性的法律以外，还需要诉诸柔性的道德规范来达到稳定、昌盛与和谐的目的。道德倚靠人心，它通过文化、习俗、舆论等影响使得主体自动遵守社会的规范和规则，从而达到社会和谐的目的。"实际上，每一阶级，甚至每一个行业，都各有各的道德"[①]，即职业道德。不同领域的职业道德规范在很多其他社会制约手段无法发挥作用的情况下依然起作用，从而使社会分工彼此协调，促进社会整体完善与发展。

链接 LIAN JIE

社会主义职业道德五项基本规范

一、爱岗敬业。二、诚实守信。三、办事公道。四、服务群众。五、奉献社会。

——《中共中央关于加强社会主义精神文明建设若干问题的决议》

教师职业道德即教师道德，简称师德。教师职业道德是教师职业行为的基本规范，也是教师作为道德实践主体的一种品性。换言之，它具有双重含义，一方面是社会赋予教师职业的使命和规范要求，另一方面是教师对于职业的社会使命和要求的主动回应而表现出的优良品性。二者相互联系，共同构成了师德的内核。教师是一门以教书育人为中心的职业，这种专业性与生命性相统一的特点，是教师职业的根本特点，也是教师职业道德问题的起点。

链接 LIAN JIE

我国《中小学教师职业道德规范》

一、爱国守法。二、爱岗敬业。三、关爱学生。四、教书育人。五、为人师表。六、终身学习。

作为社会职业的神圣一环，教师必须体现教育本身的社会职责和社会使命，必须遵守这些职责和使命所赋予的规范和规则。教师的社会意义与其从事的职业密不可分，教师的道德首先从教师职业规范的操守中体现。一位教师若不遵守教育职业的道德规范，就会受到道德谴责，继而为自己带来极大的良心不安；而若教师自觉遵守教育职业的道德规范，就会得到道德褒奖，从而带来生命的意义感和价值感。

---

① 马克思恩格斯文集第四卷 [M]. 人民出版社，2009：294.

教师职业道德并不仅仅只是外在的规范，更是主体内在的实践品性。在中文辞源中，"道德"二字的"道"指由此达彼的道路，引申出正确规则之义，"德"指"值"（甲骨文），既有正直行为之意又有正直心性之意，其实已经内含外在规范和个体品性两层含义。道德调节和作用人类生活是通过触动人心人性来实现的，"物质的阳光照在人身，只能暖和他们的肌肤于一时，只有精神的太阳才能照临他们心灵深处，才能暖透他们一生一世"。当一个人认同规范，并将它同自我生命的意义和价值联系起来时，就会产生出自觉的道德行为。在人类心灵的内在需求之中，对人类基本价值的理解、对社会生活参与的热情和对生命自我实现的渴望，使得人们得以主动用道德的标准指引着行为和生活的方向，并使其持久作用于生命和生活之中。

教师职业是人类最伟大的职业之一，教师与学生之间的心灵沟通、教师对学生发展的深远影响，使得教师更容易体会到职业神圣与心灵愉悦并由此而观照人生意义，故而，教师也更容易成为道德实践主体而主动创造有道德的教育生活。在现实的教育活动中，老师面对的是鲜活的师生关系，这一生命形态使得教师必须基于真实的需要去思考职业的使命与生命的意义，由此而形成内心的道德律令，进而形成符合教师职业规范的教育行为。所以，教师职业道德远远超出了规范和规则的范畴，教师职业道德必然是立足于教师职业基本规范，又超越这一规范的创造性的道德实践品性。

3. 修养与教师职业道德修养

"修养"一词中，"修"本意是整治、修缮，"养"本意是培育、抚养，古人谓"修以求其粹美，养以期其充足；修犹切磋琢磨，养犹涵育熏陶"，《辞源》以玉璞、花木等作喻，意指通过培养、磨练，将品性的美好、端正和丰盈显现出来。英语中"修养"即 cultivation，指培育农作物以获得收成，也比喻培养良好品性。所以"修养"一词，一般就是指个体的态度、能力、品质的缓慢浸润与养成，有修身养性、内化反省、感悟体验等含义，它具有个体道德实践主动性的意味。

道德与修养是直接相关的。道德实践必须倚靠个体品性的修养和涵育方能实现，个体品性的修养与涵育通向主体道德观念和规范的内化与道德品质的养成的道德目标。从这个意义上说，我们可以将道德修养理解成为个体在内化道德要求的过程中培育良好品质的过程，而个体由此内化而成的道德品质（或者称品性）我们称之为"德性"。德性就是个体在内化社会对个体的道德要求的过程中，逐渐形成的个体独特的道德实践品性，这种品性能够使人获得人生的内在价值。通过自我陶冶、自我培育和自我完善的道德修养过程，个体不断完善人格德性，从而达到社会的道德规范和准则。

教师职业道德可以分德性与规范两个层面，德性乃是教师通过道德修养内化的个体品性，规范则是特定的时代与社会对教师职业行为的整体规定。规范是社会对个体品性修养的要求，而德性则是个体品性对于社会使命的主动回应，是教师自我生命道德意义的涵蕴与表达。教师职业规范最终需要通过道德修养内化成为个体德性，从而达成教师在基于个体生命体认之上的自觉道德实践。因此，我们可以将教师职业道德修养定义为：教师自觉将教师职业的道德规范、准则及要求内化为内在道德品质，以完善人格德性的自我陶冶、自我培育和自我完善的实践过程。

由此来看，师德修养问题的核心与关键在于明确教师职业道德的目的与意义，以此彰显什么样的教师职业人生才是有意义的人生，为教师生命安顿提供精神的引导。教师师德修养要求我们在复杂的教育情境中对所追求的价值进行不断的思考与磨砺，形成教育价值的生命认同，使我们能够在面对真实的教育生活和鲜活的学生时，切实体现优良的人性和丰盈的德性。这就意味着教师需要对教育有敬畏心，对学生有爱心，有终身学习的意识，有合作、思考和研究的习惯，最终得以形成完善人格。

二、中西方教师职业道德修养的基本内涵

1. 中国教师职业道德修养的基本内涵和特点

中国文化传统中的"道德"一词源于老子的《道德经》。《道德经》分"道经"和"德经"两篇，上篇穷究作为天地万物本源及宇宙最高原理，即"道"，下篇以得"道"为要阐述修身治政的方法，即"德"，"德"通"得"，所以，道德即"得道"，道德的核心是遵循真理和规律，道德的目的是天下治理与和谐。

通过"道德"实现天下教化，需要"尊道贵德"的老师，教育和教师是与社会安定、天下幸福的终极福祉相关涉的。我国古代典籍《礼记·学记》中指出教化是政治治理的基础，即"建国君民，教学为先"。对国民进行良好的教化可以获得民心，实现政治的长治久安，即战国大思想家孟子所说的"善政不如善教之得民也。善政，民畏之；善教，民爱之。善政得民财，善教得民心"。教师承载着指向个体、家庭、国家、天下和谐的深刻的"道"，体现着神圣使命，所以教师是尤其值得尊重的，所谓"师道尊严"，就是指这个意思。教师首先必须悟道、明道，知道这个世界得以和谐、天下得以治理的道理，然后才能传道、授道，让其他人也明白世界和天下的和谐之理。教师的悟道、明道，非但心里悟和明，而且行为中也能够真实反映出来，即所谓"身教重于言教"（王夫之语），"明而教之，君子所以开后学也"（柳宗元语）。

教师内修为圣，外现为王，达到"修身、齐家、治国、平天下"的境界，教育学生，也是力求让学生从求道到求德，从而实现人生价值，所以"教师也者，教之以事而喻诸德者也"①。实际上，教师所处的地位既是教化的中心，也是政治治理的中心，所以我国历史上，好的皇帝被当作天下人的老师，成为天下人的表率，而好的老师又被尊为"圣人"（如孔子），成为历代皇帝学习的对象；而那些在历朝历代公认最有德行的人，则会被选中作为天子的老师，引导并辅佐天子掌朝执政。

中国教师职业道德修养传统向来强调以"尊道贵德"为教师道德理想，以求道、悟道为教师道德境界，以"传道、授业、解惑"②为教师道德职业规范，以此来追求德性并实现人生完满。我国古代，悟道是教师职业道德修养的目标和境界，传道是师德实践的核心任务，所谓"师者，传道、授业、解惑者也"就是指教师应该以"道"为首要目的，来传授知识和解答疑惑。不论是谁，只要在某方面悟了道，都可以当老师，所以孔子说："三人行，必有我师焉。择其善者而从之，其不善者而改之。"中华民族尊师重道的传统，被称为"道统"。"道统"是中华民族知识文化的根本，同时也是师德修养的根本。教师以道立教，以德成教，从对关涉天下福祉的"道"的追求而始，进而自身形成高尚的道德情操，表现出良好的道德行为，这就是我国传统师德的基本内涵。

从师德修养的基本内涵而言，我国传统师德修养的特点主要体现在师德的崇高性、示范性以及关爱学生这几个方面。

我国传统师德修养的首要特点就是师德的崇高性，即要求教师求道立德，具备非常高的道德水平。我国著名教育家陶行知拥有"捧着一颗心来，不带半根草去"、立志乐道、甘于奉献的修养和境界，他深信，"如果全国教师对儿童教育都有鞠躬尽瘁、死而后已的决心，必为我们民族创造一个伟大的生命"。为了达到很高的道德水准，教师需要自克自省，改过迁善，从各种不尽人意的客观结果中，提高自身仁爱、智慧、恭敬的水平，也就是孟子所说的"爱人不亲，反其仁；治人不治，反其智；礼人不答，反其敬。行有不得者，皆反求诸己"。这点类似于朱熹提出的"主敬"、"存养"、"省察"，即道德修养要严肃认真，谨慎谦恭，内无妄思，外无妄动，随时随地存心养性、反省自察，自觉去恶向善，自克自律，提高道德修养的自觉性，追求最高的道德境界。孔子还主张，如果教师行为中有过失或者错误，只要悔过和改过，就

---

① 礼记·文工世子.
② 韩愈. 师说.

会"知耻近乎勇",更加接近"道",具有值得敬仰的道德能力。

我国传统师德修养的又一特点就是师德的示范性,即教师必须言传身教,通过行为示范给学生什么是"道"。孔子说:"天何言哉?四时行焉,百物生焉,天何言哉?"天地间滋润万物使得万物生长和谐的"道"本身难道有言语吗?通过对时令和天地万物的影响,"道"自然可以显示它的力量。教师传道授业也是如此。"君子务本,本立而道生",教师自身若能显示其高尚的道德行为及其带来的良好影响,学生自然会明白"道"和"理"。所以,传统教师传"道"的核心就是通过教师楷模和道德威信,以身作则,身教重于言教。我国传统中很多伟大教育家都重视教师道德修养的示范性。孔子认为无论从政还是为师,教师如果不能身体力行,给学生讲再多道理也无用处,他说:"其身正,不令而行;其身不正,虽令不从"①。汉代杨雄提出教师应成为学生的楷模,即"师者,人之模范也"。朱熹认为在知与行二者之间,行比知更为重要,他说:"为学之实,固在践履,苟徒知者而不行,诚与不学无异;然欲行而未明于理,则其践履者又未知其果为何事也。"②王夫之也认为,教化和教育的根本就在于教师身体力行,以此行不言之教,即"立教有本,躬行为起化之原"③,所谓"圣人有独至,不言而化成",只有以不言之教,才能使学生"自生其心",从而内化成心灵对道德的真正理解。

我国传统师德修养的另一特点是关爱学生。古代大教育家孔子是一个非常热爱学生的教师,他和学生之间建立了深厚的情感,并深受学生的爱戴。他对待自己的学生付出辛劳,无怨无悔,"学而不厌,诲人不倦"④,孟子认为孔子的这种行为是有智慧和仁爱的体现⑤。孔子有一个学生叫冉伯年,得了麻风病,孔子多次探望抚慰,在冉伯年濒临死亡之际,孔子含泪叹道:"这样的人,为什么偏生这样的病啊!这样好的人,为什么偏生这样的病啊!"言情真切,如同对待自己的孩子。孔子还有一个学生叫子华,他出使齐国,母亲在家将断炊,孔子于是连忙送去粮食接济子华的母亲。孔子最欣赏的学生颜回早死,"夫子哭之恸",并以父亲对儿子的礼仪埋葬了他,其爱生之心,感人至深。孔子以外,我国历史上的教师都强调关心爱护学生。唐朝大诗人柳宗元主张"交以为师",把师生关系变为师友关系,取长补短,相互为师,如北宋理学家和教育家胡瑗,在苏州一带开坛设讲时,据说"教人有法,科条纤

---

① 论语·子路.
② 朱熹. 答曹元可书.
③ 王夫之. 船山全书(第八册). 长沙:岳麓书社,1996:527.
④ 论语·述而.
⑤ 孟子·公孙丑上

细备具，以身先之。严师弟子之礼。视诸生为其子弟，诸生亦信爱如其父兄"[①]，他深得学生和当时朝廷的敬重，被当时人们称为一代宗师。陶行知先生为了穷人的孩子能有受教育的机会，在艰难之中创办育才学校，和学生一道吃大锅饭、大锅菜，一日两餐，还亲自带领学生开荒种菜，他有件旧大衣专给生病学生穿，孩子们称这件大衣为"爱的大衣"。在我国传统文化中，教师亲近学生、热爱学生，使得我们现在仍然将老师当作父母一样去尊敬和爱戴，认为"一日为师，终身为父"。这种复杂的师生情感，其他的文化背景中的人们也许很难理解。

正是因为中国传统师德具有崇高性、示范性和关爱学生的特点，所以我们通常以春蚕、铺路石、太阳、孺子牛、人类灵魂的工程师、园丁、路标、摆渡人等说法形容教师，表达敬意。

2. 西方教师职业道德修养的基本内涵

西方也有着悠久的尊师重道传统，有着对于教育和教师的深刻理解。古希腊人认为，这个世界上存在着让个体幸福和社会和谐的普遍性真理，故而教师首先应当是追求真理之人，教师与学生的关系也以追求真理为中心展开，所以古希腊哲学家亚里士多德说，"吾爱吾师，吾更爱真理"，哈佛大学（美国）的校训是"以柏拉图为友，以亚里士多德为友，更以真理为友"，因此，"教育不是知者随便带动无知者，而是使师生共同追求真理"[②]。

古希腊大哲学家苏格拉底是西方教师的典范，他与学生交流时，反复强调自己是"无知"的，他一般不会以陈述性的语句传达他所掌握的知识，而是以一种平等的姿态和学生共同探讨，提出问题，陈述观点，相互辩驳，逻辑推论。苏格拉底并不真的"无知"，他之所以承认自己"无知"，是因为他意识到自己的智慧用来探求真理时，是有局限的、可能出错的。苏格拉底节制、友好、幽默、爱护和保护年轻人，具有审慎的智慧和谦逊的品德，他和学生的关系更像真挚的朋友。他的学生们热爱他，在他去世后通过追求他生前追寻真理来怀念他。

所以，西方师德修养强调在追求真理的意义上，建立对学生和教育的热爱。西方人认为，教师需要重视人格修养和身体力行，不过教师不一定要成为"圣人"，而是成为一位和学生平等追求真理的引导者；教师要热爱学生，不过教师对学生的爱不一定像父母对孩子的爱，也可以像是对朋友的爱。热爱智慧和热爱学生这二者相互关联，教师热爱学生可以让学生更亲近智慧，

---

① 宋史·胡瑗传.

② 雅斯贝尔斯. 什么是教育［M］. 北京：生活读书新知三联书店，1991：11.

教师热爱智慧则可以更好地热爱学生和帮助学生，二者构成教师德性成长的两个基本维度。热爱智慧和热爱学生的传统使得西方教师职业道德修养主要有如下特点——尊重学生、平等以及公正。

西方师德修养的首要特点是尊重学生。教师只有学会尊重学生，才可能和学生平等相处，并引导学生独立发现真理，实现心灵和人格的自由健全发展。尊重学生，意味着教师应该慎用权力，敬畏学生的生命、尊重学生的人格、尊重学生求知与发展自我的基本权利，不能对学生进行粗暴和野蛮的教育，不能损害学生的身心健康，尊重学生的差异，保护学生的隐私，等等。

西方师德修养的另一特点是平等对待学生，这意味着指将学生视为和老师一样的拥有独立人格的个体。尊重学生的目的是使学生成为与教师平等的个体，能够对自身的思考和行为负责，独立行使其做人的基本责任。美国著名教育家赫钦斯说："教育就是帮助学生学会自己思考，作出独立的判断，并作为一个负责的公民参加工作。"尊重学生要求教师具有引导学生发展的能力，譬如，能指导学生的研究性学习、营造开放性的教学模式等。如一些学校规定，在课堂上不要求学生一定要听从老师的观点，学生只要能够"言之有理，持之有据"，可以提出自己的见解；学生与教师、老师与老师之间可以进行辩论等。美国教师专业标准委员会曾经提出了成功教师的五项标准，其中第一条就是："一个好教师能告诉他的学生关于许多问题的答案。但是，最好的教师能够不说话，而是帮助他的学生自己去思考出答案。"[①]

西方师德修养还强调教师的公正态度。"公正作为道德范畴，既指符合一定道德规范的行为，又主要指处理人际关系和利益分配的一种原则，即一视同仁和得所当得。"[②] 教师的公正态度是持民主和尊重之心，对不同的学生一视同仁、同等对待，不以个人私利和好恶为标准。如美国全国教育学会教师职业道德规范中，严禁教师由于各种原因，使得学生受到参与活动、获得相应权利方面的不公正待遇。

中西方师德修养传统在很多方面是共通的，如都强调追求真理、热爱学生、为人师表等等，中西方对师德修养很多方面的理解都形成共识。当然，如何更深入理解师德并指导教育行为仍然是每个教师的现实使命。

三、教师职业道德修养的时代呼唤

师德问题不仅是教师的"个人问题"，也是社会道德问题的折射和反映。

---

① 参考：郭法奇. 西方教育中的师德及其特征 [J]. 教育评论. 2003 (6).
② 朱贻庭. 伦理学小词典 [M]. 上海：上海辞书出版社，2004：94.

教师承担着传播人类文化、开发人类智慧、塑造人类灵魂的神圣职责，师德建设在弘扬和践行社会主流道德和核心价值体系中发挥着示范引导、支撑保障和辐射衍生作用。每个时代对于师德都有着要求，时代的发展又不断赋予师德以新的内涵和新的期待。师德修养在时代的变化和发展中需要承担其神圣使命，既面临机遇，也面临挑战。

1. 师德修养是社会道德建设的基础工程

道德建设是指在一定道德意识的指导下，根据某种道德原则和道德规范的要求，为培养社会成员的道德品质、提升社会道德水平而进行一系列有目的、有措施的现实的道德活动。道德建设指向的是社会整体道德水平的提升。对于任何一个社会而言，道德建设都是社会健康发展和全面进步的重要环节。一个道德建设水平低的社会是可怕的，人心缺少道德约束，就容易违反法律和习俗，做出伤天害理的行为来。

首先，促进社会道德建设，师德建设责无旁贷。

在社会道德建设中，教育是最基础的一环。"凡以教化不立，而万民不正也"①，人性是人的一种先验素质，这种素质具有向善或向恶两种可能，教育的意义则是引导个体向善。教师的师德修养是社会道德教化的根本，我国古代大哲学家王阳明说："师弟者以道相交而为人伦之一。故欲正天下之人心，须慎天下之师受。"意思是说，教师和学生不仅是情感联系，更是一种道义的结合，教师的道德选择关系着整个社会的人心道德，所以，想要天下的人心道德好，首先教师必须有好的道德影响。

教育活动具有教育性，必须考虑产生的道德后果，这种使命决定了教育事业是神圣的，同时也决定了教师具有不可推卸的道德义务。当今我们面对着一个多元化的环境，中西文明的剧烈撞击，各种文化思潮的相互影响，市场经济的强烈辐射，社会不良风气的浸渍等，都在一定程度上影响并改变着人们的价值观、道德观。环境危机、经济危机、政治争端、人际关系紧张等弥漫全球的问题，无不关涉道德问题。SOHO中国有限公司董事长潘石屹指出，全球经济危机问题的实质是精神的问题，是全社会道德的问题，经济的实质是精神的，只是通过物质的方式表现出来。面对危机，走出危机只有一条路，就是爱和团结。在当今时代对社会道德建设的迫切要求下，教师应当成为作为社会的"良心"，应主动担负起教书育人的职业使命，同时也主动肩负起作为民族成员、国家公民和地球村民的社会责任。

---

① 前汉书：卷五十六·董仲舒列传.

其次，促进社会道德建设，教师要重振道德信仰。

信仰是一种灵魂式的爱，是人类最基本的一种情绪。人类在这个世界上，需要对"善"有所相信，有所敬畏，从而得以约束自己的心灵，并提高自己的修养，为自己在大地之上找到安身立命的精神依托。没有信仰的人，生命空虚无根，难以感受心灵深层次的幸福。信仰需要一种积极关切的入世态度，对孔子来说，"子不语：怪、力、乱、神"（《论语·述而》），"未能事人，焉能事鬼"，"未知生，焉知死"（《论语·先进》），都意味着信仰是为人类此世的福祉服务的。信仰也需要从社会主流道德和核心价值体系中吸取养分，不断加强修养和锤炼，形成基于道德关怀的信仰体系。

教育中处处触及信仰，没有信仰，就没有教育。教师的职业是"一棵树摇动另一棵树，一朵云推动另一朵云，一个灵魂唤醒另一个灵魂"的过程，教师面对的是一个个有尊严和人格的学生，有着"温热"的心，会感受，会思考，会形成自己的为人处事方式，所以，教师倘若缺乏精神的深度，就难以产生高尚的道德行为，更不会具有深刻的影响力。

在以物质标准衡量成功与否的时代，教师尤其需要重振道德信仰，有所敬畏，有所坚持，有所拒弃。有教育经验的人不会看不到，当前教育中幸福的失落、品位的降格在一定程度上与师生敬畏感、好奇心和信仰的缺乏不无关系。没有崇高的道德信仰，就不能成其为好人，更不成其为好教师。坚定而崇高的道德信仰，是教师恪守师德、潜心育人的内在根基，是教师道德修养的心灵指引，也是教师提升职业价值和人生境界的不枯竭的力量之源。

链接 LIAN JIE

教育的信仰

教育者须对于教育有信仰心，如宗教徒对于他的上帝一样；教育者须有健全的人格，尤须有深广的爱；教育者须能牺牲自己，任劳任怨。我斥责那班以教育为手段的人！我劝勉那班以教育为功利的人！我愿我们都努力，努力做到那以教育为信仰的人！

——朱自清，1924 年 10 月 16 日，《春晖》第 34 期

再者，促进社会道德建设，教师要立足于青少年道德建设。

青少年是社会中最有朝气、最具有创新精神、最易接受新鲜事物的群体，是民族的希望和国家的未来。青少年可塑性强，青少年时期是进行道德教育的关键时期。对青少年学生实施道德教育，是全社会的责任，更是教师义不容辞的责任。教师的人格和行为具有榜样示范作用，教师的言行对未成年人

的成长发生着深刻而长远的影响。教师应在率先垂范、充分尊重的前提下，充分运用青少年道德心理发展和行为培养规律，着力弘扬和培育民族精神教育，加强文明行为习惯养成教育和诚信教育，积极引导中小学生参加社会实践和社区公益活动，不断提高道德教育的吸引力和实效性，把青少年学生培养成能传承和创新文化、弘扬和培养民族精神、推动社会进步的具有独立人格的新时代公民。

2. 师德修养是应对全球化挑战的必然要求

现代社会科技迅猛发展，信息技术日新月异，国际经济文化政治交往日益频繁……信息化、知识化和智能化，使国与国、民族与民族之间的距离迅速缩短，我们的世界逐渐成为了一个"地球村"，不同种族、国籍和文化背景的人们正在为人类共同的理想和使命而努力。

在全球性背景中，教师既要秉承民族优良传统，同时要放眼世界，以开放、理解、尊重、包容的心态参与国际对话和社会交往，把自己置身于人类文明共同发展进步的广阔舞台，置身于当代教育改革与发展的大潮中。当代师德修养需要教师成为视野开阔、胸怀世界、积极参与时代变革和推动时代发展的现代人，同时又要成为继承和发扬本民族优秀传统、体现民族精神高度的文化人。在全球化时代，各国都采取了很多的举措帮助教师在全球化背景中修养与成长，如完善教师评价、提出更明确和全面的师德修养标准等等，这也给我国教师师德培养提出了更高要求。

链接

应对挑战：教师标准不断更新——日本

从 2009 年起，日本教师资格证书每 10 年更新一次。即教师在工作后第 10 年，必须在日本文部科学省指定的机构接受 30 个课时以上的培训。教师在完成所规定的进修之后，还需要接受使命感、人际关系能力、对学生的理解力、对所教学科的专业知识、学科的指导能力等 5 项指标的资质考核评价……

日本提出，21 世纪的日本孩子不但是日本的国民，更是地球公民。它将培养人的目标定位在"国际人"层面。不但要求日本教师具有对教师职业一般意义上的知识、能力、态度，而且要求教师具有全球视野及行动力，能妥善理解个人与国家、人类和地球的关系，树立在社会和集体中的规范意识，还要具备适应时代变化的社会人必需的素质能力，包括自我表现能力、情感交际能力、多媒体运用能力、适应国际化的外语交流能力、基础的电脑操作能力、解决问题的能力、创造力、应用能力、逻辑性思考能力、可持续性自我教育能力、合作伙伴共事能力等。日本的教师评价指标还强调教师需要参与学校的管理、校务工作、学校的发展和改进等，要具有主人翁意识。

——孙河川，《中国教育报》2012-02-18.

在当前不断变化和发展、甚至瞬息万变的全球风云中，我国教育需要高素质的现代教师，"高素质"体现先进性要求，它包括科学素质和人文素质两大方面，其中科学素质以求真、创新为核心，人文素质以尚本、德性为核心。"现代"体现时代性要求，要求具备民主与法制意识、开放与创新意识、竞争与合作意识、公民与社会意识、环境与健康意识。

我国在当代基础教育实践中不断涌现出师德修养很高的教师，也不断出现各种素质教育改革实验。然而当前仍然还有不少教师的生存状态令人担忧，尤其农村地区的教师，他们生活在相对封闭的环境里，很少与外界接触，有的连互联网都没有接触过，知识陈旧，信息闭塞，眼界窄狭，缺乏一份对知识、对教育、对人生、对世界的整体的把握。因此，在师德修养中体现国际视野，是当代教师发展的一个崭新课题和一项紧迫任务。

3. 师德修养和时代风尚净化的内在关系

时代风尚主要是指道德风尚，亦称"道德风气"，是在一定时期社会上普遍流行的道德观念、善恶标准、道德行为模式和道德心理习惯的综合表现，它代表了一定社会或社会中一定阶级、集团、集体本身所固有的、习以为常的行为内容。时代风尚既指那些在社会上得到普遍认可的符合道德的良好风俗和习惯，也指那些不符合道德要求的不良风俗和习惯。树立良好的道德风尚，是社会主义精神文明建设的一项重要任务。学校作为社会教化的专门机构，承担着净化时代风尚的责任，教师作为这一机构的代表，肩负着传承发展人类文明、守望人类精神家园、引领时代风尚的神圣使命，应该具有较高品位的精神境界和道德追求，努力成为青少年的人生导师和社会公民的楷模。

首先，师德修养对时代风尚的影响是从对青少年的直接影响开始的。有句俗语说，如果要一块土地不长野草，就要给它种上庄稼；如果一块土地没有种上庄稼，就会长满野草。青少年的心灵如同这片土地，撒播美德的种子，才不会让它长满颓废和愤世嫉俗的野草。好的教育依赖好的老师，好的老师须有好的德性，而好的德性净化青少年的心灵，给青少年带来对世界的热爱和期盼，让他们立志创造一个更美好的世界。民国时期教育家张伯苓在主理南开事务期间，一直维护着南开的道德风尚，从不亵渎办学者廉正清亮之士的声誉，从不玷污学校这块神圣清纯之地的招牌，公正清廉，以身垂范，为良好的办学风气提供了精神与制度的价值与意义，提高了学校的美誉度，并培养出不少社会精英和才俊。

其次，师德修养对整个社会的道德风尚具有辐射性的影响。教师和学生的道德品质，对他们周围所接触的人群都将产生潜移默化的影响。思想家和教育家吴稚晖十分强调教育和教师在时代道德风气引导上的作用，他认为一个国家或社会无论兴盛与否，都有善人恶人，不同的是一个社会如果善人多了，社会风气就会更好，对恶人就会产生更大的抑制作用，而教育的作用，就是使人变好，帮助好人，因此，教育就是改变社会风气的最佳途径，在改变时代风尚、强盛民族国家的道路上"无所谓提倡革命，即教育而已"。良好的师德修养通过潜移默化地影响人们的心灵，将会起到比流血革命更为本质性的作用，它能点亮人心希望的火种，对社会产生稳固的推动力量。

中华民族历来将"为人师表"作为教师职业形象的典范，并且在不同时期人们总是对教师寄予崇高的道德期待，这是中华民族文化中一个十分值得珍视的优良传统。社会大变革时代，既是道德观念碰撞激烈的时代，也是重新澄清和认识道德标准的时代。这一时代对我们当前学校和教师的师德建设，既是机遇，也是挑战。

第二节　教师职业道德修养：教育发展的内在需要

师德修养不仅是社会的要求和时代的呼唤，更是教育自身发展的内部需要。百年大计，教育为本；教育发展，教师是关键；教师素质，师德最重要，这是2004年时任教育部长的周济在全国师德论坛上提出的三个非常重要的观点。教师是一个崇高而神圣的职业，它是一个特殊的职业，它的对象是人，而且是下一代，是孩子们。高尚的师德是对学生最生动、最具体、最深远的教育。当前我国正处于大变革大发展的时代，师德建设还面临许多新情况、新问题，比如教书和育人的关系，教师权益保障和甘于奉献的关系等。教育在适应社会变革的同时，也在积极谋求自身的改革，以促进青少年儿童全面素质的健康发展和现代人格的养成。当代教育的变化呼唤师德修养理念和方式的深刻变化。

一、教育伦理基础和师德修养

伦理即人伦关系的道理或规则，是有关"应该如何做人和生活"的理想、原则或实践①。人们可以选择不从事某种职业或工作，但却不能选择不做人、不考虑人与人的关系，因此，伦理的法则和规范对于个体和社会来说是不可回避的基础。伦理和道德的含义基本相通，也有一些细微差别②，伦理偏重社会性和客观性，主要是指客观的道德法则；而道德偏重个人性和主观性，主要是个体依据客观道德原则形成的道德修养及其结果。伦理和道德最终都指向"善"这一人类终极目标。

教育的伦理基础是指在教育实践活动中必须遵循基本的道德原理及道德精神。亚里士多德认为，人类的真正意义上的实践活动一定是追求实在善的，而真正意义上的人类实践活动只有两种，即政治和伦理——其中政治通过促进公共福祉、伦理则通过完善人性——分别服务于善的终极目标。教育实践活动在人类诸多活动中是直接服务于发展卓越人性进而促进人类完善的活动，所有的教育活动最终都以善的价值作为终极目标，因此，教育乃是人类实践的最高样式之一，是人类伦理精神和道德原则的直接体现，而教育伦理基础乃是教育实践的本质要求。

教育作为一项通过引导人生活和做人从而促进人性卓越的人类实践活动，其最关键的问题在于让学生真正明白究竟该做何种人、过何种生活。一位教师要想最大限度地发挥他的才能，就需要运用他的一切智慧、情感和想象力，对他的原则、价值和目的作透彻的思考：应该培养学生遵守何种道德原则？遵循何种道德理想？为什么应该遵循某种道德原则或者理想？如何遵循及达到这种道德原则和道德理想？事实上，回答这些问题的最基本也最简单的方法，就是教师师德修养本身所展现出来的人格特点。"希望引导别人走正确的道路，激发别人对真和善的渴求，使别人的素质和能力得到最高的发展，因此他应当首先发展它本身的这些优秀品质。"③ 人明白如何成人、如何生活的道理，首先是在活生生的人身上寻求见证。经由具备相应道德行为的教师，道德本身的理想以及生命影响就可以自然展现出来。所以康德才说："人惟有凭借教育才能成为人。人绝非人所创造的教育以外的产物。确切地说，人惟有凭借人，亦即惟有凭借同样受过教育的人才可能受教育。"倘若教师本身并不具备相应的人格修养，那么学生对于生命意义的寻求就会失去兴趣，对美好的生活的追寻就会失去动力。所以，乌申斯基说，教师个人的范例，对于

---

① 孙效智. 生命教育的内涵与哲学基础. 文章来源：林思伶主编：生命教育的理论与实务，台北：寰宇出版社，2000：1—22.

② 檀传宝. 教师伦理学专题［M］. 北京：北京师范大学出版社，2003：6.

③ 转引自：陈方平. 新师说［M］. 长沙：湖南教育出版社，1999：281.

青年人的心灵，是任何东西都不可能代替的最有用的阳光①。

在现代社会，教育的伦理基础正受到极大冲击。尤其在网络普及而网络的监管体制尚未完善的时候，网上聊天语言失范、网络色情、暴力信息泛滥、黑客行为英雄化等网络行为，正在极大地消解生命的基本伦理原则，带来学生在道德观念上的巨大紊乱。学生们浸淫在网络环境中，会认为社会道德标准是非客观的和不确定的，从而形成价值相对主义。他们我行我素，怀疑权威，排斥规范和道德标准的统一性。而且随着网络主体日益年轻化，道德相对主义正在冲击整整一代年轻人和未成年人。也是在近些年，我国的犯罪明显出现年轻化趋势，青少年恶性犯罪层出不穷，这些都给教育者提出了严峻考验。建立学校、家庭、社会（媒体）紧密联系的道德教育系统，把课堂网络伦理教育与课外网络伦理教育结合起来，把网上与网下的网络伦理教育结合起来，提高教师人格力量在引导学生生命中的作用，成为当务之急。世界各国对于教育伦理基础的建设都非常重视。韩国自 1960 年起在各级学校中正式施行伦理教育，小学、初中、高中的伦理教育科目分别为"生活之正道"、"道德"、"国民伦理"，按照人生的不同阶段对孩子们进行伦理道德教育，家庭内的孝悌（父慈子孝、兄友弟恭）被视为相敬相爱的社会的起点。中国台湾地区"全社会齐心协力，全方位推进"道德教育，突出四个方面的合力：一是宗教、社会团体和大学，呼吁"尊重每一个信仰、包容每一个族群、博爱每一个生命"，二是伦理教育学习网站，三是开设伦理教育课程，四是开展各种实践活动等等。然而，不管是什么类型的伦理教育，最终依赖的是真正具有德性的教育者，教育者行无言之教，是对伦理本身最具有说服力的解释。

二、生命情怀和师德修养

生命情怀指的是敬畏生命、尊重生命、爱护生命、体悟和创造生命意义的情怀和情感。生命情怀是教育的基本情怀，因为教育面对的就是生命本身以及生命与生命之间的基本关系，教育通过鲜活的实践活动实现人性卓越和生命完善。无怪乎教育学者叶澜说："教育是直面人的生命、通过人的生命、为了人的生命质量提高而进行的社会活动，是以人为本的社会中最体现生命关怀的一种事业。"②

首先，师德修养必须体现生命情怀。珍视生命、保护生命、体悟生命、

---

① 转引自：陈方平. 新师说［M］. 长沙：湖南教育出版社，1999：266.

② 为"生命. 实践教育学派"的创建而努力——叶澜教授访谈录［J］. 教育研究，2004（2），33.

关注教育中的人（包括教师、学生）的现实的生活体验，都是必须的，是实现教育有效性的重要方式。因为教育的目的不仅是传授知识，更是追求真理，完善人格；教育者与受教育者之间不仅仅只是知识授受的关系，更是平等追求人生真理，相互促进道德人格发展的关系。只有在彰显德性的师生生命交融中，才能生长出健康的生命，体现出教育的要义所在。"当教师敞开自己的心扉，述说自己的生命故事，与学生一起分享他特有的生命经历、生命体验时，他的教育历程也就开始了——学生从他的生命中，受到启迪，获得动力，激活生命的潜能。"① 敬畏学生的生命，尊重学生的生命，呵护学生的生命，教师的师爱才真正有着眼点，教育的根本使命也才体现出来。

链接 LIANJIE

对生命的遗忘是教育最大的悲哀，对生命的漠视是教育最大的失职与不幸。我曾经写道：生命比任何知识、规则、纪律，甚至荣誉，被许诺的未来的发展与幸福的可能性，所有的一切都更神圣。所有的生命都无法被另外的生命所代替，生命具有惟一性，敬畏生命是教育的伦理起点，也是教育的价值归依。我还想接着说：生命既是神秘、永远不可能被穷尽的，生命也总是"现在""当下"，是我们肉身所有幸福的依据，生命使教育成为可能，变得丰富与不可思议，关注生命、尊重生命是教育的第一要义。我们始终还要谨记，教育是生命的教育，学校是生命的学校。一切都因为我们活着，因而我们惟有希望活得更好，生命的有限性催促着我们的行动，活出意义也便是我们生命的价值所在。

——张文质《跨越边界——生命化教育的一些关键词》

现代社会伴随着科学的发达、物质的丰富，人们在为文明带来的物质富足欢欣雀跃的同时，又陷入了沉重的精神迷惘和意义危机之中，生命变得越来越单薄和窘迫，变得毫无意义和美感。在这样一个时代，推行生命教育，引导青少年学生走出生命误区，珍爱生命，建立积极向上的人生观，显得尤为重要。教师应该提升自己的生命意识，热爱学生，关怀学生，赏识学生，并在教学实践中实施生命化的教育方式，创造一个师生之间民主平等的师生关系，以个人积极的实践为学生创造温馨、和谐、充满生命活力的成长环境。

　　其次，教师只有具有生命情怀才能提高师德修养。人们选择职业和从业的过程，也是实现自身生命价值、获取人生幸福的过程。教师从教，要从教

---

① 朱小蔓等. 教育职场：教师的道德成长［M］. 教育科学出版社，2004：106.

书育人的生活中感受快乐，体验幸福，实现自我，只有这样，教师才会发自内心地热爱教育事业，才会以自己创造性的工作为社会作出贡献。教师职业人生的发展就是指作为一名教师的专业素养和职业生命不断提升与充盈的过程，又称教师的专业成长。教师一方面需要不断获取教育教学的知识与技能、习得与教师有关的角色期望和规范，另一方面需要个体教育意识不断觉醒、教育智慧不断涵蕴、职业人生体悟不断升华。换言之，教师既要成为符合社会要求的从业者，又要成为个体生命特质不断丰富的独特自我。

现实中，很多教师往往由于生活压力、应试压力和各种制度性约束而逐渐失去生命的激情，忘记教育生活乃是源于生命与生命的交融这一简单事实，从而逐渐产生职业倦怠甚至厌恶感，职业生涯也逐渐枯萎。对于教师而言，任何外在的规范和压力都不应取代内在的生命理解和生命追求。教师需要生命情怀，因为生命情怀能将自己的职业与一个更明朗、更充实、更美好的生活世界合为一体，教师活在一个更美好世界之中，而不是这个世界之外。教师只有具备这样的生命情怀，才可能体验幸福感，进而进入到更丰盛的生命境界。

刘次林在《幸福教育论》中认为：过去，我们多是强调教师是社会的代表方面，要求教师用社会对教师角色的规范要求自己，这样，教师多是用角色意识压抑个性意识，扮演一个无个性的、一般化"他人"……教师的行为……没有与人的生命意识联系起来，因此，教育多表现为一种非自然的做作、表现，他在"扮演"一个教师的角色。叶澜教授指出，如果只从社会角度，站在特定意识形态的立场去界定"教师"的特定含义的话，教师的尊严和需要就不得不退隐到了作为背景的地位[1]。教师需要超越外在规范，重新回到自身生命的诉求之中，寻求心灵深处的德性召唤。只有在对生命意义和道德法则的深层次追求之中，教师才能越过强大的体制化局限，遵守教育规范但又不被规范所困围，展现出自身内在强大的生命动力，从而为德性的完善奠定基础。

链接 LIAN JIE

那些"为"教育而活着的教师们，他们深深地理解教育，并且以他们平凡的人生来诠释他们对教育的理解；他们懂得为什么而教，怎样去教；懂得作为教师意味着什么，并且努力去实践自身对教师身份的理解；他们从不停止探寻教育的真义，他们深深理解他们所从事的工作的特殊性，理解教育的

---

① 叶澜．教师角色与教师发展新探［M］.教育科学出版社 2001.

价值和意义，并努力把自身投入到这种价值与意义的建构之中；他们信赖学生，对人性充满美好的向往，对教育抱有崇高的理想和坚定的信念，所以他们能清醒地意识到自己在教育中该做什么，不该做什么；他们懂得理解、欣赏、尊重、激励、爱对于教育意味着什么，并且全心全意地付出他们可能的理解、欣赏、尊重、激励与爱；他们不仅是拿自己的智慧和汗水付诸教育生涯，更是在用自己整个的生命作依据。他们的工作是无价的，他们也从不奢望等量的回报。他们之所以这样，是因为他们觉得必须如此，这是出自他们内心的"绝对命令"（康德），舍此，则他们的生命状态即黯然失色。他们的人生与教育合而为一。他们属于高尚的教师职业道德的拥有者与实践者，他们是我们今天时代的师德标兵，我们应当尊敬他们，社会理当颂扬他们。

——刘铁芳. 靠教育生存与为教育生存. 走在教育的边缘 [M]. 2006：12.

三、和谐理念和师德修养

和谐不仅是一种治国执政理念，也是一种日常生活理想。作为治国执政理念，"和谐"是指胡锦涛总书记提出的民主法治、公平正义、诚信友爱、充满活力、安定有序、人与自然和谐相处的社会主义和谐社会①。作为一种日常生活理想，"和谐"是指为实现和谐社会而对自然和人类社会变化、发展规律的认识，以及人们所追求的美好事物和处事的价值观和方法论。和谐理念要求教育按照人的身心和谐发展的规律和原则展开教育，由此实现人性和谐，进而实现社会和谐。

人的发展是人身心和谐发展的统一，要全面促进人的生理、心智和德性的和谐发展，就需要一种和谐的教育。苏霍姆林斯基认为，没有和谐的教育，就没有和谐发展。因此，所谓和谐教育，就是以和谐教育手段去培养和谐发展的人的教育②。实施和谐教育，追求教育和谐，关键在教师。教师在师德修养中应当融入和谐理念，以学生的全面、和谐发展作为教育的最高目标，同时积极追求教师职业人生的和谐发展，追求人与自然的和谐、师生关系的和谐、教育权利义务关系的和谐、教师自身身心的和谐，在教育生活中坚持教育的理想与信念，追求知识与真理，践行民主与法治，捍卫公平与正义，增进诚信与友爱，关爱自然与社会，焕发教育的生命活力。

---

① 胡锦涛同志在中共中央举办的省部级主要领导干部提高构建社会主义和谐社会能力专题研讨班上的讲话，2005－02－19.

② 燕国材. 论和谐教育与和谐社会 [J]. 探索与争鸣，2005（11）.

1. 师德修养应立足于培养全面和谐发展的人

苏霍姆林斯基提出教育理想和培养目标应当是：造就全面发展的、勇于创造和精神充实的合格公民和幸福个人①。培养全面和谐发展的人，就是要引导学生充分地发展自身的天赋并取得成功。这就意味着教师在引导学生的过程中，需要尊重学生、了解学生、相信学生、为学生树立榜样。教师是否公正、是否宽容、是否有爱和恩慈、是否鼓励学生自由发展、是否愿意与学生的生命共同进步和成长，等等，都将直接影响学生发展的状态。

2. 师德修养需要寻求和谐的教育方式

和谐的教育方式首先需要教师的心灵和谐。教师心灵和谐是其教育行为和谐的前提。心灵和谐意味着教师有着广阔、平静而丰富的精神生活，能够在人类精神领域体验真、善、美等基本价值，从而获得心灵的稳定与平衡。教育者有了心灵和谐，就能够为学生营造和谐的精神氛围，创造和谐的精神生活。

和谐的教育方式意味着在学生的多个自然生命维度上进行培养。在教育中若能够将德育、智育、体育、劳动教育、美育良好结合，就能够让学生成为将丰富的精神生活、纯洁的道德、健全的体格和谐结合在一起的新人，将高尚的思想信念和良好的科学文化素养融为一体的人，成为把对社会的需求和为社会劳动和谐统一起来的人。这就给教师修养提出了高要求，需要教师以良好的道德修养实现自身生命的全面而自由的发展。

和谐的教育方式也意味着寻求多样和谐的教育途径。譬如苏霍姆林斯基在教育中，利用大自然这个用之不竭的教育途径：在春秋两季，低年级（小学阶段）学生几乎三分之一的课都移到大自然去上，在大自然中办"蓝天下的学校"，办"快乐学校"；一至八年级（小学和初中阶段）学生都在大自然中上"思维课"；此外，苏霍姆林斯基还强调人的多位"雕塑家"合作参与教育，即：教师个人、师生集体、父母和家庭、亲戚朋友、街头伙伴、书籍和传媒和受教育者个人。另外，苏霍姆林斯基还强调课内学习和课外博览群书的结合。

3. 和谐教育的根本在于师德、师爱

提倡和谐教育的伟大教育家苏霍姆林斯基认为教育者首先要"把整个心灵献给孩子"。教师有了这样的心，就会坚持以儿童发展为中心，超越以教材为中心；就会主动创造，超越机械教授；就会进行言传身教，超越知识传递，从而将学生也培养成拥有完善人格的人。

---

① 苏霍姆林斯基.苏霍姆林斯基选集（五卷本）［M］.王义高主编.北京：北京教育科学出版社，2001.第1卷，84，3—13.

四、实践精神和师德修养

实践是人类自由自觉的活动，人类具有精神和意识，因此可以自由自觉地创造更美好的生活，它具有主观能动性，是人的主观见之于客观的活动，即将主观认识同客观事物联系起来思考和行动。实践精神是指人们将主观认识同客观事物联系起来，并积极付诸实践改造世界的精神。道德直接属于人类行为实践领域，是一种以调节和指导人们行为为目的，以规范人们的行为方式为内容的实践精神，其着眼于道德选择的实践关系，强调人的知行合一。教师的道德修养正是道德实践的范畴。

人是"未完成"的动物，是发展着的人，人具有自觉意识和精神。人的意识性和精神性决定人在这个世界上是通过实践活动来创造生命、超越自身。雅斯贝尔斯说，"人……不是一次性地所是的东西，他是一个过程，他不仅仅是被确定的现有生命……他'突破'了在同一个圆圈内永远周而复始的被动性，依靠他自身的主动性，把运动导向未知的目标"。作为人，要不断去"实践"、去"行动"、去"趋向"、去"看护"，人永远必须超越自己①。

教师作为人，也需要永不停息地去"实践"、去"行动"，不断地超越和提升自我。好的教师不仅是一位有着崇高道德理想的人，还是一位能够面对现实、身体力行、不断调整自身教育行为的人。金无足赤，人无完人，每位教师都在实践中成长着，教育过程中蕴含了无限的可能性，每一个问题都是教师自身成长的生长点，针对这些问题进行的深入的讨论、反思，教师就能在实践中获得更多智慧，更加接近自身的道德理想。一位追求人格德性完善的教师，会常常在教育的道德理想和道德现实之间寻求某种实践的平衡点，并由此找到自身生命进入教育现实的方向和角度，由此提高道德实践能力，并由此提高道德境界。

链接 LIAN JIE

叶澜是一个充满激情的教育思想者，充满理想的教育实践者。每一个读过她的文字，听过她的报告，甚至是与她只有寥寥数语交谈过的人，都能感受到这一点。叶澜则把自己称之为"现实的理想主义"者。她认为，教育改革必须面对现实，但不认为现实是做好的，而是有发展可能的。现实每天都在流变着，有待实践去完成。积极的行动是改变现实的力量。这个行动，不只是指实践中的行动，也包括各种研究性的行动。理想是针对现实中的问题，

---

① 刘铁芳. 走向生活的教育哲学 [M]. 长沙：湖南师范大学出版社，2005：19、20.

考虑到发展可能性，而且用自己的行动去实现的理想。改变现实中的人，必须有理想，而又不局限于理想。不要停留于言说理想，而是实践理想，不断地把理想变为现实，又不断地以新的理想去超越现实。

——李政涛．追寻"生命·实践"的教育智慧［J］．中小学管理2004．4．

我们现在所处的时代，整个人类都陷入了巨大的精神危机。我们生活中常见的各种没有道德标准的广告、游戏、电影、电视，都在侵蚀过去认为理所当然的道德原则，这一精神危机给教育工作者带来众多需要认真解决的问题。2008年6月2日俄罗斯《观点报》报道，俄罗斯社会院成员叶夫根尼·尤里耶夫认为，俄罗斯正在经历"深刻的精神道德危机"，孩子是这场危机首当其冲的受害者。20世纪90年代的美国青少年也被称为"漠不关心的一代"，"各个年龄的孩子承认撒谎、欺骗和盗窃行为的人数之多也前所未有"[1]。同样的情况也被认为发生在英法等国青少年身上，英国三分之二的青少年道德观念模糊，分不清对错，不知道该相信谁或者把谁作为榜样；法国青少年被人们称为"被牺牲的一代"，他们昏头昏脑，吸毒、搞打砸抢、搞自我破坏[2]。我国的青少年也正面临着逐渐失去道德原则的价值真空。严峻的时代考验中，简单的道德说教难以解决学生所面临的基本问题，现代社会呼唤着有良好师德修养的、敢于直面问题的实践型教育专家。

链接

美国的实践性教师教育改革

2012年2月15日，美国联邦教育部在过去教师教育的基础上启动一项旨在提升教师专业地位的"尊重项目"（RESPECT Project），RESPECT是"确认教育成功，专业优异和合作教学"英文首字母的缩写，该项目旨在倡导"临床为本"的教师教育，通过培养实践型的教育专家，提升教育教学的现实参与度，从而提高教育的社会地位。其将实践置于教师准备的中心，并提出了临床型教师教育的几大原则：

以促进学生学习为中心；临床实践培养应融入教师教育各方面；基于学生成绩对师范生及培养项目进行动态评价；以造就一批学科知识和教学领域的专家、知识创造者、团队协作者和问题解决者为培养目标；师范生应在合作式的专业共同体中学习；临床实践指导教师队伍必须由高等教育和基础教

---

①　王瑞苏．比较思想政治教育学［M］北京：高等教育出版社，2001．
②　王冬桦．东西方道德教育比较研究［J］比较教育研究，1996，（4）．

育工作者共同组成，并经过严格的选拔、培养和抽调程序组建；指定并资助特定的临床教学实践场所，等等。

——中国教育报，2012—02—18.

第三节　教师职业道德修养：促进
教师生涯的发展

师德修养是教师职业生涯发展的重要组成部分，与教师职业生涯的发展具有直接关联。师德面向每一个教师的职业生涯，意味着需要回到每一个教师的道德境遇中去，意味着师德就是个人的生命事件。教师师德建设的目标不仅仅是引导教师以教育为业，更重要的是为教师个人在教育实践中的自觉创造、主动开拓提供内在的精神力量，引导教师获得自我实现的欢乐。如果师德建设仅仅是简单地给教师职业增加条文规范，无疑只是为教师职业增设外在的道德樊篱，那么，这不仅不能增进教师的职业幸福，反而只会增加教师职业生活中的冲突。

一、师德修养促进教师职业生涯的发展

师德修养，即教师要对道德生活自身进行深刻的生命探索和实践，是对生命价值的真正发现。师德修养的目的在于揭示个体生命的自由本质，发现教师个体生命的自由价值和道德尊严。师德修养是教师职业生涯发展的重要组成部分，与教师职业生涯的发展具有直接关联。

教师必须得有"师德"，教师在其职业生涯中必须加强师德修养。试想一下，如果没有职业道德，你的教师职业生涯会怎样？可以说，如果没有"师德"，一个教师就无法成为一个真正的教师；如果没有相应的教师职业道德，教师职业生涯就无法展开。涂尔干曾在《职业伦理与公民道德》非常肯定地说："任何职业活动都必须得有自己的伦理。""倘若没有相应的道德纪律，任何社会活动形式都不会存在。""任何能够在整体社会中占据一席之地的活动形式，要想不陷入混乱无序的形态，就不能脱离所有明确的道德规定。一旦这种力量松懈下来，就无法将其自身引向正常的发展，因为它不能指出究竟在哪里应该适可而止。"[①]

---

① ［法］涂尔干. 职业伦理与公民道德［M］，渠东、付德根，译. 上海：上海人民出版社，2006：10.

人是道德的动物，人受道德的支配。人失去道德的原则，即失去自由情感与自由理性。如果人的本能欲望不受自由意志支配，就成了生物性行为，因为欲望只是自然强力法则的表现，不受社会文化法则的制约。这样，人可能越出道德生活的常规，向非道德或反道德招手，走向自由意志的反面，与理性生活秩序无关，并可能步入罪恶的深渊，最终失去人的本性。

如果一个教师整天都生活在没有是非的状态中，他如何保证这种松松垮垮的生活能够带来道德呢？他当然不会自发地去为难自己、约束自己；如果他无法一步一步地践行所有道德所依赖的约束作用，他如何才能得到这种约束作用带来的习惯呢？如果他仅仅遵循自我利益的明确规范，这种利益几乎占据了他的所有生活，他如何才能体会到无欲、无私或牺牲的感受呢？

所以，最为重要的事情，就是教师在整个职业生涯发展过程中必须受到规定，必须确立它的道德规范。这种规范能够约束他，为他标出界线，告诉他应该与同伴结成什么样的关系，不正当的侵害行为从哪里缘起，个体为维护共同体必须负有什么样的当下职责，等等。简而言之，这种规范告诉每个教师有什么样的权利和义务。教师必须循此而行，只有这样，我们的教师才不至于生活在道德真空之中；只有这样，才不会破坏他本人也参与构成的社会。

这种规定是内在的"师德修养"，而不是外在的"师德规范"。当前关于师德的误区是，在面向教师职业生涯时，"师德"只是一种公共道德，它强调的是主流社会的生存意志，维护的是集体的利益，相对忽视个人权利与情感。此时，师德作为一种外在于教师的普遍性要求的道德要求，是对教师的强制性约束乃至对人性的压抑。它更多地带给教师的是负重的压力和必须遵守的责任伦理，需要教师个体做出巨大牺牲。因而，"师德"本身常常被人曲解，并且一听到"师德"二字，就会形成"卫道的反感"。

实际上，诚如亚里斯多德看到的：道德随着践行道德的能动者而发生变化。他说，男人的道德不同于女人的道德，成年人的道德不同于孩子的道德；奴隶的道德不同于主人的道德，……这种看法非常中肯。实际上，一个教师的道德也会不同于另一个教师的道德。所以，师德必须面向每一个教师的职业生涯。当师德面向一个教师的职业生涯时，面向的就是一个个"生而有涯"的生命。

师德面向每一个教师的职业生涯，意味着需要回到每一个教师的道德境遇中去。我们不能以同一道德标准来要求处于不同生存境遇中的人，因为在不同生存境遇中的人，对自我的道德要求并不一样。

师德面向每一个教师的职业生涯，意味着师德就是个人的生命事件。此时，师德主要致力于个人的修心养性，致力于个体的自我完善，致力于心灵的安宁与幸福感。生命总是因美德而具有光彩；道德充盈在生命之中，生命因道德而高大。"形而上者谓之道"，能使我们的生命精神不断地往上提升的就叫"道"。事实上，道德的最高价值就是不断提升人的生命价值，就是发展和完善生命自身。道德是生命的内生型价值特性，它标志着本源的生命创造力量。道德不是外在强加于人的，而是人摆脱不了的价值理想和心灵原则，它作为自由意志，直接对人的日常生活实践和社会生活实践产生影响。道德使生命变得神圣而自由。

当道德渗透到教师的日常生活中，当道德作用于教师的心灵深处时，它对教师个体本身就具有广泛的约束力。教师为了达成自我的完善，就必须克制自己的欲望，克制自己的自私之心。道德信念一旦变成个人生活准则和生命准则，它就具有神圣的动力，可以使人顺着道德原则的指引干出惊天动地的事业。

师德要求教师必须利他，利于学生和教育，以仁爱之心去关爱学生，以礼义之心去善待学生，以诚信之心去感动学生。作为教师，当你不断增强自我生命力量和生命德性时，你给予学生以及其他人的道德恩惠就会相应增加；当你不断给予他者以生命馈赠时，你自己得到的生命馈赠也就会相应增多。师德扩展教师个体生命力量时又促进了生命间的道德互赠互惠互信。

师德成为每一个教师职业生涯的"必需品"时，意味着师德的创建者必须是每个教师自己。每个教师都应该成为师德的自由创建者，或者说，每个教师都应该成为师德的自由想象者与理想展望者。因为，人有能力根据自己的生活来设计自己的道德准则，人也有能力根据道德体认和道德经验创建具体的道德法则。应该说，个人性的道德创建有限于社会性的道德创建，没有个人性道德创建的不断积累，就没有社会性道德体系的形成。与此同时，在现代生活中，人们往往在社会性道德的被动接受中体认道德事实本身，并最终建构个人性的道德准则。而且，个人性道德准则总是与社会性道德法则之间具有某种不适应性，当然也存在内在协调性。不过，个人性道德准则的多样性和丰富性总是与社会性道德形成对抗和冲突。

二、师德修养的持续性与开放性

道德修养绝不是空洞的说教，而应切实体现在教师的行动中；道德修养不应是抽象的思辨，而应是实践的自由体验。具有良好道德修养的教师，常常"行所当行，止所当止"，个人行为本身有着严格的道德信守。换言之，具有良好的道德修养不是表现在其言语上，而是表现在其行为上，他的行为本身必有非同寻常之处。在道德衰弱者那里，情感或惰性战胜了理智，言语和行为本身缺乏公正理想：在道德自觉者那里，有损道德自身的事他绝对不会干，因为道德教养本身已使他具有道德防范能力。尽管在生活中，不诚实者或无信者常常获得高位，或处于显赫地位之上，但也应看到，缺乏自觉的道德意识者，其生命价值绝对不会由此提升。真正的道德坚守者或具有道德修养的人，其生命必定伟大，因为道德坚守不在乎一时的荣耀，而在乎心灵的永恒温暖和宁静。

　　人是"未完成"的动物，是发展着的人，人永在"未完成"之中。"自然没有把人制造完整便把人放在世界上来了。自然没有最终决定人，而是让人在一定的程度上尚未决定。"① 人作为自然界长期进化的产物，是一种非特定化、未完善的存在物。与动物相比，人是以一种极为孱弱与无助的形象来到这个世界上。人作为一种精神的存在，其未完成性表现得更为明显，所以雅斯贝尔斯说："人永远超乎他自身的了解之外。他不是一次性地所是的东西，他是一个过程，他不仅仅是被确定的现有生命，而且在这生命中有只有的可能性，并从而在他的实际行动中作出决定：他是什么。人并不是已经完成了的一代一代的人，并不是不断重复的生命，也不是那种清楚地向自身展示其本质的生命。他'突破'了在同一个圆圈内永远周而复始的被动性，依靠他自身的主动性，把运动导向未知的目标。"② 人的未完成性意味着人自身隐藏着巨大的潜能，使其发展具有了丰富的可能性，决定了人的存在是一个无止境的完善过程。也就是说，人是一个不断"成为人"的过程。人永"在路上"，在"成人"的路上，在"去成为人"的路途之上。

　　师德修养也是如此。教师作为人，其道德修养意味着必须是永不停息地去实践，去行动，意味着创造、更新，不断地超越、提升自我。师德修养是一生的事情，是无涯的。人生而有涯，而道德修养是"无涯"的；教师职业生涯是有限的，而师德修养却是一个无限自由的过程。师德修养过程就是实现教师个体生命的自我保护、生命理想的自我优化和生命价值的自我提升的过程，是给予教师内在生命意志活动以源源不断的动力的过程。师德修养过程也是道德否定或否定之否定，反思或反思之反思的过程。师德修养永远是无法圆满的，永远无法达到自由和稳定。基于此，师德修养的无限性，一方面促成了教师道德的无限生成，另一方面也真正促进了教师道德的内在变革与完善。

---

　　① ［德］兰德曼. 哲学人类学 ［M］. 张乐天，译. 上海：上海译文出版社，1988：245－246.
　　② ［德］卡尔·雅斯贝尔斯. 现时代的人 ［M］. 周晓亮、宋祖良，译. 北京：社会科学文献出版社，1992：90.

　　我们将师德修养划分为"敬业"、"悟业"、"乐业"三种境界，从敬业开始，经由悟业达致乐业，最终促进教师职业人生的完善和幸福。（1）敬业。敬业是师德建设的出发点，是个人师德修养的入口。敬业精神的养成关键在于教师内在的品行修养。教师是道德的引路人，是品行的示范者，其敬业精神和品质，包括强烈的敬业意识和忠诚自己本职工作的事业心，敬重本职工作的责任感和成就本职工作的使命感，追求言传身教、行为世范、铸造灵魂的崇高境界。（2）悟业。悟业是一种对职业的特殊性、对职业的基本要求的认识与深化。通过悟业，人们加深了对职业本身的认识和理解，不断领悟到职业本身的意义。教师的"悟业"，是指教师不断领悟为师之道，自觉提升自身的教育觉悟与教育艺术，增进自我整体教育素养与教育意识，并能随着社会的发展、时代的需要与教育的发展而不断调整自我，完善自我，丰富自我，以积极的生命姿态不断创造教师人生的价值。（3）乐业。对教师职业的领悟，最高境界即是乐业：教师职业价值与生活价值、生命价值的融合，职业活动、人生活动、生命活动的相通，职业活动与人生幸福的合一。在这种合一中，不仅遵守一定的职业伦理规范，而且对职业伦理具有深切的认同感，能将职业操守与自己在职业生涯中的生命体验有机结合起来，将职业伦理作为自己的生命追求去恪守、护持，并以此作为自己的安身立命之本，在职业生涯中感悟道德和智慧，充分享受人生的幸福和快乐、追求道德智慧的完满与自足。

　　师德修养贯穿教师职业生涯发展全过程，师德修养的过程即是教师职业生涯发展的过程。从敬业、悟业到乐业的不断循环提升往复的过程，乃是教师在领悟职业意义的过程中提升职业人生境界的过程。这种境界的提升主要体现在：（1）从职业要求、职业责任到职业欣悦、职业幸福；（2）从知识技能的积累、教育智慧的养成到个体德性的提升。如果说知识的积累是教师成长的基础，教育智慧的养成是教师成长的核心，那么教师整体德性的提升就是教师成长的最终归宿。德性是"道德和智慧的辩证统一"，与知识相比，德性具有统合性、完整性，"是一种具有统驭、推动、导航作用的巨大生命力量，是人创造自己美好的生活，实现自我生命价值的内在动力源泉"。真正完整的幸福，是以个体德性为基础的。管理和教育知识和技能的培养，是为了育好人，作一个合格甚至是成功的教师；整体德性的提升，是为了作一个幸福的人。真正完整的幸福，是以个体德性为基础的。教育的问题从根本上说是人的德性解放及人生幸福达成的问题；（3）从谋生到事业、到个人生命价值的实现。当师德修养达致这种理想境界后，幸福便如期而至。加强师德修养，从根本上讲，是为了促进教师职业与人生的结合，让教师的职业生涯更有价值，拥有充实而有意义的教育人生，增进教师人生的幸福。

三、积极应对教师职业生活中的冲突

著名哲学家张岱年先生认为，道德是处理人际关系的准则。[①] 当个体在生活中与他人或群体发生矛盾冲突时，道德的力量就会凸显出来。教师职业生活是一个连续不断的过程，更是一个持续分化与变动的过程。职业生活的矛盾与冲突，在多元与变动的时代已成为个体现实生活的常态。道德修养的高低，直接影响着教师对矛盾与冲突的承受力和化解力，而且也深刻地影响着教师职业生活与生命质量，进而对教师的职业生涯发展造成重大影响与改变。教师无时无刻不是生活在矛盾与冲突之中，具体表现在如下方面：

教师与家长学生之间的冲突。在实际的教育教学工作中，教师难免会与学生和家长发生某些冲突。有时甚至会有吃力不讨好的感受。比如，教师作为课堂管理者与学生的朋友之间会产生冲突，教师一方面要严格管理班级，要有权威性，另一方面又要做学生的朋友，要有亲近感，这使得教师的角色具有双重特性，由此造成了教师的困境。再比如，在升学的压力下，家长和学生都服服帖帖地表现为应试教育的忠诚守护者。作为教师，有时你所做的并不是你想做的，你所想做的并不能都去做。你并不是真正的有创造性的教育工作者，你所做的一切，就是如何提高学生的考试分数，只"教书"不"育人"的现象比比皆是。简言之，你只是一架"教书的机器"，而不能冒应试偏差之大不韪。《中国青年报》曾报道，一位执教数十年的武汉中学高三语文教师刘守琪，坚持素质教育多年，一直把培养学生的创新能力和思维能力作为教学的出发点、注重学生成人成才，再过两三年就要退休了，可最近却接连两次被学生在媒体上公开"弹劾"———上课"神侃"，又不断接到家长电话要求他加强应试教育，不能误了学生的升学和前程。在各种不同的评论声中，刘守琪也打算在素质教育基础上进一步加强应试教育，在毕业班语文课复习阶段"让学生背、做习题，再背，一遍遍练"[②]。

教师与领导同事之间的冲突。教师与领导同事之间的冲突主要包括教师与同事之间的个体冲突、教师与领导之间的冲突以及教师群体之间的冲突。比如，某些教育管理者（包括教育行政官员、学校校长、普通教学管理人员等）缺乏科学的教育理念，不深入实际，官僚作风严重，常常对作为"下属"、"被管理者"的教师指手画脚，甚至对教师在教书育人中的一些正确做法置之不理，武断下结论，使教师在履行工作角色时感到无助无奈，得不到

---

① 张岱年. 张岱年全集（第 7 卷）[M]. 石家庄：河北人民出版社，1996：568.
② 中国青年报，2005－10－21.

认可和欣赏，于是想干不能，欲罢不忍，产生心理冲突。2009年，《承德日报》登载一则故事①：一位年轻的教师来到一所山村小学任教，发现这里的孩子一般只读上几年书。他经过调查发现，这不仅仅是因为贫穷的问题，更是意识的问题。有一年，这位老师所在学校得到一笔助学捐款，可是他拿到捐款后，却没有像领导交代的那样用到"实处"——去增添教学工具、购买图书——而是用这不多的钱将全班十几名学生带到南方一个城市转了一圈，让孩子们看一看闪烁的霓虹、不息的车流、拔地的高楼。年轻老师回来后，受到方方面面的指责，乡教育部门领导也严厉地批评了他，并责令他写出错误检查。一年后，他所教班级的十几名学生参加中考，全部考取了县里的初中，有的还考上了县城重点中学，这在山区学校是绝无仅有的。十几年后，这些学生学有所成，成为了公务员、老师、科研工作者、老板……他们感谢当年年轻老师的冒险行为，让他们在幼小的心灵里树立了梦想。

　　社会与自我之间的冲突。社会舆论与宣传对教师职业的劳动价值给予了较高的评价，称之为"太阳底下最光辉的职业"，同时也号召教师要有奉献精神，要淡泊名利②，要像"红烛""春蚕"那样，把自己的一切奉献给伟大的事业。与此同时，也号召人们通过自己劳动尽快富裕起来。而且，法律上明确规定"教师的平均工资水平应当不低于或者高于国家公务员的平均工资水平"③。但实际上恰恰是"教师的工资水平低于公家公务员的工作水平"。既然是最光辉的职业，为什么就不能拿最令人羡慕的工资和薪水呢？这仅仅是教师职业生涯低发展的一个方面，表明的却是教师缺乏发展的机遇与良好的条件之现实。这种由于职业劳动价值与职业劳动报酬的矛盾所引起的角色冲突，使教师产生了自卑感、失落感、不公平感，产生了牢骚与抱怨，影响了教师的光荣感、尊严感和幸福感。此外，教师的强烈的成就需求、自尊的需要被社会偏见所挫伤，使教师对职业产生了厌烦、怀疑的心理，产生了职业倦怠。北京市的一项调查表明，教师每天在校工作时间均在10小时以上，长期的超负荷运转，使教师身心疲惫。该项调查的结果显示，93.1%的教师感到"当教师越来越不容易，压力很大"，并认为这已成为普遍性的重大的生活和生存问题。在回答"有机会是否调换工作"时，50.8%的教师表示如果有机会，

---

① 黄胜林. 让梦想起飞［N］. 承德日报，2009-03-03.

② 参见《国家中长期教育改革和发展规划纲要（2010—2020年）》第五十二条，其明确提出："教师要关爱学生，严谨笃学，淡泊名利，自尊自律，以人格魅力和学识魅力教育感染学生，做学生健康成长的指导者和引路人。"

③ 参见《中华人民共和国教师法》第二十五条，其规定"教师的平均工资水平应当不低于或者高于国家公务员的平均工资水平，并逐步提高。"

就考虑调换工作；有 31.7％的教师表示无所谓；只有 17.5％的教师表示喜欢这一职业。[①] 中国人民大学公共管理学院组织与人力资源所与新浪网教育频道举行了一次教师生存状况调查，8000 余名教师填写了调查问卷，调查结果中的一些数据非常值得注意：超过 80％的被调查教师反映压力较大；近 30％的被调查教师存在严重的工作倦怠，近 90％存在一定的工作倦怠；近 40％的被调查教师心理健康状况不佳；超过 60％的被调查教师对工作不满意，部分甚至有跳槽的意向。[②] 对于这个结果我们不必感到意外，只是我们无法不忧伤。这种心理非常不利于教育工作。当一个人干某项工作并不是出于内心的喜爱，而是出于无奈时，那么他必然不可能全身心地投入到工作中，其言行必然是疲惫厌烦、冷漠无情乃至误人子弟的。

教师职业生活中的冲突会引起教师行为不良，降低教学效果，也会在教师与学生之间造成分裂，引起紧张和焦虑。一个教师的职业生活冲突越深，职业的认同度和满足感就越低。那么，如何调适这些职业生活中的冲突呢？

有这样一个故事：一位父亲因为儿子总纠缠着自己要一起玩，令他心烦意乱，于是他从一本杂志上撕下一张世界地图，并把它撕成碎片，交给儿子："什么时候把世界地图全拼凑好就和你一起玩。"一大张世界地图，父亲认为儿子怎么也得拼上大半天，这样一来自己就有工作了。可没想到，不到十分钟，儿子就拿着拼好的地图来找他了。父亲惊愕地看着儿子，问："孩子，你用了什么方法这么快就拼好它的？"他的儿子得意地说："哦，这个太容易了。在地图的背面刚好有一个人的照片。我就把这个人的照片拼到一起。然后把它翻过来。我想如果这个人是正确的，那么，这个世界就是正确的。"父亲微笑起来。

以上这个故事说明了一个简单却伟大的真理，那就是："如果一个人是正确的，他的世界也就会是正确的！"作为教师，在其职业生涯中，要如何面对各种各样的关系，处理各种各样的冲突呢？强求外界的改变显然是不现实的，我们能够把握、能够改变的惟有我们自己。如果你想改变这个世界，首先就应该改变你自己。其实，冲突的个体应对，即是在一定的价值指导下个体调整自己或者有效改变环境的过程，因而也是一个人的主观能动性发挥与实现的过程。从这个意义上说，不断加强自身师德修养，应该是调适和应对教师职业生活活动矛盾的一个非常重要的途径。每个教师都应该回到师德修养之中去，那样的话，每个教师就可以幸福地生活在自己的职业生涯之中。

---

① 梁广、周积昀. 新时期教师职业道德［M］. 北京：中国人事出版社，2005：108.

② 方虹. 现在绝大多数教师都不合格？ http：//learning. sohu. com/20051101/n240634519. shtml

思考题:

1. 结合自己的教师生涯,谈谈你对"教师"这一职业及其使命的理解。

2. 你认为我国传统师德修养和西方师德修养的相同之处和差异之处在哪?

3. 我们所处的时代背景给予教师师德修养的挑战是什么?教师应该怎样去做?

4. 请谈谈师德修养的意义。

5. 你是如何看待和应对教师职业生活动的矛盾冲突的?试以此为主题撰写一篇教育叙事。

第二章
深怀对教师职业的敬重

　　古往今来，任何一种职业都把敬业视为一项最基本的道德要求，教师作为一门社会性职业自然也不例外。每门职业都承担着一定的社会责任，教师这个职业所承担的社会责任是教书育人、培养人才。如果一个教师不能爱岗敬业，那么他不仅影响了学生的成长，侵犯了学生的受教育权利，也对不起这门职业，没有尽到应负的社会责任。可见，敬业是从事教师职业最基本也是最重要的道德要求。强烈的敬业意识和忠诚自己本职工作的事业心，敬重本职工作的责任感和成就本职工作的使命感，这是从事教师职业不可或缺的。

人类一面为生活而劳动，一面也是为劳动而生活。只有敬才能把工作做到圆满。一个人对于自己的职业不敬，从学理方面说，便是亵渎职业之神圣；从事实方面说，一定会把事情做糟，结果自己害自己。

——梁启超

典型案例
DIANXINGANLI

1990 年，李桂林不顾老母哭诉，拿着 230 元的月工资，到四川甘洛县乌史大桥乡深山野坳已停课十年的二坪村小学去当"校长"和老师。那里七八岁的孩子还光着屁股，没有书本，泥土校舍几近倒塌，村民进出村都要爬过挂在绝壁上的 5 架木制悬梯。学校里 80 个孩子因为老师不够，又无人再来，李桂林就把妻子陆建芬叫了过来，她见到丈夫的清苦生活和孩子们可怜的眼神，只得抛下自己的幼子留给奶奶照顾。夫妻俩一干就是 18 年，献出了青春年华，献出了无私的爱，用真情至爱把近 200 多名偏远闭塞穷乡僻壤的孩子送出了山外，而他们的满头乌发则已两鬓斑白。面对主持人关于未来的提问，陆建芬泪流满面地说："我们两人身体好的话，会在这里坚守下去，直到走不动的那一天。"他们获得"感动中国"荣誉称号，颁奖词是："在最崎岖的山路上点燃知识的火把，在最寂寞的悬崖边拉起孩子们求学的小手，19 年的清贫、坚守和操劳，沉淀为精神的沃土，让希望发芽。"

11 年前，成都中学的化学老师胡忠辞掉工作，告别妻子与刚出生的女儿，来到甘孜州康定县塔公乡支教，每个月仅有 300 多元的生活补助。这所福利学校海拔 3800 米，甘孜州 13 个县、4 个民族的 143 名孤儿被安排在这里寄宿制读书。两年后，教音乐的妻子谢晓君抱着女儿来到学校，共同帮助孩子们。2006 年，谢晓君调去了位置更偏、条件更苦的学校"木雅祖庆"。她把工作关系转到康定县，许诺"一辈子待在这儿"。他们获得"感动中国"荣誉称号，感动中国推选委员杜玉波这样评价胡忠、谢晓君：他们的高原红，是阳光的沉淀，也是心中澎湃的热血在脸上的体现，这是我们这个时代最新鲜最健康的红润。这一票我要表达对他们的敬意和赞美。推选委员于丹说：这两位老师让我们知道：人最大的富庶在于爱和信念的坚持，他们用生命提携了孤儿的成长，在一个物质繁盛的时代里，他们仍然让世界相信：精神无敌。感动中国组委会授予胡忠、谢晓君的颁奖辞：他们带上年幼的孩子，是为了更多的孩子。他们放下苍老的父母，是为了成为最好的父母。不是绝情，是极致的深情；　不是冲动，是不悔的抉择。　他们，是高原上怒放的并蒂雪莲。

点评

李桂林夫妇和胡忠夫妇之所以在极其艰难的环境中坚持教书育人，是因为他们深深知晓教育是一项神圣、崇高而且意义重大的事业，教育会给孩子们的成长成才产生深远影响，教育传播文化的种子，推动文明的进程。教师职业是值得敬重的，是值得奉献生命的。教师们需要向这几位伟大的教师学习，感悟职业的价值，提升职业情感，坚定职业信念，将其转化为职业人生的持久动力。

第一节　敬业:敬重教师职业

敬业是人们基于对一件事情、一种职业的热爱而产生的一种全身心投入的精神，是社会对人们工作态度的一种道德要求。对于教师职业来说，敬业就是敬重教师职业，就是要求我们把教育当作我们的生命，对教师这一职业有发自内心的神圣感与尊严感，把教书育人看成自己的天职和使命，从而激发自己对教师职业的认同感和责任意识，在平凡的教师职业人生中实现生命的价值与尊严。

一、敬业是对教师职业的认同与自觉

在现实生活中，我们或许能听到教师们对于自己职业有这样那样的埋怨，有的抱怨入错了行，教师待遇低，有的认为当老师太辛苦，从早忙到晚，而且有的学生还调皮捣蛋伤脑筋等等。当教师确实是个"苦差事"，但是也有许许多多教师却又乐在其中，甚至乐此不疲。为什么同为教师，对这份职业却有天壤之别的看法呢？态度决定一切。对于教师职业的认同与自觉程度的高下自然决定了对于教育事业的不同态度。

所谓"职业认同"，是指一个人对所从事的职业在内心里认为它有价值、有意义，并能够从中找到乐趣。职业认同，既指一种过程，也指一种状态。"过程"是说教师从自己的经历中逐渐发展、确认自己的教师角色的过程。"状态"是说教师当前对自己所从事的教师职业的认同程度。职业认同影响教师工作的满意度、职业倦怠感水平和工作压力。有人这样比喻教师的"职业认同"：三个建筑工人造房子，有人问他们在做什么。第一个人回答，我在造房子；第二个人回答，我在挣钱；第三个人回答，我在建造最美丽的建筑。与之类似，教师也一样，有人只看到了工作本身，觉得自己就在做教师；有人把教师看作一种谋生手段，为了挣钱；还有人把教师看作人类灵魂的工程师。第三种人是从内心里对工作认同，看到了工作过程中的意义和价值。能不能发现工作的意义和价值，对工作热情、创造性、积极性的发挥都很重要，否则就可能成为贩卖知识的工具。

如何认识我们所从事的教师职业？简单地说，教师是人类文化得以传承的功臣。在我国古代封建社会，教师对于维系文脉的流传和政治的稳定发挥了不可替代的作用，因而可以忝列"天地君亲师"。教师职业，神圣而伟大，培养了社会人才，传播了人类生产劳动知识、社会生活知识，推动了社会生产的发展与科技文化的进步，提高了社会的精神文明程度和物质文明的水平，人类世界中神圣的光辉永远属于这个职业。时至今日，教师职业仍然是社会发展中不可或缺的一环，其地位和作用日渐凸显。我们甚至可以讲，正是由于近现代中国教师群体的默默担当和辛勤付出，才有今天国家百业复兴的局面。由于教师职业的神圣性和重要性，我们需要从内心里认可这份职业。

教师自我认同的建构是教师职业认同建构的核心和基础。因此，教师主动追求自我主体性的职业发展，自觉不断完善自我认识和自身素质，是获得健康发展态势的教师职业认同，提高教师职业认同程度的最直接的基本因素。

科学的教师职业生涯规划是教师自主追求职业发展的指向和动力。一般来说，职业生涯规划是指个人对职业生涯主客观条件进行测定、分析、总结的基础上，确定合理的职业奋斗目标，并为实现这一目标，制定相应的工作、培训和教育计划，并按照一定的时间安排，采取必要的行动实施职业生涯目标的过程。人生需要规划，生命因设计而光彩。科学规划职业生涯是现代人必须的人生课题，是时代发展的要求，是教师专业发展的要件，是教师职业发展的驱动器，是教师提高自身职业认同度强而有效的不二之策。教师科学制定职业生涯规划有利于加深对教师职业价值的认识，促使自己为实现确立的职业目标做出有意识、有计划的努力，注入职业持续发展的动力。当一个教师对职业生涯有自己的规划，就好比拿到了自我发展、自我实现的路线图，可以让教师预期到自身的发展前景和成果，而得到较高的满足感、幸福感和成就感。以师为乐，以师为贵，以师为荣，从而能更有效地创造性工作。

进行科学的教师职业生涯规划，首先要进行自我分析和教师职业分析，即通过科学认知方法和手段对自己的兴趣、气质、性格、知识和能力进行全面分析，认识自己的优势和特长，劣势与不足；充分认识教师职业的价值，考虑教师职业现状和发展前景，教师职业角色对教师自身素质和能力的要求等。其次，要确立合理的职业奋斗目标。一般为争取成为合格教师、骨干教师、学科带头人、优秀教师和名师。第三，要构建合理的知识结构。根据深化教育改革对教师职业角色的定位要求，将已有的知识和吸收的新知识科学地重组。第四，培养教师职业角色需要的各种能力。即培养教育教学基本能力和学科专业技能。第五，加强教师职业道德修养。通过加强学习、投身教育实践、严于解剖自己、自省慎独、心理调节等方法，认识教师职业是一项极其崇高的事业，对社会发展有特殊作用和贡献，坚定师德信念，陶冶师德情感，磨炼师德意志，养成师德习惯，培养健康情绪，塑造健全人格。第六，因人而异突出重点。青年教师要警惕懒散、紧张情绪，培养崇高的教育理想和强烈的高度的责任感、使命感，重在树立教师职业角色意识，尽快贴近角色，适应角色，胜任角色，实现向合格教师角色的转型。中年教师要警觉弃变求稳的职业懈怠情绪，常保强烈的进取心态，在反思中进行教学活动，依靠科研实现自身的发展。老年教师要提防终途泄劲的消极情绪，坚定积极向上持续进取的心态，在传承中探索创新，总结自己的教学风格和特色，实现向科学实践的转变，构建自己独特的教学理论体系和方法论体系职业生涯规划的过程中，要注意不断加强自身的学习能力、反思能力、调控能力、人际交往能力和社会同化能力，获取教师职业更多更美好的体验和认知，增强更多更美好的情感，找到更多更美好的乐趣，从而不断提高教师职业认同程度。

二、敬业是一种生命的融入

有一位地质学教授，他总是有意迈着大步，摆动双臂，在过道里走来走去。你无论什么时候见到他，他总是面带微笑。他的工作在许多人看来，是非常枯燥的，每天都要与一堆不会说话的石头打交道，他干嘛还会那么高兴呢？答案很简单，他对自己的工作有激情，他热爱并喜欢自己的工作。

教育是一项需要投入激情甚至融入生命的事业。由热爱教育，到对教育产生热情，是一个熟悉并逐渐深入教育的过程。随着教育工作的深入，热情又可以转化为激情直至融入整个自己的生命。一个教师对工作确实产生了激情，你可以发现他目光闪烁，反应敏捷，浑身都有感染力。这种神奇的力量使他以截然不同的态度对待学生，对待工作，对待生命和生活。

只有热爱，才会有热情。一个对教育有热情的人，不论在汗流浃背地批改作业，或者立于三尺讲台挥洒自如地释疑解惑，都会认为自己的工作是一项神圣的天职，并怀着深切的兴趣。一个对教育有激情的人，不论工作多么困难，始终会以不急不躁的态度去工作，并满怀着对该领域的好奇，向往着对教育知识的无限探究，迸发出一股不断学习的动力。教育激情可以使教师对教育教学工作具有空前的开拓性，投身于新一轮课程改革，成为真正的课程开发者和实施者，成为终身学习的实践者。社会的发展需要创新，学生的发展需要创新，这些需要都聚焦在了教育上，都担负在了教师的身上，充满激情才可能让教师完成这一任务，因为激情可以诱发教师的创造力。

从事教育，不仅需要热情，还需要长期的甚至是默默无闻的奉献。教育家吕型伟说：教育是事业，其意义在于奉献。在中华民族发展的历史长河中，留下了许多优秀的道德传统，其中在教师道德中世人最为推崇的传统美德是在教育事业中甘为人梯、终身不渝的献身精神。我国现代伟大的人民教育家陶行知先生留学返国，放弃教育部长高官不做，视三青团书记要职为粪土，终身安于"粉笔生涯"，投身教育30年，赢得桃李满天下，以"捧着一颗心来，不带半根草去"的高尚情怀，献身教育事业而鞠躬尽瘁。杰出的无产阶级革命家徐特立同志，从18岁起就从事教师职业，在他从教的70年中，先后经历了清末、民国初期、北洋军阀政府和国民党统治等时期，饱尝忧患，矢志不渝，从一个为生计所迫的教书匠成长为著名的教育家，从一名民主主义战士成长为坚定的无产阶级革命家。在所走过的漫长而曲折的道路中，他始终坚持"以教书为职业，教育为事业"，为中国的革命和建设事业培养了大批人才，被尊为"人民师表"。

国家和人民不仅需要大批的知识分子投身教育事业，更需要无数像陶行知、徐特立一样的忠于教育事业，献身教育事业，甘为人梯，乐于奉献的教师，踏踏实实、兢兢业业地立足教师岗位，去传播人类的文化知识和精神文明，去塑造青少年的灵魂，去培养和造就未来的建设者。

教育劳动是有高度责任性的劳动，它要求教师一开始就必须兢兢业业地工作，不能有丝毫的满足和懈怠。教育劳动又是很繁重和复杂的，繁重的任务不断耗费着教师大量的心血和精力。教育劳动还是一种长期的连续性劳动，只要学生存在，教师就不可能脱离工作，也不可能放松和间断工作，否则班级质量将明显下降。任何一位教师都难免利用休息时间辅导有困难的学生，解决问题和进行家访，也难免夜以继日地备课和批改作业。教师的工作很难在八小时以内完成，教师在业余时间所提供的劳动几乎都是无偿的。

一位教师对其职业具有的兢兢业业、勤勤恳恳的敬业奉献精神作了一个形象的比喻：教师要有"守摊"精神。他说："守"是课前认真备课，寻找传授知识的最佳方案；"守"是出满勤，干满点，给学生做好表率；"守"是认真地批改作业，绝不放过学生的一点差错；"守"还要放弃自己的好恶，对待学生一视同仁；"守"要收敛自己的脾性，耐心和笑脸才是教师的通行证。总之，为了这一"摊"，教师要起早贪黑，废寝忘食，兢兢业业，勤勤恳恳，几十年如一日守住学生。

链接

教师心灵的诉语

爱，是教师最美丽的语言。要当好一名教师，就要爱岗敬业，热爱学生，爱得专心致志，爱得无私无畏！热爱学生是师德教育的核心。随着社会的发展，党和国家对教育的深切关注，真诚地热爱学生已被视为当代教师的师德之魂。当我们往讲台上一站，这"一身粉笔灰，两袖清风，三寸不烂之舌"的模样，便会明白地向你宣告我们的职业——教师。

也许你曾经不想做一名人民教师，尽管你身在一方净土的校园，但窗外变幻的扑朔迷离的现代风景，就像一只只充满诱惑的手，拉扯我们驿动的心。于是很多人以各种各样的借口，放弃了教师这个职业。他们认为金钱薄待了他们，而他们也就因此薄待了学生，薄待了自己的事业。于是，校园不再平静，讲台不再圣洁。但我们同时要清楚地看到，无论是在过去还是现在或是将来，无论是在物质贫乏的时代还是物欲横流的岁月，始终都有数不清的教师们无怨无悔地坚守着这个岗位，用自己的青春和生命来捍卫这个职业的神圣！

真的，当我们站在讲台上的时候，你才会真正体会到人世间最感人的莫过于情，感动于那些天真无邪的孩子们那份淳朴的真情！这种感动不是金钱可以衡量的。也许你会遇到智力迟钝或调皮疏学的学生，你一遍一遍地向他（她）讲解，他总是听不进，使你失望，你真的不知道还能怎么办，你会觉得满腔心血付之东流，那种委屈甚至会使你产生了放弃他（她）的念头。当然，放弃是不可能的，你只好决定继续给他（她）讲。你也许会合起书本说："行了，回家吧，都是上课讲的内容怎么还不理解？给你补习怎么都听不进去？"也许你回到办公室，心里就像被一团棉花堵着。可一听到："报告，老师，您的红笔留到教室了。"看到学生轻轻地将笔放在桌上时，一瞬间，你的满腔的委屈和怒火都被他（她）那含着愧疚的眼神冲散了吧，那堵着棉花的胸口会涌出一阵感动吧！你可能开始自责，他不过是个孩子，怎能去苛求他呢？你就不厌其烦，寻找每个孩子身上的闪光点，这时你心中会想到让每个孩子树立起信心，一视同仁这才是你应该做的啊！将心比心，以心换心，不以你的真挚之情、诚挚之心怎能换取孩子们纯真的童心？

当然，学生给老师带来的不仅仅是感动，更多的是课堂上的激情，知识上的创新，活动中的热情。教学要讲究方式方法，以学生为主体，懂得因势利导，掌握了低年段孩子们的心理特征，在不同的环境中调动学生的积极性，才能产生良好的教学效果。所以说，无论是这个教师职业选择了你，还是你选择了这个教师职业，我们都应无愧于"教师"这个称号，更应该让它成为太阳底下最光辉的职业！

印度诗人泰戈尔说过："花的事业是甜蜜的，果的事业是珍贵的，就让教师干叶的事业吧！因为叶总是谦逊地垂着它的绿阴。"教师是用慈爱呵护本真，用智慧孕育成长，用真诚开启心灵，用希冀放飞理想。教师用自己的双手和大家一道把自己耕耘的园地管理得天晴日朗。用心写下忠诚，生生不息，奋斗不止，在无悔的事业中共同托起明天的太阳吧！

——来源：http://www.hteacher.net

三、敬业是一种职业生活的方式

敬业是一种积极的生活方式，是一种向上的人生态度。人的价值在于奋斗、进取和奉献，做好本职工作是最基本的要求。大圣人孔子就主张人的一生中要勤奋、刻苦，为事业而尽心尽责。他经常教导弟子"执事敬"、"事思敬"、"修己以敬"。作为人类灵魂工程师的我们，承担着传承文明、培养人才的重任，更加需要有"敬业精神"。

对于一个教师而言，要敬重教育事业，就要潜心研究业务，不浮躁，耐受得住寂寞。凡有成就的教师，都是从教育职业劳动中领略无穷趣味的敬业者。教师敬业的核心是尊重职业、精通职业、献身职业。

尊重职业。尊重自己所从事的教育事业是教师敬业精神的首要标准，是一个教师必备的、最基本的心态。热爱和尊重是职业成功的前提，只有对自己的职业有积极的态度，对自己从事的职业充满敬重的情感，才能维护它和成就它，才能引起喜悦和快乐等肯定性的体验，在职业活动中做出积极的贡献。一个教师确立和培养崇高的职业理想和事业心，真正地尊重职业，必须具有不能放弃的使命感和责任感，把自己从事的教师职业看成是无比神圣的。这种敬重职业的事业心，包含着决心成就事业的高尚情感、忘我品格、实干作风和奉献精神。

精通职业。每个教师都追求美好的人生和事业，都希望自己的职业活动有价值、有意义，为社会做出自己的贡献，实现人生价值。而要对社会、对人民作出较大的贡献，就必须发愤成为业务上的行家里手，驾驭、精通自己从事的专业。要在工作岗位上有所发现，有所发明，有所创造，有所前进，以自己力所能及、游刃有余的岗位工作能力和水平，成就自己担负的职业，立足本职工作岗位，实现人生价值，对社会对人民做出自己应有的贡献。要成为自己业务领域的专家，就要对自己专业领域劳动的知识、技能刻苦钻研、精益求精，不断提高业务水平和教育教学能力，成为优秀的教育工作者。

献身职业。对于一个教师来说，以忘我精神献身于崇高的职业，这是一个教师的最大幸福。教师的职业意识和责任在职业劳动中的反映，就是个人把献身职业和做出成就看成是自己的职责、使命和责任，把它看成非这样不可的需要和义务。教师在职业生活中，经常感受到这种责任的存在，并在履行这种责任、使命的同时，不断形成和发展内在的责任感、使命感并以其献身于职业。全身心的投入职业劳动和创造，才可能是幸福、愉快和有成就的。

敬业是一种职业生活的方式。教育选择了我，我选择了教育。一个人能够主观为自己客观为他人地活着，是一种幸福，而教师是能够过上这种生活的人。在众多的职业面前，我们宁可选择当教师，选择能够为自己创造一个洁净的心灵空间的职业，选择思想的自由和尊严的守护。

第二节　敬业：感悟教师职业的价值

教师从事的是一种培养人、教育人的事业，这一事业对社会文明发展进步有着不可替代的推动作用。现代社会，教育职业的兴旺发达与否，直接关系到一个民族、一个国家生存和发展的基础是否强大、巩固。因此，教育被各国普遍认为是立国之本。与此同时，教师事业还联系着千千万万的社会个体的自我实现和幸福的可能性，关系到社会成员自由而全面发展的程度，关系到人的切身利益的拥有和维护，教师成为学生通往幸福之途的向导。除此之外，教师职业也是所有教师实现自我价值、获得个人满足、完成人格升华、实现个人利益的有效社会途径。我们在为他人提供服务、履行社会职责和义务的同时，也拥有了体验自我价值实现和精神充实的幸福感的权利。因此，教师职业是通往社会文明、个人发展、自我实现的必由之路。

一、领悟教师职业的价值

职业价值指人生目标和人生态度在职业选择方面的具体表现，也就是一个人对职业的认识和态度以及他对职业目标的追求和向往。我们有必要用智慧的眼睛去洞察教师职业的灵气，用敏捷的心灵去领会这一职业所蕴含的无尽价值。教师职业的价值在于：在促进年轻生命健康成长的过程中让自己感觉幸福，让他人感到美好，让社会充满和谐。正如著名特级教师魏书生老师所言："我的工作是在学生的心田里开辟一片绿地，播撒上真善美的种子。我想，这世界上，如果由于我的存在而多了一颗真诚、善良、美好的心灵，那我便获得了人生的幸福，有了一份生存的价值。"

教师职业引导社会文明进步。爱因斯坦曾说："学校向来是把传统的财富从一代传到下一代的最重要的手段。与过去相比，这种情况更加适合于今天。由于经济生活现代化的发展，作为传统和教育的传递者的家庭已削弱了。因此，比起以往来，人类社会的延续和健康，要在更高程度上依靠学校。"可见，作为社会专业化分工的教师职业越来越来成为传递文明、促进发展的重要一环。如果我们把教师职业不仅仅看成是谋生之途，而是全面透视它对学生的幸福、对民族的命运、对国家的兴旺发达所具有的巨大价值，那么，我们就会对"教书育人"心怀敬重，就会体会到这一平凡而普通工作的崇高和伟大，就会以为师从教而感到光荣和自豪，进而会以实际工作表达这样一种思想："我不是一个教书匠，我是受社会信托的人，社会把培养、教育新人——未来一代人的事业托付给了我，这是我最崇高的事业，是我的头等大事，是我的职业义务，这是我的使命。"①

教师职业促进个体全面发展。对学生而言，教师的职责就是把他们培养成体格健壮、学识渊博、才思敏捷、道德高尚、个性发达的完整的人。"通过培养不断地将新的一代带入人类优秀的文化精神之中，让他们在完整的精神中生活、工作和交往，在这种教育中，教师个人的成就几乎没有人会注意到，教师不是抱着投机的态度敷衍了事，而是全身心地投入其中，为人的生存——一个稳定而且持续不断的工作而服务。"这种服务是对学生一生的服务和负责。因为教育是未来的事业，人才培养的周期性很长，不像工厂生产产品几个月甚至几天就能完成，它需要几十年的时间。人才培养的周期性很长的特点决定了教师要有长远的眼光，要为学生的一生的成长负责，不能功利地看待教育事业，仅仅为学生的分数和成绩而教育，而应为学生潜能的开发、人格的提升、身心的全面和谐发展而教育，为学生的精神"成人"而教育。

教师职业达成自我满足和实现。不能不承认这样一个事实：教育工作是辛苦的，教师每天都进行着大量的平凡、琐碎的工作，日复一日，年复一年，备课、上课、批改作业、管理班级……重复性劳动单调而缺乏新鲜感、刺激感；而且，至少就目前的情况而言，教师的社会地位和生活待遇相对来说还比较低，社会上对这一行业还存在偏见。那么，是什么构成了无数教师兢兢业业、勤于奉献、淡泊名利、默默耕耘的内在动力呢？是什么使教师以苦为乐，甘于寂寞，勤勤恳恳，甘当人梯的呢？就是教师对教育事业的热爱，就

① 阿莫纳什维利.学校没有分数行吗.北京：教育科学出版社，1986.

是教师的敬业精神。敬业的精神和思想观念使教师摒弃了庸俗的价值观，摆脱了世俗的偏见，忍受了社会的误解，理解了种种不公，义无反顾地投身到了教育事业之中，忠于职守，以奉献为乐趣，为幸福；也正是这样的精神和道德价值观，鼓舞着广大教师在不尽如人意的社会环境和条件中为国家、为民族培养了一批又一批人才。

莎伦．M．德雷珀曾这样说："教师这一职业因给予无知的人以启迪，赋予冷漠的人以责任感，推动人类文明的进程而著名。"在人类历史长河中，无论是伟人，还是凡民，谁都承受过师长的恩泽，谁都沐浴过师长的圣洁。正是一代代教师殷勤的实践孕育着人类智慧的薪火，启迪着一代又一代人的心灵，开启着一扇扇紧闭的心扉，职业的美和职业的价值就在那里熠熠闪光。

二、提升教师的职业情感

所谓职业情感，是指人们对自己所从事的职业所具有的稳定的态度和体验。有强烈职业情感的人，能够从内心产生一种对自己所从事职业的需求意识和深刻理解，因而无限热爱自己的职业和岗位。俄国作家车尔尼雪夫斯基曾说："一个没有受到献身的热情所鼓舞的人，永远不会做出什么伟大的事情来。"可见，高尚的情感对于人们从事职业具有长久而稳定的激励作用。当岗位职责成为教师积极情感的对象，而不是一种捆缚或约束时；当教育事业的发展成为教师的精神寄托，而不是无关于己的身外之事时，当学校教育工作的发展、国家教育事业的兴旺已经和自己的命运紧密联系在一起时，"爱岗敬业"就从一种道德准则或道德规范转变成了教师个人的道理理想，并进而必然构成教师的行为表现。

教师的职业情感主要体现在以下三个方面：

一是热爱学生。热爱学生是敬业的灵魂。教师对学生的"爱"是一种出自崇高目的、普遍持久而深厚的爱，他源于教师对教育事业的理解和高度责任感。爱岗首要是爱学生，具体表现在：尊重学生，建立和谐平等的师生关系；严格要求学生，促使学生学有所成，健康快乐地成长；爱学生也体现在教师的敬业精神上，教育教学活动中，老师对学生的耐心教育辅导，无微不至的关怀，兢兢业业、诲人不倦的工作精神和态度，正是教师热爱学生的至高境界。

学生是教师的工作对象，是教师知识、智慧和品德的延续者。教育是一种感化人心、塑造灵魂的工作，而"感人者莫先于情"。因此，关爱学生是教育艺术的基础和前提。然而关爱学生并不是一件容易的事，让学生体会到教师的爱更困难，要关爱每一个学生并让每一个学生都体会到教师的爱，就更是一件十分困难的事情。只有对你从事的岗位充满感情，你的职业情感才可能得到升华，你的爱才可能倾注给你的工作对象。只有当我们深爱着教师这个职业的时候，我们才会毫无保留地把我们的爱倾注给我们的每一位学生，让他们在爱的阳光中发展，在爱的雨露中成人。

爱，意味着教师全心全意地付出，用心去感化每一个成长中的孩子，尝试去爱每一位孩子。老师在他们眼里是一个学习的榜样，无论什么都会向老师学习。孩子的眼睛就像摄像机，耳朵就像录音机，他们会把老师的一言一行记录下来。可见，一位好的教师对学生的一生多么重要！如果有人问，教师职业的价值在哪里，我们的回答是：光荣、艰巨，幸福并美丽！因为他们的影响贯穿孩子的整个人生！他们以一种品质、一种态度、一种情感，让学生产生一种熏染，一种无言的感动，一种无可名说的感悟。敬业升华了教师的职业情感，使教师自动自发地关爱每一个学生，促进学生的全面发展。

当学生有困难时，老师尽自己的能力去帮助他们；当学生不小心犯了错时，老师用耐心的教导去鼓励他们；当学生迷茫时，老师用自己的言行和高尚的人格去引导他们。用一颗忠诚的爱心感化着学生，这是教师职业的力量与价值，是教师敬业精神的集中体现。

二是乐教勤业。教师职业有其苦，有其乐，苦中有乐。教师劳动苦乐的正向认识和积极肯定的体验，会带来教师敬业精神的进一步升华。一个在物质和精神上被积极价值判断肯定的人，往往不会为现实物质上的清贫而放弃自身人生信仰和价值追求，却常常在追求自身价值的努力甚至是艰苦的努力中感到快乐和充实，不会因生活的艰辛或清贫而放弃对事业的执著追求。我国许多优秀教师，特别是在条件十分艰苦落后的偏远地区工作的优秀教师，都有着因对事业执著而带来的充实感，都有着对育人事业矢志不移的表现。教师的劳动的是辛苦的，由于我国经济发展的不平衡，有的地方教师的工作条件是极其艰苦的，工作收入不高，待遇低，但是，作为人，他们也有着常人的欲望。他们之所以对事业矢志不移且"苦中作乐"，在于他们对自身工作条件、物质生活和事业价值等方面有着积极的肯定的价值判断。

人生在世，都想远离痛苦和艰苦等，其实总想一切皆乐是不可能的。既然苦乐是人生不可避免的，人就应该有一种坦然面对的心怀。尤其在如何对待苦的问题上，赋予一种积极的肯定的价值判断是极其重要的。因为这种判断，不仅能帮助人们真正懂得苦乐相互作用的道理，还能使人深刻意识到"艰难困苦，玉汝于成"的意蕴，从而会对"苦"赋予一种积极的价值意义，使其在人的自我锤炼的自我人生价值提升中发挥积极的作用。

三是悦纳自我。教师通过自我学习、自我修养、自我提高，自我规范，将规范、准则内化为一种自我的要求，通过自我修炼充实生活，丰富体验，陶冶情趣，拓宽加厚文化底蕴，完善自己的人生，成为一个具有丰富的人性和现代文明素养，热爱自然、热爱生命、热爱生活的现代人。对于教师自身来说，教师应该成为自己的创造者，他能思索自己的存在，并赋予其以独特的意义和方向；他要有感受生活意义的能力，能够主动驱除各种外在的遮蔽，而体验到自我生存的内在意义，从而获得主动积极的发展，不断完善自己，获得成长，真正在育人过程中实现育己。

链接

像孔子一样做一个快乐的教师

"暮春者，春服既成，冠者五六人，童子六七人，浴乎沂，风乎舞雩，咏而归。"这是孔子的学生曾皙说的一段让孔子引为知音之言的理想。我们才发现，原来孔子的理想竟是这样简单，作为一位闻达于诸侯的饱学之士，他既不想治"千乘之国"，也不想在诸侯会同举行宗庙之事时为一小相，他的理想仅仅是迎着春风，洗尽尘埃，畅游在自然当中尽情享受那丛游之乐。在天地之中，师生可以畅所欲言纵情嬉戏，一切的教化，都寄托于明澈的山水。这是怎样的一种境界啊！我辈不才，却也心向往之！

"得天下英才而教育之，三乐也！"作为老师，最大的成功和喜悦莫过于看到学生因自己而进步，当他们取得一点点成就，或者哪怕仅仅是为获取了知识而快乐，便足以让人引以为豪了。在孔子的课堂上，有听话苦学的颜渊，有喜欢发问的子贡，有可以切磋诗艺的子夏，更有生死与共的子路。在他死后，子贡在他的墓旁结庐守孝长达六年之久。做老师能如此，夫复何求？毫无疑问，孔子无论活着还是死去，都是幸福的。而这幸福，自然是因为他曾在学生身上或者教育事业上倾注了无比的热爱。

我们可以学习孔子做一个精神上的伟人，把教学这件事当作一件乐事，把教书育人作为一种追求，让热爱贯穿自己职业的始终，甚至在退休之后，依然可以在力所能及的范围内影响着后辈学子，为人才的培养尽自己的一份绵力。不求兼济天下，但求独善其身。如此，便可以如孔子一样以自己的人格感染学生，以自己的人生观价值观影响学生，既使学生毕生留恋自己的求学生涯，感念自己的授业恩师，又使自己在有生之年实现了自己的人生价值，在百年之后没有任何遗憾。你说，这是多么令人神往的一件事啊！

——引文来源：山东省教师教育网

三、坚定教师的职业信念

信念是指人们坚信自己所干的事、所追求的目的是正确的，因而在任何情况下都毫不动摇地为之奋斗、执著追求的意向动机。所谓职业信念，则是指个体认为可以确信并愿意作为自身行动指南的认识或看法。职业认识常变，而职业信念一旦形成则很难改变。不论选择什么职业定位，在选入新行业后就算遇到再多再大的困难和挫折，都要坚定信念地走下去。

　　著名教育学者叶澜教授被邀至上海市名师讲坛时讲了一段发人深省的话。她说：我出生在一个普通的教师家庭，从小时候跟着父亲上学起，就对教师这门职业有了一份尊敬，天天看到许多小朋友对着父亲喊"老师好！"，童年时的我心中也添了一份自豪与羡慕。这种情感日积月累，稍懂事后就下决心当老师。高中毕业的化妆晚会上，我装扮成苏联电影《乡村女教师》中的瓦尔娃娜；在报考大学的志愿表上，我毫不犹豫地把六个志愿都填了师范大学，并且把华东师范大学教育系作为第一志愿。当时的主导动机是：我既然喜欢当教师，就要当一名出色的老师；要当出色的老师，就必须学习和研究教育的学问。我还清晰地记得42年前这一选择如愿时的欣喜。此后，我与教育就结下了不解之缘：从教育系的学生到教师，从青年教师到老年教师，一步步地走过来，不知不觉之中，已经过去了近40年。与此同时，自己对教师职业的认识，也随着年龄、阅历、时代与职业实践的积累而不断变化。但无论怎么变，我对这一选择不仅无怨无悔，而且十分庆幸。我已深深地体会到：教师，是一种使人类和自己都变得更美好的职业，是一种使每个从事并愿尽力做好这份工作的人不断去学习、充实和发展自身的职业，是一种不仅具有越来越重要的社会价值，而且具有内在尊严与欢乐的职业。从叶澜教授的话语中，我们看到了信念对于她从事教育职业的影响何其深刻！

　　具体说来，坚定教师职业信念，第一，要树立对"教育"的信念。教师就是教育工作者，"教育"是一项崇高的事业，教育工作者就应当使自己成为崇高之人，教育是一项神圣的事业，教育工作者就应当使自己承担神圣之责。如果不能成为崇高之人，何能承担神圣之责？何以成就教育事业？

　　第二，要树立对"学校"的信念。一只绵羊和一群狮子的组合为何斗不过一只狮子和一群绵羊的组合？是因为雄猛的狮子看不到希望所在丧失了胜利的信念。学校是一个由教师组成的团队，如果教师们坚信自己的学校有一个光明的前途，那么这个"光明的前途"不仅可以激发团队成员的事业热情，而且可以汇聚每个个体的人心、智慧和力量，形成强大的团队力量，就可以使学校事业欣欣向荣、蒸蒸日上。

　　第三，要树立对"自己"的信念。在学校竞争日益激烈的背景下，任何一个教师都无法回避竞争，青年教师更是首当其冲。如何在激烈的竞争中找到自己的立足之地、存身之所？一要直面竞争。既然无法回避，就应主动参与，就应施我之才，现我之用，大显身手，创造出自己的生存价值。二要学会竞争。"尺有所短，寸有所长"，要学会扬己所长，克己所短，张扬个性，展示出自己的生存价值。

第四，要树立对"学生"的信念。"没有教不好的学生"，学生虽有差异，但任何一个学生都有在原有基础上发展的可能，都有成才的可能。

只有树立了对教育的信念、对学校的信念、对学生的信念、对自己的信念，就可以自然而然形成"爱教育、爱学校、爱学生、爱自己"的教育情怀，就可以给自己的教育生命注入持久动力。14 年前，一位年仅 15 岁土家族姑娘宋芳蓉，来到湖北省五峰土家族自治县三坪，这里位于海拔 1800 米以上的原始森林边缘，山高路陡，交通艰难，孩子们都把上学念书当作难以实现的梦想。自那以后，她带领孩子们，在恶劣的环境中，克服了常人难以想象的种种困难，开辟校园、翻修校舍，既当校长、教师，又当保姆，进行着山区孩子们的追梦之旅。14 年来，她经常用自己微薄的民办教师的工资资助家庭困难的学生，救助因贫困而面临失学的孩子。她的事迹在社会上引起强烈的反响。她先后荣获"省劳动模范"、"湖北省十大杰出青年"、"中国十大杰出青年"、"中国首届五四青年奖章"。1998 年 6 月，她在完成大学本科进修学习后，拒绝多家单位的高薪聘请，毅然决然地回到三坪小学，重新开始了她那三个年级的复式班班主任，承担 18 门课教学任务的山村教师的生活，而且，她还成了 5 个孤儿或特困家庭子女的"妈妈"……宋芳蓉说："只要三坪小学存在一天，我就坚持在这儿教书，帮山区孩子圆读书梦。"宋芳蓉秉持了教育信念，为教育奉献着全部生命。

第三节　敬业:教师职业生涯的持久动力

我们不能无限制地拔高教师职业的道德高度，因为教师就是教师，就是千万种职业中的一种，也就如同千万个人一样，我们也是在通过这个职业谋生。所不同的是我们的工作对象特殊，我们在对社会未来履行着一种职责使命。因此，作为教师，就要保持教师职业生涯的持久动力，就要忠于事业，志存高远，尽职尽责，教书育人，坚持理想，淡泊名利。

一、忠于事业，志存高远

教师要爱岗敬业，首先必须树立热爱教育、忠于人民教育事业的信念和为祖国的繁荣富强奋斗终生的远大理想，把教师工作作为自己终生追求。正确的信念和远大的理想作为道德素质的重要内容，对激励教师爱岗敬业具有极大的推动力。它无时无刻不在激励着广大教师在不懈工作中追求到自己真正的人生价值，从中获得幸福感和荣誉感。陶行知先生曾说："在教师手里操着幼年人的命运，便是操着民族和人类的命运。"只有当教师把教育作为一项事业、作为自己的人生追求时，才可能默默奉献，甘为人梯，这是教育工作的核心价值所在。

当然，我们不否认个人志愿在职业选择中的重要性，但社会发展的限制还不可能使每个社会成员都按照自己的主观意愿来选择职业岗位，不论你对从事的工作是否感兴趣，都要从整个社会需要的角度出发，把个人志愿与社会需要结合起来，统一起来。当二者发生矛盾时，应以社会需要为重，因为社会需要是社会发展的客观要求，反映着整个社会的愿望。当前，我国的社会主义现代化建设事业正在突飞猛进地发展，客观上要求教育有一个大的发展，这就急需大批高素质的人才从事教育工作。因此，如果不能"选我所爱"，那么就要"爱我所选"，培养职业兴趣，培养热爱人民教育事业的高尚情感。

人民教师应该学习雷锋同志"于一行，爱一行，专一行"的爱岗敬业精神。雷锋在自己短短22年的生涯中，换过很多工作，但是，他不论做哪种工作，都是干一行，爱一行，专一行，努力在本职岗位上扎扎实实地作出成绩来。这种精神在今天不仅不过时，而且应该发扬光大，有了这种精神，教师教书育人的工作才能落到实处，才能热爱本职工作，努力钻研，提高工作效率，坚守在各自的岗位上。

于漪老师说："我无怨无悔，因为选择了教师，我就选择了高尚；选择了教师，我就一辈子和年轻人在一起！我一辈子的生命，是和肩负着的历史使命结伴同行。如果下一辈子还叫我选择职业，我仍然选择教育这多情的土地，选择我们可爱的学生，选择这永远光辉灿烂、青枝绿叶的教育事业！"在当今经济高速发展，社会转型时期，社会种种现象五光十色，乱人耳目，对教育是极大的挑战，对教师是极大的诱惑。在这样的社会环境下，我们作为教师愈要志存高远，要坚定自己的选择和理想，以正确的态度对待自己的职业劳动，努力培养热爱自己所从事的工作的幸福感、荣誉感。一个人爱上了自己的职业，他的身心就会融合在其工作中。真正认识到自己工作的社会意义的敬业，这是一种高层次的精神追求。这种内在的精神，是鼓舞人们勤勤恳恳、认真负责工作的强大动力。

链接

作为一名全国优秀教师，孟炳忠的业务水平无疑是令人称道的。一个毕业的学生曾经对他说："孟老师，我最喜欢听你讲课了。"这句话一直感染着他，使他心无旁骛地在自己的工作岗位上不懈努力，把每节课作为一个新的起点，向前攀登。在多年的教学实践中，孟炳忠形成了自己独特的"学案教学、切块整合、专题训练、滚动积成"教学训练模式，使得深奥的道理浅易化，抽象的概念具体化，枯燥的知识趣味化，极大地激发了学生的求知欲。平常每一节课，他总是精益求精，反复推敲，常常进入物我两忘的境地。2002年，孟炳忠兼任学校总务主任，繁杂的后勤事务让孟炳忠花费了大量的时间和心血，但他从没有离开过心爱的讲台，依然坚持任教高三毕业年级的课程，而就是这个时候，学校刚添置了多媒体设备，神奇强大的技术手段使孟炳忠沉醉着迷。当时白天上课，忙后勤，管理全校师生的生活，他都是用晚上时间钻研多媒体技术，亲自制作课件，通常是一节课备好让他兴奋不已的时候，也是夜深人静凌晨一点过后。孟老师身体不算强壮，因长期超负荷工作，体质很差，伤寒、肝炎、肺炎都在他拼命工作的时候和他交过朋友，现在还落下了颈椎病和偏头痛，尤其是用脑过度之后，头皮上会生出许多小血疙瘩，疼痒难忍。好心的同事都劝他去医院检查一下，他却一直乐呵呵地说："没事，没事。"

——引文来源：《执着之中写卓越——记全国优秀教师孟炳忠》

二、尽职尽责，教书育人

南宋著名哲学家、教育家朱熹认为"敬业者，专心致志事其业"。敬业的本质就是责任，就是要尽职尽责。敬重自己的工作，在工作中表现出忠于职守、尽心尽责的精神，这才是真正的敬业。作为教师，肩负着教书育人的责任，做的是平凡的事，树的却是一代人，因此肩负的应该是社会的重中之重。教师的本职工作或基本职责就是教书育人。因此，教书育人就是教师"敬业"应当履行的道德义务。能否自觉承负这一道德义务，完成育人大业，是衡量师德修养优劣的重要标准。教师尽职尽责，最集中的表现就是教书育人。

在教书育人的过程中如何尽职尽责，我们认为可以从以下几个方面着手：

一是树立阶段性目标。苏霍姆林斯基曾说："人类的精神与动物的本能区别在于，我们在繁衍后代的同时，在下一代身上留下自己的美、理想和对于崇高而美好事物的信念。要有生活目标，一辈子的目标，一段时期的目标，一个阶段的目标，一年的目标，一个月的目标，一个星期的目标，一天的目标，一个小时的目标，一分钟的目标。"有目标才会有努力的方向，智慧的人总是善于制定一时一地的合理目标，并朝着目标不断迈进。

二是不放过每一个细节。其实教师有别于企业员工，分工不那么明确，职责不那么分明。作为老师，很难分清哪是你的分内事，什么又算是分外的。看到有学生打架，你不能说：这是政教处的事，不用我管；学生不遵守纪律不应该只是班主任的事。每个老师都有义务、有责任去教育和帮助每个学生。教师是普通人，而且是只能每天做着简单的平凡事的人。因为学生不是一天两天就能教育好的，所以你每天要适时地对学生进行安全教育：上下学路上骑车、乘车、过马路等交通安全教育，在学校大课间、课外活动安全教育，如何学会自我防范、自我保护，怎样养成良好的学习、卫生习惯，如何安全用电；怎样防溺水等等。即使学生听厌了、听烦了，老师还得变着花样给学生讲，而不能说：这些东西我全都讲过的，你不听出了问题就不是我的责任了。在工作中，没有任何一件事情，小到可以被抛弃；没有任何一个细节，细到应该被忽略。每一件事都值得我们去做，值得我们去研究。即使是最普通的事，我们也不应该敷衍应付或轻视怠慢，相反，应该付出热情和努力，多关注怎样把事情做到最好，全力以赴，尽职尽责地完成任务，养成良好的职业素养。

我们不仅要关注学生的日常细节，还要注重自身的每一次教育教学行为。因为学生的生命历程都是不可重复的过程，都是不可逆的。如果教师一堂课没上好，一次班级的偶发事件没处理好，不能期望在以后去"改正"。教师有"以后"，但学生却永远没有特定情境中的"以后"了。就此，我们有理由对自己求全责备，有理由要求自己以极端认真和审慎的精神来对待教育中的一切细枝末节。在本职工作岗位上勤勤恳恳，兢兢业业，认真备好每一节课，上好每一节课，认真批改每一本作业，从小事做起，一切为了教育工作，一切为了学生的学习成长，是教师应有的基本职业品质。

三是注意实践体验。着力做好哪怕是微小的教育工作，会为敬业精神开掘出良好的发育土壤。当教师以自身的辛勤汗水为社会培养出栋梁之材，当教师导引学生迈进幸福的大门，当教师将优秀文化成果传递给社会新一代，此时，教师就会对从事的职业产生莫大的敬重和热爱，革命教育家徐特立先生这样说：教书是一种愉快的事业，你越教就会越爱自己的事业，当你看到你教出来的学生一批批地走向生活，为社会作出贡献时，你会多么高兴啊！相反，如果单纯坐而论道，专奢空谈，"爱岗敬业"只能是一句美丽的口号，所谓"善自善，我自我"。

链接 LIAN JIE

2008 年 5 月 26 日，教育部发出了向抗震救灾英雄教师学习的通知，要求全体教师学习体现在他们身上的三种英雄精神。第一种精神是学习他们生死关头临危不惧，舍生忘死、奋不顾身、拼死保护学生的英勇献身精神。这样的英雄教师大家已经耳熟能详。如德阳市东汽中学的谭千秋老师、汶川映秀镇小学的张敏亚老师、崇州市怀远中学的吴忠洪老师、什邡市红白镇中心学校的汤宏老师、龙居小学的向倩老师、绵阳市平武县南坝小学的杜正香老师等等。在房屋即将倒塌的一刹那，这些老师都选择了同一个姿势——伸开双臂紧紧拥抱着深爱的学生，以血肉之躯为学生肩起死亡的闸门。从他们身上我认识到，原来普通教师也可以是黄继光、董存瑞，可以用柔弱的躯体为学生堵上死亡的枪眼。

第二种精神是学习他们危难时刻坚守岗位，忠于职守，不畏艰难险阻，奋力抢救学生的拼搏风险精神。如滕州市红原镇中心小学的周儒然老师，四次冲进教室抢救孩子，每次都是冒着生命危险。特殊教育学校的教师连续几次冲进去，推、抓、抱把孩子拉出来，使 67 个残疾儿童没有一个伤亡。北川县曲山镇希望小学的 9 位老师，忍着失去亲人的痛苦历经三天，历经艰难困苦把与家长暂时失去联系的 71 个孩子转移到了安全地带。对于这种伟大的情操他们自己却认为是自然的事情，正如红白镇中心学校的一位老师所说："我们从来没有想过自己会有多伟大，我们凭的是教师的职业本能和职业精神。在我们的潜意识里，最后一个学生没有走，我就不能走。作为一名教师，不可能扔下学生自己逃命。"

第三种精神是学习他们大灾面前化悲痛为力量，振奋精神，不屈不挠，迅速投身重建校园，恢复正常教育教学秩序的自强不息精神。如中国科学院北川希望小学的老师们在地震中，有的失去了妻子，有的失去了丈夫，有的失去了孩子。尽管悲痛撕扯着老师们的心，但他们没有忘记自己是老师，仍忍着悲痛坚守岗位，继续在救助站照顾着年幼的学生们。校长申继斌说："如果孩子们被救出来了，又在我们手里生病了，或者出了什么事，我们可怎么办呀？其实我们也是灾民，我们每个人都有亲人在地震中丧生，但我们是老师，必须照顾好学生。"

——引文来源：新华网教育频道

三、坚持理想，淡泊名利

由于教育工作清贫却又艰苦，从业者奉献多而获取少，所以在公私义利关系方面最能检验和体现教师的敬业精神。毫无疑问，那些不求闻达、不慕名利、不谋富贵、甘为人梯、乐教勤业的教师具有崇高而伟大的敬业精神；相反，那些一事当前"私"字当头、斤斤计较、只关心个人名利得失、不肯奉献只问索取的人，是没有资格谈论什么"敬业"精神的。自古以来，人们就大力倡扬广大教师不取不求、敬业勤业的精神，鄙视那些利欲熏心却混迹于教师队伍的道貌岸然的"伪君子"。孔子之所以被后人颂为"万世师表"，虽颠沛流离、累累遑遑却教诲不辍，一生始终如一倾心执教的道义性追求是一个主要原因。卢梭曾说：有些职业是这样的高尚，以致一个人如果是为了金钱而从事这些职业的话，就不能不说他是不配这些职业的；军人所从事的，就是这样的职业；教师所从事的，就是这样的职业。

　　做好一名教师，应有一种理想主义的教育情怀。尽管在社会转型过程中，许多人价值错位、理想缺失、信仰危机，但我们仍要坚守人类的核心价值，坚守人类的崇高精神，坚守自身的人格独立和精神自由，始终保持一种反省意识、一种批判精神、一种对社会问题的强烈责任感以及敢于担当的勇气。在我们的教育实践和社会生活中，这种教育情怀时常表现为对自身教育教学的深刻反省，对教育现实的深入批评，对应试教育的适度对抗，对教育理想的执着坚守，对转型时期教师尴尬命运的勇敢担当。通过我们的教育实践，使学生学会如何幸福地生活，学会通过坚韧不拔地努力获得幸福的生活，学会把个人的幸福与国家民族的进步有机融合。因此，我们追捧的不仅仅是一张张高一级学校的录取通知书，更要塑造出一个个既具有坚定理想信念，又有鲜明个性的活生生的人；我们追捧的不仅仅是百分之百的升学率，更要实现每个学生的生动活泼的发展；我们追捧的不仅仅是汇报时沉甸甸的总结、评比时一组组的数据，更要造就未来公民的优秀素质和中华民族的高尚精神。

　　在当今社会风气比较浮躁的大环境下，当好一名老师，还要有甘于寂寞的坚持，要有抵制诱惑的勇气。世界上一切人类的杰作都是默默坚持的成果。点点滴滴的坚持似一颗一颗的珍珠，只有把它连串起来，才会成为我们手中熠熠生辉的项链。世界上没有什么能够战胜于寂寞的坚持，一切意志的较量都是默默坚持的较量。甘于寂寞是一种精神力量，需要我们正确地去挖地去挖掘、开发和利用。一是通过读书学习陶冶自己的思想，二是知足常乐，不盲目攀比。三是学会舍弃，懂得放弃才能甘于寂寞——放弃是一种智慧。其实，获得往往只要心理坦然，而放弃则需要巨大的勇气。我们教师想要抵制一个个诱惑，甘于寂寞，从事教育事业，就必须学会放弃。如果只知道抓住不放，甚至贪得无厌，那么面对灯红酒绿的花花世界，我们教师该如何去抗拒？智者说："两弊相衡取其轻，两利相权取其重。"默默耕耘并不会让我们失去快乐，更不会一无所获。看看学生天真无邪的笑容、家长感恩戴德的眼神、社会对我们的赞誉……这些难道不是最好的奖励吗？

应该强调的是，在现代社会中，"爱岗敬业"的师德规范不是要求为人师者"净尽人欲"，而是要求教师通过辛勤的教育劳动谋取合理正当的利益满足。但因为教育是关乎他人幸福、民族和国家利益的大事业，如果教师以追名逐利为基本目标，教育自身的目的就无法充分实现。因此我们大力倡导淡泊名利、以教为乐的职业精神。要以教为乐，就要用心理解教育，加深对教育的感悟，把握教育的意义，使自身生命的意义与教育活动的意义相互关涉，从而提升教师职业活动的质量和境界；用心从事教育，在教育教学的过程中感受到教育实践的乐趣，乐于教书，乐于育人，乐于与学生交往，乐于与同事、家长交流；用心享受教育，享受学生成长带来的喜悦，享受教学生活，在"学习、反思与研究"中享受人生的乐趣。

思考题：

1. 有人说"敬业是教师职业幸福的源泉。"你怎么看？
2. 敬业的时代内涵是什么？
3. 志存高远、淡泊名利对教师敬业精神的培养有何重要性？

第三章
没有爱就没有教育

师德修养是教育发展的内在需要，师爱是师德修养的灵魂，没有爱就没有教育。前面几章中，我们梳理了师德修养的历史脉络与时代意蕴，探讨了教师职业的性质，以及教师应该怎样敬业。本章主要探讨作为教师职业行为基础的师爱的基本内涵，以及她在现实教育中的具体体现，包括对学生的尊重和保护，对学生生命的合理成全。

师爱，是一种发自教师内心的超越世俗功利的教师对学生的爱，这种爱需要教师具有责任心与爱的能力，它与教师对教育事业的爱，对教师职业的爱是高度统一的。在现实教育中，师爱具体体现为教师对学生的关心、了解、尊重和保护。爱是教育的灵魂，这不仅仅是对爱在教育中的重要性的表达，更是对教育真谛的表述。正是爱的渗透才使得教育超越单纯的知识授受，而成为一种激励、引导完整的人的生成的实践。

那么，师爱对于教师职业来说究竟有何重要意义呢？为什么说师爱是一种需要责任心与能力的爱呢？如何理解师爱就是教师对学生的关心、了解、尊重和保护？作为教师，又如何合理表达师爱呢？这是本章我们需要讨论的几个主要问题。

谁不爱孩子，孩子就不爱他，只有爱孩子的人，才能教育孩子。

——高尔基

典型案例 DIANXINGANLI

××中学一名优秀学生因父母离异从18楼跳楼自杀，其班主任写下了这样一段文字：

2011年10月23日，我会永远记住并怨恨这一天，因为上天夺走了我最最亲爱，最最优秀的一个学生。十五岁，该是如花儿一般美好的年纪！成绩优异保送××中学；湖南省信息比赛一等奖；校运会的长跑健将；××中学重点班的佼佼者；象棋难逢对手…这些都不足以诠释这个帅帅的小男孩。在我印象里，他永远一脸阳光，为了演好英语短剧，他一遍遍突破自己就是为了不让老师失望！课堂上，他才思敏捷，妙语连珠！然而，当我们期待着他更多的好消息的时候，却惊闻他从楼上跌落的噩耗！

点评

我们有时忘记了，孩子们不仅是学生，更是一个人，一个有情感、有尊严、有悲伤有喜乐的鲜活生命，教育不仅要促进他们学业进步和能力发展，更要体察和引导他们的生命感受，为他们的生命美好奠基。教师爱孩子，首先需要基于这种生命关怀来爱他们。师爱是一种生命情怀，也是一种生命智慧。教师应该尊重和保护孩子们，看护他们的身体和心灵、激励他们的生命潜能，引领他们热爱自己的生命，并成全自己的生命。不能等到下个悲剧发生再来认识这一道理。

第一节　师爱：教师职业行为的基础

一、教师的职业对象是人

每个职业都有每个职业的要求，教师这个职业更是如此。教师不仅是一门职业，更是一种特殊的职业，是一门以人的生成与完善为根本指向的职业。教师职业的特殊性表现在很多方面，职业环境、职业目标、职业过程，无不体现出教师职业的特殊性。但特殊性的根本在于教师职业对象的特殊性，教育对象的特殊性乃是教师职业特殊性的基础与核心所在。

教师的职业对象首先是人，每个学生都是活生生的人，是与教师具有同等人格尊严的个体，是拥有活泼内心世界的个体，不是被灌输的机器，不是任意加工改造的对象。这意味着作为教师要目中有人，心中有人，把学生视为一个个特殊的生命体，要尊重每一个学生，深刻认识到尊重是教育的前提。其次，教师的职业对象是成长中的人，是儿童，是未成年人，是拥有无限发展可能的成长中的个体。教师工作的基本目标乃是精神成人，即引导未成年个体精神世界的生长生成，启迪他们对于人生和世界的美好情怀，诸如爱、希望、信心、善良、诚实、正直、幸福感等，给他们的一生奠定良好的精神基础。

教育从人的生存意义而言，不过就是如雅斯贝尔斯所言："人与人之间平等的、求知识获智慧的、富于爱心的交流。"只有挚爱的心灵才能孕育、启迪学生心灵的挚爱，引导学生走出蒙昧和无知，走向开阔、明朗的生活世界。教师在其职业行为过程中，如果自身没有一份对事业、对学生真诚的爱，没有对教育教学活动的真诚投入，教师的工作就成了匠人的工作，教育就会成为没有灵魂的技术，就不可能成为真正唤醒、生成学生美好精神世界的活动。更不用说，教师对学生的偏爱、或者挖苦、嘲讽、打击、歧视、体罚等行为，可能对学生精神世界构成恒长的伤害。这意味着我们在教育实践中，不能简单、粗暴、武断地对待学生，限制、束缚学生的发展，要善于去理解学生，倾听学生，发现学生，宽容学生，并且有效地、积极地引导学生的发展。

正因为教师的职业对象是"人"，是成长中的学生，决定了作为教师的职业投入所需要的不仅仅是教育的技艺，更是一种情感与人格的投入，是教师对教育活动本身、对学生、对教育职业的真诚的爱。爱是教育的基础，正是在爱中敞开教师的生命情怀，也焕发学生积极向上的生命意义，促进学生生命的整体发展。教师在教育实践中，是把教育对象当作教育常规中的加工对象，例行公事地与学生交往，对学生个体漠不关心，视学生生命与己无关，还是把学生看成活生生的，拥有独立、平等人格的个体，倾其身心与学生相处，积极与学生进行智慧、情感、人格的交流、融合，对学生充满信心和期望，把学生生命视作与自我生命息息相关的个体，自然而真实地传达师爱，这既是教育成功的关键，又是衡量一位教师素质的重要内容，更是甄别教师职业道德与职业境界高低的核心依据。

随着社会的发展和进步，教师职业的专业性愈来愈强。但是，如果仅仅强调教师职业性，那么就容易忽视它的复杂性，从而把教师职业视为一种纯粹技术性的行业。而事实上，教师职业的一个最大特点，就是除了技术和艺术的因素之外，情感的投入和交流占有重要的位置。教育的复杂性无法对教师的工作做出太具体的规定，但有一点是基本的，那就是师爱是最为根本、最为一致的要求，正是爱的倾注赋予复杂的教育实践以内在的灵魂。正因为如此，教师职业除了在一般的教育、教学技能和知识方面有着特定的要求，它还要求教师要具有"师爱"，合理的师爱赋予教师的教育教学知识技能以鲜活的生命内涵。

欧文曾经说过："教师对学生的爱护，以及对儿童的温和态度，甚至比他们的学问和修养更为重要。"爱是教育行为的内在动因，爱是教育人生的基础。对教育对象的理解、认识与爱是教师职业道德的核心之一。教师要领悟为师之道，首当其冲地就需要教师去理解、发现、认识、关爱教师的职业对象。乐于认识学生，理解学生，尊重学生，认同学生，形成稳固深厚的师爱之情，并把这种情感渗透在自己的职业素养之中，由此探索教育的真谛，视教师职业为"天职"，有利于提升教师职业境界，这也是当前师德建设的关键。

二、师爱是建构良好师生关系的前提

学校教育生活中最普遍、最基本的人际关系是师生关系。良好的师生关系有助于有效的课堂管理和课外活动的组织，是成功开展教育教学活动的基础。源自教师心底的超越世俗功利的师爱，能在精神层面直接影响学生，给学生亲密和安全感，使学生克服孤独和分离的感觉，提升学生的自信，赋予学生成长的力量，同时也能有效拉近师生之间的距离，融洽师生之间的关系，促进师生之间的理解与信任。有关调查显示，富有爱心的教师比学识渊博的教师更受学生欢迎。喜欢渊博知识型教师的学生占31%，而喜欢爱心型教师的学生达到53%，学生希望自己的老师温和、可亲，具有爱心，对有爱心的教师他们会自觉尊重教师的劳动，十分愿意接近教师，希望与教师合作，把教师看成父母般的亲人。他们愿意向这样的教师袒露内心世界，分享自己的喜怒哀乐。可见，学生渴望的不仅仅是从教师那里获得知识，更重要的是得到教师的关爱。教师是否关爱学生将直接影响到师生关系的建构和教育活动的开展。诚如马克思·范梅南所言："假如我们对孩子的责任感、希望和爱全都丧失了，我们就理所当然地怀疑我们是否准备好了从事教育孩子的工作。"

心理学研究表明，人类有社会心理需要。每个青少年儿童都有对爱的需要，在家需要父母长辈的爱，在学校需要老师同学的爱。他们在得到自己周围亲人与同学的关怀、信任和爱护的同时，也用同样的感情去爱周围的人。然而，在学校生活中，学生更关注的是教师的爱。因为教师的爱不仅仅是个人的一种态度，不仅仅是个人对个人产生的一种积极的、肯定的情感。它是一种社会性的评价，学生往往把教师对自己的关怀、爱护、尊重和信任与教师对自己的评价联系在一起，同自己在集体中的地位和人格价值联系在一起，于是教师的爱已经成为一种社会环境因素，在每个学生心目中具有不同寻常的价值。简短的表扬、信任的目光、真诚的鼓励等，都可以在学生内心产生一种积极的情绪体验，使学生像沐浴在春风之中，感到温暖、欢乐和幸福，从而激起对美好事物的追求，也进一步激发学生对教师和学校教育生活的热爱。值得我们注意的是，师爱不仅意味着对学生的关爱，也包括在学生犯错的时候对学生必要的批评，教师不能为了维护既有的师生关系而对学生的成长不负责任，甚至过度放任学生的错误。只要本着爱护学生和对学生负责任的态度，教师对学生合乎情理的批评，也将使学生感到是一种充满人情味的关切。

　　是不是只要有了师爱，就能达成良好的师生关系呢？现实教育生活中，我们也会遇到这样的情况，即教师满怀热情地爱学生，为学生的学习和成长辛勤操劳无怨无悔，但学生似乎不能明白教师的良苦用心，甚至还以为教师在刻意控制和为难自己，师生关系总是无法得到改善。这提醒我们教师在与学生相处时，不能忽视了学生个体的独立性和学生心灵深处最自我的东西，不能因为爱学生而控制学生以使他们服从自己的意愿，要允许学生成为自己，期待他保持自我的完整。教育的目的不是将学生培养成我们理想中的另外一个人，而是使学生成为他理想中的自己。教师把学生作为精神整体进行交往，尊重他的人格与自由，了解他，同情他，支持他，鼓励他，引导他和帮助他，这样学生会渐渐理解教师，不仅理解教师的意图、目的、动机、情感和态度，而且把教师作为一个与他同样具有个性、情感和真实的人来接纳和尊敬，从而达到师生间的融合，促进师生关系的改善和发展。

链接 LIAN JIE

　　通过教师之爱对于学生精神生活的直接影响，我们看到师爱可以形成学生对教师的情感认同。意大利著名作家亚米契斯在《爱的教育》中生动描述了小学生安利柯在情感认同新教师的内心体验。新学期开始了，因为升入小学四年级，原来的老师不再教安利柯了，于是，在他的心里，"因为那位亲爱快活的先生已不在，学校也不如以前的有趣味了"。当然，新老师的态度也在改变着这个孩子的生活。安利柯的新老师虽然板着面孔，但是，并没有责备课堂上违纪的学生，而且用了高而粗大的亲切声音说："大家听着！我们从此要同处一年，让我们好好地过这一年吧！大家要用功，要规矩。我没有一个家属，你们就是我的家属，去年以前，我还有母亲，母亲死了以后，我只有一个人了！你们以外，我没有别的家属在世界上，除了你们，我没有可爱的人！你们是我的儿子，我爱你们，请你们也喜欢我！我一个都不愿责罚你们，请将你们的真心给我看看！请你们全班成为一个家族，给我做慰藉，给我做荣耀！我现在并不想你们用口来答应我，我确已知道你们已在心里答应我'肯的'了。我感谢你们。"教师的这番肺腑之言让小学生安利柯感受到"从今天起，现在的先生也可爱起来了。"在此，教师通过语言、眼神向学生传递着爱心，学生也从中感受到教师的可爱，并由爱教师而爱学校生活。对于小学生来说，学校生活的一切都在他与老师的同情关系维系之下，而师爱或许正是维系师生之间情感交流的重要纽带。由此可见，师爱决定着师生之间同情关系的本质，没有师爱，师生的同情关系可能会失去"内核"，学生在学校生活中也会感到"心无所依"。从师生的直接交往看，"师爱总是从教师内心深处涌出的一种超越外在性的爱的意图，存在于孩子对爱的情感体验之中，师爱也涵盖了一切教育学的意蕴"。

——朱晓宏《重新理解师生关系——基于舍勒的情感现象学视域》，《首都师范大学学报（社会科学版）》2010：（3）119－120 页

三、师爱源于教师的生命自觉

人的一生是不断学习、不断进步、不断提升的过程，学习的不仅是知识，同时也增进了对个体对生命的认识，增强了生命意识，这种强烈而清醒的生命意识就是生命自觉。

有生命自觉的人既是拥有自我生命自觉的人，即明自我；同时，也是拥有对他人生命自觉的人，即明他人。有生命自觉的人不仅了解自己，还知道他人作为一个生命个体，有其与自己相似的体验，从而尊重他人，对他人生命充满了敬畏。作为教师，我们要有尊重生命、敬畏生命的生命自觉意识，需要"明自己"，即能正确地认识自我，愉悦地接纳自我，恰当地控制自我，主动地设计自我和能动地完善自我，也需要"明他人（学生）"，将学生视为一个个活泼泼的生命，主动关心和呵护学生的生命成长，让教育教学充满生命的气息。只有能够引领自己成长的人，才能够很好地引领他人的成长。我国知名教育学者、华东师范大学叶澜教授指出，没有教师的主动发展，就很难有学生的主动发展；没有教师的教育创造，就很难有学生的创造精神。只有当教育者自觉完善自己时，才更有利于学生的完善和发展。因此，教师作为学生生命成长的引路人，需要努力提高自身的生命自觉，成为一个热爱生命的有胸襟有智慧有境界的人，只有这样，才能在学校教育生活中帮助学生

解除生命成长的困惑，与学生一起分享生命成长的快乐，实现师生的共同成长。

链接 LIAN JIE

人作为万物之灵，与动物的最大区别之一，就是具有自觉性，能够意识到自己生命的存在，意识到自己生命的意义与价值，进而能够把握甚至创造自己。当然，这种自觉性并非先天带来，而是依据一定的客观条件，通过后天的实践获得的。同时，说每个人都能够达到生命自觉，还只是一种可能性，从可能性到成为现实离不开必要的条件，需要经过不懈的努力。在这个过程中，每个人所达到的程度不会一样，但我们每一个人都应当珍视这种自觉，不懈地追求这种自觉，努力实现这种自觉，使生命绽放花朵，具有意义。

——陈瑛《追求"生命自觉"》，《人民日报》2003—03—04：(13)

教育是直面人的生命、通过人的生命，为了人的生命质量的提高而进行的社会活动，是以人为本的社会中最体现生命关怀的一种事业。教师若无生命自觉，将目中无人，心中无爱，只有拥有生命自觉的教师，才会真正深刻地理解生命，才会真正地热爱学生。从这个意义上说，师爱也是需要条件的，如果没有教师的生命自觉，无论怎么好的外部条件，也孕育不出师爱。因此，如何启发和提升教师的生命自觉，使师爱成为教师的一种自然的教育行为，是今后学校和教师共同努力的方向。

总之，教育是培养人的活动，教师的职业对象是活生生的人，教师在培养人（学生）的过程中，不仅要进行知识的传授，更需要情感与人格的投入。师爱是教师在教育实践过程中萌生的对教育的对象、对教育事业本身的神圣感所产生的一种发自内心的爱的情感；师爱也是一种师生和谐交往的关系，是在保持教师的独立性、尊重学生的完整性与学生个性条件下的师生融合；师爱不仅源于教师的责任，更是从根本上源于教师的生命自觉，源于教师对生命的尊重、敬畏与热爱。师爱的丰富内涵与积极效能，使其构成了教师职业行为的基础。

第二节　师爱：对学生的尊重与保护

一、关心学生身体健康

教师的职业对象是身体正处于发展阶段的未成年人，学生身体的健康成长是学生幸福人生的基础，也是开展一切教育活动的基础。一个生病的、劳累的、饥饿的、被虐待的孩子要成为一个自信的、有自我教育能力的学习者是困难的，甚至是不可能的。因此，关注学生身体健康比关注学生的知识学习更为重要。一位爱学生的教师必然会爱护学生的身体。他会重视学生身体的锻炼，并定期组织学生开展体育活动，不会认为体育课对学生无关紧要，更不会任意挤占学生上体育课的时间给学生补习文化知识。无论在课上还是课余与学生相处之时，他都会细心关注学生的营养状况与精神状态，他清楚地知道那些经常迟到或缺课的学生中，有多少人是出于生病的原因。他会提醒学生家长为孩子及时进行营养补给与疾病预防，从不认为这些不是自己的责任，与教师的职业工作没有关系。当学生的生命健康有可能面临危险或威胁时，他会尽自己的一切所能去保护学生，就像保护自己的孩子一样。即使这种危险来源于学生在自己家庭中遭受的暴力和虐待，教师也会努力干预家长的不良行为，为孩子提供必要的支持与帮助。

　　关心孩子身体健康意味着应该减轻学生负担。小小身体，大大书包，早出晚归上学堂，这也许是中国多数中小学生的写照。我国中小学生课业负担过重已是普遍现象，最显性的表现是上课多，作业多，睡眠少，活动少。过重的课业负担剥夺了本应属于孩子的童真、兴趣、活动、欢笑，甚至劳动，学习生活变成了对孩子的虐待，对人性的摧残，直接影响了孩子的发展。起早摸黑的学习生活，使学生的睡眠不足，锻炼时间缺乏，身体日显羸弱，健康受到损害，不少学生还因此产生了心理障碍，厌学症、恐学症出现的频率也不断上升，学生逃学甚至自杀的现象亦时有发生。某省政府教育督导团在督查中发现：省城一家城区中学初三的周课时量竟达 54 节（按规定最多是 34 节），该校还常利用周六、周日上午补课，每天布置给学生的作业量达 3 小时以上，导致部分学生每天平均睡眠时间仅 6 小时左右。全国少工委的一项调查显示：46％－49％的中小学生没有达到国家规定的睡眠标准。在广州市团市委召开的青少年素质发展与"减负"工作座谈会上，广州医学院董玉整教授认为，学习负担重已经使广州部分青少年呈现出"亚健康"状态——即处于健康和疾病之间，近五成中小学生未达国家规定睡眠标准。

　　减负关系学生身心的健康成长，教师帮助学生减负就是实实在在地爱学生。作为教师，要从爱护学生的角度出发，有意识地减轻学生课业负担，能不布置作业就不布置作业，能少布置作业就不多布置作业。同时，要努力提高业务水平，积极优化课堂教学过程，改进教学方法，提高课堂教学的质量和效率。对教师而言，仅从量的控制来减轻学生课业负担是容易的，难的是如何通过提高课堂效率来减轻学生负担，这就要求教师要遵循课改理念，执行教学常规，养成研思习惯，精心备好每一堂课，认真上好每一堂课，让学生用最少的时间获得最好的学习效果。

教师如果不爱护学生的身体，甚至在教育实践中有意无意地对学生身体造成伤害，这样的教师即使知识渊博，教学水平高超，也不可能是具有良好职业道德的老师。在2008年四川汶川大地震中，都江堰光亚学校教师范美忠在地震发生的那一刻，自己率先跑出教室，不顾学生安危逃生，被人戏称"范跑跑"，并被众多网友斥责。我们先不讨论"灾难来时拔脚就跑的本能是否能被原谅，人是否应该拥有不高尚不勇敢的权利"，但作为一名教师，保护学生应是自己的天职。范美忠作为追求自由的个人和站立在三尺讲台上的教师，所面对的道德评判显然是不一样的。作为普通人，范美忠的行为无可厚非，逃跑是人之常情，但作为教师，范美忠丢弃学生自己逃走就是失职。而在范美忠冲出教室的那一刻，距都江堰百里之遥的绵竹汉旺镇，51岁的谭千秋也带着学生冲出教室。只不过，在看到隔壁教室中仍然有学生滞留时，他再度冲了进去。数小时后，当救援人员挪开一块断裂的预制板时，他们看到了一个头发花白、后脑内凹的汉子，趴在一张已被砸得变形了的课桌上，而课桌下，是4个已经昏迷、尚有生命迹象的学生。相较之下，范美忠与谭千秋面对地震的行为反应截然不同，也许，他们两人不同的行为均是人在危险时刻的一种正常反应，但作为一名教师，却真实地表现出了其职业道德水平与境界的高低。

二、呵护学生的心灵

无条件地尊重学生。生命需要尊重，教育的秘密在于尊重学生，而且，这种尊重是无条件的。教师要把学生看成一个完整、独立的个体，尊重每一个学生作为具有鲜活生命的"人"的权利，尊重学生的人格，尊重学生的个性与情感，使学生体会到被人尊重、被人喜爱的自尊和愉悦，进而学会尊重他人，体悟人格平等的生命尊严。

教师尊重学生，首先要尊重学生的人格，要认识到学生在道德人格上与自己是完全平等的，要以平等、诚挚、友善的态度对待学生，把学生当"人"看待。那种在教育过程中对学生采取讽刺、挖苦、辱骂等损害学生人格尊严的手段，往往是教师无能的表现。人皆有个性。把学生当"人"看，意味着不仅要尊重学生的人格，还要尊重学生的个性。每个学生都是独一无二的生命，他们的个性并无好坏之分。弗洛姆说："尊重并不是惧怕和敬畏。根据它的词根看，尊重意味着能够按照其本来面目看待某人，能够意识到他的独特个性。尊重意味着关心另一个人，使之按照其本性成长和发展。"如果教育不是爱护和发展人的个性，而是束缚人的个性思想，也就成了人的精神枷锁。同时，教师还要尊重学生的情感。凡人皆有七情六欲，现在的学生生理发育已明显提前，青春期的学生对异性抱有好感是很正常的事情，教师要尊重学生的这种美好情感，并加以正确引导，不能一味盲目压制，尤其是不要在公开场合批评和指责早恋的学生，使学生在班上抬不起头来，产生消极的心理影响，甚至酿成悲剧。此外，教师还要学会尊重学生的意见和选择。每位学生都有自己的表达权、选择权。只要学生表达的是自己真实的思想观点，教师就有必要充分尊重学生的意见，不能因为学生说了自己不喜欢听的话而迁怒于学生。同样，如果学生在某种情况下，根据个人的意愿作出了选择，并愿意承担选择的后果，即使这种选择有违教师的本意，教师也不能强求学生放弃自己的选择。爱学生，就得充分尊重和维护学生的基本权利。

鼓励学生自尊。一方面，教师通过与学生建立良好的师生关系，让学生感到教师对自己的友好与尊重，相信自己是教师关注与尊重的对象，从而不断提高自尊水平。另一方面，面对那些不小心犯了错误的学生或处境欠佳的学生，教师会适度地、机智地保护学生身上那些脆弱的东西，不会表现出过度的指责或同情，以避免让学生内心充满失败感，甚至认为自己无可救药，并因此自暴自弃。心理学研究表明，高自尊群体的人的表现总是优于低自尊群体的人。热爱学生的教师总是想方设法发展学生的自尊，努力给学生提供适合他们能力的任务，引起他们对成功的注意，使学生从自己取得进步和学到知识中体验到自尊感，而不是反复谈论学生的失败，任意挫伤学生的自尊。

《中国教育报》曾报道一个关于李镇西认识学生尊严的教师成长故事，题目是《在悔中升华教育情感》，故事与一名叫任安妮的孩子有关[①]。任安妮是初一下学期从外地转学到李镇西班上的。她身材瘦弱，脸色苍白，说话细声细气，学习较差还常请病假，尤其爱迟到。李镇西多次找她谈心，要她养成雷厉风行的好习惯，但没有看到成效，和她母亲沟通也没找出原因，只说孩子行动慢。一次，李镇西和学生正在早读时，任安妮又迟到了。这次，李镇西让她在教室外罚站，五分钟后，怕校长看见，李镇西便叫她进来，任安妮走到自己的座位，想坐下，李镇西却说："谁让你坐了？再站一会儿！"任安妮的眼泪一下流出来了，但她顺从地站在座位前，并拿出书来和大家一起读。直到早读课结束，她总共站了 15 分钟。下课后，李镇西没有找任安妮谈话，觉得没用。第二节课后，任安妮头昏请假了，接着母亲为她请假休学半年。新学期开学后，任安妮又因病无法上课。直到期中考试刚刚结束，李老师班

---

①　李镇西教育教学艺术系列报道之三：在悔中升华教育情感. 中国教育报. 2004－06－15.

上的沈建平同学跑来说："李老师，任安妮今天早晨……死了……！"李镇西老师后来才知道，安妮 6 岁就患上了白血病，当时医生说她最多能活三年。为了让她有个宁静美好的生活，父母一直没有告诉她，也没有告诉任何人。而安妮在最后几天，还在说她想李老师，想同学们，她复学后一直不喜欢新的班级，多次说她想回到原来的班级……李镇西流泪恸哭！后来，李镇西说："很多年过去了，每当听到周围的人称赞我'特别爱学生'、'从不伤学生的自尊心'时，我总是在心里感谢永远 14 岁的任安妮，因为她那一双怯怯的眼睛时时刻刻都在注视着我……剥夺了学生的尊严，就谈不上任何教育。"

引领学生精神成长。教师爱护学生，既要爱护学生的身体，促进学生的身体健康，也要爱护学生的心灵，引导学生的精神成长。从教育引导学生精神成人的层面而言，后者在当前新的复杂的社会环境下更具深刻意义。高度关注学生精神成长的教师，会有意识地指导学生正确认识周遭的事物，帮助学生选择高质量的精神食粮，鼓励学生阅读经典，聆听大家的思想，尽力帮学生营造一个纯净的心灵成长的空间，不会对学生沉迷于不健康的网络游戏视而不见，更不会容许个别学生将社会上的一些不良习气带到学校，乃至影响整个学生群体。即使学生周遭的成长环境非常恶劣，师爱也能有效弱化环境给学生带来的不良影响，引领学生朝好的方向健康成长。

许多年前，有一个叫约翰·霍普金的教授给他教的毕业生布置了这样的作业：去贫民窟，找 200 个年龄在 12 岁到 16 岁之间的男孩，调查他们的家庭背景和成长环境，然后预测出他们的未来。学生们调查后得出结论：那些男孩中有 90% 的人将有一段在监狱服刑的经历。25 年后，教授给另外一批学生也布置了一个作业：检验 25 年前的预测是否正确。学生们又来到贫民窟，与 200 名男孩中 180 名取得了联系，发现其中只有 4 人曾经进过监狱。为什么那些男孩住在犯罪多发的地方却有这么好的成长记录呢？研究人员感到很纳闷也很吃惊，后来他们被告知：有一个老师当年教过那些孩子……通过进一步调查，他们发现 75% 的孩子都是一个妇女教过的。研究人员在一个"退休教师之家"找到了那个妇女。究竟那个妇女是怎样把良好的影响带给那些孩子的？为什么这么多年过去了，那些孩子还记着那个妇女？研究人员迫切地想知道这些问题的答案。"不知道，"妇女说，"我真的回答不了你们。"她回想起多年前和孩子们在一起的情景，脸上浮起了笑容，自言自语地说："我只是很爱那些孩子……"① 故事中的老师正是用深深的爱给孩子们的心灵投进

① ［美］诺曼·文森特·皮尔文、王启国编译. 爱是最好的老师. 环球时报. 2005－12－23，在原文基础上有删减。

光亮，改变了他们的命运。

抚平学生心灵创伤。童年对人的一生起着至关重要的作用，即使有些经历多年之后会淡忘，但仍会留在潜意识里。尤其是童年期的心理创伤，对人的一生影响很大。细心的教师会比较容易地发现，在一个班上的学生中，总有那么几个心灵遭受创伤的孩子，这些孩子可能来自单亲家庭，从小缺乏家庭的温暖，性格比较冷漠和孤僻，也有可能是因贴上了"差生"的标签，长期被老师批评和同学取笑，自觉低人一等，什么委屈和痛苦都埋在心底，容易表现出持续的自卑与强烈的叛逆心理。还有一种情况是，孩子的生活因特大灾难事故发生了根本性改变，如在四川汶川地震中，大量的孩子失去了父母与其他亲人，孩子的心灵遭受重创，不知该如何遗忘，如何解脱，无法在短时间内走出灾难和死亡的阴影。对这些正在上学的灾区孩子来说，物质的保障远远不能抚平心灵的创伤，最能医治自己心灵创伤的是身边人的爱，尤其是日日与自己相处的教师的无私而真挚的爱。教师关爱孩子，抚平孩子的心灵创伤，改变的将是孩子的整个人生。

三、激励学生的潜能

巴特尔说："爱和信任是一种伟大而神奇的力量。教师载有爱和信任的眼光，哪怕是仅仅投向学生的一瞥，幼小的心灵也会感光显影，映出美丽的图像……"师爱，作为一种无形的教育力量，不仅是对学生心灵的呵护，更是一种激励、一种引导，是在潜移默化之中发挥它的巨大作用的。师爱使学生的人格受到感化，使情操受到陶冶，使自卑者自尊，使悲观者看到希望，使落后者上进，这种感化和激励功能是其他教育手段都无法代替的。

面对孩子发展的各种可能性，热爱学生并对学生怀有希望的教师充满了耐心和忍耐、信念和信任。体验到老师信任的学生由此受到激励，对自己的前途和发展充满了自信。他们读懂了老师的期待，从而振作、发奋和上进。这样，教师的爱作为一种外部的情感因素，就转化为学生自身的道德动机，转化为推动自己不断进步的内部动力。有这样一则真实的故事，一个美国孩子童年时极端害羞，怯懦而又自卑。上中学时，有一次英语教师向全班同学布置了给课文《杀死模仿鸟》小说最后一章续写一段的作业。当时，这个学生已不记得他的作文有什么特别之处，也忘了老师给他打几分。不过，他清楚记得而且永远不会忘记，老师在他的作业本空白处写着"写得好"三个字。看了那三个字以后，这个学生激动不已，终于坚持做了自己一直渴望去做，却又一直不相信自己有能力做的事——写作，这使他在 24 岁时就成了一位作家。他就是美国著名作家马尔科姆·多尔考夫。可见，教师对学生充满赏识的几个字，就是送给学生的最好的财富。一位教师发现学生的潜能并及时加以鼓励，可能成就学生美丽的一生。

四、保障学生的合法权益

青少年学生相对于教师而言，是弱势群体。他们正处于身心发展的重要阶段，特别需要家庭、学校和社会的支持与关爱。现在，校园侵权行为屡见不鲜，如教师体罚或变相体罚学生；歧视排斥后进生，侵犯其接受教育的权利；侮辱谩骂学生，侵犯其人格尊严；还有侵犯学生的人身自由，侵犯学生的隐私权等等。令人忧心的是，这些现象长期以来在一些教师心目中似乎顺理成章，不足为奇。不少教师对此熟视无睹，甚至将其作为自己的教育经验之谈，并没有意识到这些行为侵犯了学生的合法权益，将造成相当严重的后果。

"保护学生安全，关心学生健康，维护学生合法权益"是新修订的《中小学教师职业道德规范》新写入的重要内容。《中华人民共和国未成年人保护法》第三条规定："未成年人享有生存权、发展权、受保护权、参与权等权利，国家根据未成年人身心发展特点给予特殊、优先保护，保障未成年人的合法权益不受侵犯。"第五条强调："保护未成年人的工作，应当遵循下列原则：（一）尊重未成年人的人格尊严；（二）适应未成年人身心发展的规律和特点；（三）教育与保护相结合。"第六条指出："对侵犯未成年人合法权益的行为，任何组织和个人都有权予以劝阻、制止或者向有关部门提出检举或者控告。国家、社会、学校和家庭应当教育和帮助未成年人维护自己的合法权益，增强自我保护的意识和能力，增强社会责任感。"教师关爱学生，应加强法制观念，不但不能侵犯学生合法权益，还要主动依法维护学生合法权益，成为学生合法权益的维护者。

保障学生合法权益，教师首先要提高对学生权益保障的自觉性和法律意识，要通过学法知法，明确学生所享有的权利，自己应履行的义务，学校应承担的责任，从而自觉用法律法规来规范自己的言行，在管理工作中公正地对待每一个学生，尊重学生权利。其次是树立民主的师生观。现在不少教师的潜意识中，"师道尊严"、"一日为师，终身为父"等传统的师生观还根深蒂固。在学校的教学和管理中，教师往往居高临下，具有绝对权威，其尊严神圣不可侵犯，学生只能尊重和服从。在这种思想观念的支配下，教育者很难把受教育者当作平等主体加以对待，在学生管理中也就容易出现"家长"式作风，教师对学生什么都管，进而造成对学生权利的忽视和侵害。当今社会是民主社会，作为当代教师，思想观念必须与时俱进，要彻底摈弃陈腐落后的师生观，树立师生平等观念，尊重学生，充分认识到在人格尊严上师生之间是平等主体，对作为容易受到伤害的弱势群体的学生，应给予加倍的呵护，认真保护他们的合法权益。为使学生的合法权益不受侵犯，教师应该培养他们的权利意识和自我保护意识，使他们清楚自己所应享有的权利以及当自己的合法权益遭到侵犯时应采取的保护措施，这对遏止侵犯学生合法权益现象的发生和蔓延是非常必要的。教师可围绕学生合法权益的保障开展一些主题教育活动，强化青少年学生维护自身合法权益的意识。

链 LIAN 接 JIE

《中华人民共和国未成年人保护法》
学校保护

第十七条　学校应当全面贯彻国家的教育方针，实施素质教育，提高教育质量，注重培养未成年学生独立思考能力、创新能力和实践能力，促进未成年学生全面发展。

第十八条　学校应当尊重未成年学生受教育的权利，关心、爱护学生，对品行有缺点、学习有困难的学生，应当耐心教育、帮助，不得歧视，不得违反法律和国家规定开除未成年学生。

第十九条　学校应当根据未成年学生身心发展的特点，对他们进行社会生活指导、心理健康辅导和青春期教育。

第二十条　学校应当与未成年学生的父母或者其他监护人互相配合，保证未成年学生的睡眠、娱乐和体育锻炼时间，不得加重其学习负担，不得延长在校学习时间。

第二十一条　学校、幼儿园、托管所的教职员工应当尊重未成年人的人格尊严，不得对未成年人实施体罚、变相体罚或者其他侮辱人格尊严的行为。

第二十二条　学校、幼儿园、托儿所应当建立安全制度，加强对未成年人的安全教育，采取措施保障未成年人的人身安全。

学校、幼儿园、托儿所不得在危及未成年人人身安全健康的校舍和其他设施、场所中进行教育教学活动。

学校、幼儿园安排未成年人参加集会、文化娱乐、社会实践等集体活动，应当有利于未成年人的健康成长，防止发生人身安全事故。

第二十三条　教育行政等部门和学校、幼儿园、托管所所应当根据需要，制定应对各种灾害、传染性疾病、食物中毒、意外伤害等突发事件的预案，配备相应设施并进行必要的演练，增强未成年人的自我保护意识和能力。

第二十四条　学校对未成年学生在校内或者本校组织的校外活动中发生

人身伤害事故的，应当及时救护，妥善处理，并及时向有关主管部门报告。

第二十五条　对于在学校接受教育的有严重不良行为的未成年学生，学校和父母或者其他监护人应当互相配合加以管教；无力管教或者管教无效的，可以按照有关规定将其送专门学校继续接受教育。

依法设置专门学校的地方人民政府应当保障专门学校的办学条件，教育行政部门应当加强对专门学校的管理和指导，有关部门应当给予协助和配合。

专门学校应当对在校就读的未成年学生进行思想教育、文化教育、纪律和法制教育、劳动技术教育和职业教育。

专门学校的教职员工应当关心、爱护、尊重学生，不得歧视、厌弃，放弃等。

第二十六条　幼儿园应当做好保育、教育工作，促进幼儿在体质、智力、品德等方面和谐发展。

总之，在现实学校教育实践中，师爱体现在诸多方面。教师对学生身体健康的关注和生命安全的保护，是师爱最基本的要求；教师对学生美好心灵的呵护，是引领学生精神成人的核心；教师激励和唤醒学生潜能，是帮助学生成长为理想的自己的必由之路；教师维护学生合法权益，则是对学生学习与发展权利的保障。师爱无疑是美好的，但它不是教育理想天空中绚丽的云彩，而是教育实践大地上美丽的花朵。

第三节　师爱:合理地成全学生

一、师爱的普世性与特殊性

师爱的普世性。师爱的普世性是指师爱不分国家、民族和地域，适用于古今中外一切教育领域。师爱的普世性，不同于科学原理的"普世性"。科学原理的普世性是客观存在的，一经发现和接受就不需要去作其他的努力，每一个人都会遵循它；而师爱涉及的是对于一种价值的承认和追求，而不是对于一种科学公理的接受。这种价值并非先天存在于自然界或者人类社会，而是由人类自己（教师）通过生活经验选择和建立起来的，本身具有主观性。所以师爱的普世性指的并不是它的客观存在，而是它的普世性的价值认同和追求。正因为师爱具有普世性，所以只要是教师，无论他拥有什么文化背景，个人性情如何，人生境遇如何，都应该对师爱予以价值认同，将师爱作为一种职业追求，在教育实践中去努力关爱自己的每一位教育对象即学生。

师爱的特殊性。世间的爱有许多种：母爱、爱情、友爱、博爱，每一种爱都有其自身的独特性，如母爱的无条件性，爱情的排他性，博爱的博大与包容，等等。任何一种情感，都具有自身无与伦比的魅力与特殊性。师爱是教师对学生抱有的一种理性的、具有宽容性和责任心的特殊情感。父母与子女之间、家庭成员之间的爱是基于一种自然的本能因素和血缘关系，恋人的爱情和朋友的友谊也可能会因对方的改变而发生变化，师爱则不然，它超越了这些因素，很少为本能欲望、利益的冲突所屈服，充满着理智，能摆脱不良情绪和处境的影响。作为职业教育者，教师与学生发展的联系不是父母与孩子的那种血缘关系，也不可能像选择情人和朋友那样去选择学生，而是一种充满着职业使命感与责任感的理性的情感投入。

师爱的特殊性除了具有理性的特征之外，还表现在它是没有偏袒的公平的爱。对教师来说，每一位学生都是自己关爱的对象，他爱不爱学生，不会受学生性别、长相、穿着、性格与家庭背景等因素的影响。他爱的是学生这个活生生的人，而不是这个人外在的一些东西。在一位好教师的眼里，每一位学生都是成长中的个体，都需要相应的呵护与关爱。他不会因为任何原因偏袒或歧视某些学生。一般来说，交往是师爱得以抵达学生心灵的中介，一个对教育充满激情的教师会将学生视为活泼而丰富的创造者，他之所以爱学生，不是因为他想要这么做，更不是因为他应该这么做，而是当他与学生接触、了解和沟通之后，内心深处会油然产生一种悦纳学生的体验，这种体验使他愿意为学生心甘情愿地付出。因此，教师爱学生，需注重与所有学生的交往，在与学生交往的过程中做到与学生心灵相通。

师爱特殊性的第三点是它的宽容性。作为教育对象的青少年学生，身心发展均未成熟，总会出现这样那样的问题，甚至可能会因为种种不良影响犯下严重错误。作为教师，首先需要接受和宽容学生的这些错误，然后采取措施帮助学生解决问题改正错误。允许学生犯错误是教师以一种宽容的态度对待生命个体的成长，它是建立在对学生身心发展特点的理性认识基础之上的，不是对学生的放任与纵容。有一句话说"严师出高徒"，但实际上一味地严格要求学生，尤其是当教师提出的要求超出学生能力企及的高度时，将会适得其反导致学生的挫败和抵抗。所以，习惯从严要求学生的教师在学生需要宽容的时候，要尝试着去理解和宽容学生，给予学生宽严相济的师爱，帮助学生更顺利地成长。

二、师爱的度

俗语有言，过犹不及。教师关爱学生，需注意把握与学生交往的度，与学生保持有效的距离；把握关心学生的度，避免干涉学生个人自由；把握同情学生的度，不因过度同情弱化学生的自信；把握宽容学生的度，使学生逐步学会自我约束；把握批评与惩罚学生的度，不肆意伤害学生的自尊。英国教育家洛克认为，教育上的错误比别的错误更不可轻犯。教育上的错误正和错配了药一样，第一次弄错了，绝不能借第二次第三次去补救，它们的影响是终身洗刷不掉的。

师生交往有度，不窥探学生隐私。

现代社会心理学的研究成果表明，有效的空间距离，会产生喜欢或提高喜欢的程度，距离太近或是太远都不利于人与人之间的交往。青少年时期是一个相当躁动与诡秘时期。青少年并不希望将自己的一切都袒露给家长和教师，而是希望能够拥有自己的天地，能够在属于自己的时空里独自思索，自由生活而不受干扰。过分拉近师生间的距离，意味着教师了解学生隐私机会的增加，青少年学生的自由小天地往往会被教师不经意地破坏。当教师无意间了解了某位学生的隐私，这位学生往往会对这位教师产生一定的抵触情绪或厌恶感。与此同时，教师真正与学生打成一片了，教师的言行举止、文化修养也会充分暴露在学生面前。而教师并非完人，他也有自己的缺点，他的言行举止、文化修养也或多或少存在一些不足。这些缺点和不足会因师生间距离的拉近而表现出来，使学生逐渐失去对这位教师的兴趣，甚至会产生厌恶感。正因如此，师生在交往中需要保持必要的距离，把握合适的度。

关心学生有度，不干涉学生自由。

关心学生是教师所拥有的基本素质。教师应该关心学生，给予学生心理关心和帮助，而且学生也应该享有这种关怀。一位关怀型教师不仅仅帮助学生发展个性，建立积极的自我形象，而且关注学生的各个方面。对教师来说，如何把握好关心学生的度，不致使学生感到自己受到漠视或个人自由受到束缚，需要充分考虑学生个体的不同情况。对那些很需要关心和爱护的学生，教师应给予更多的关爱，否则，那些需要个别关爱的学生会因得不到及时充分的关心与爱护而逐渐丧失学习的信心和动力；而对那些不需要太多关心的独立能力较强的学生来说，教师如果对他们关心过度，反而会觉得教师的关爱约束自己，甚至干涉了自己的自由。因此，从这个意义上讲，真正公平的师爱是在充分尊重学生个体差异的前提下，在充分了解学生感情需要的基础上，合理地关爱学生。

同情学生有度，不弱化学生自信。

同情意味着教师要理解学生的处境并希望能帮助他们。同情是通过行动来表现的。教师和学生一起来讨论学生的问题，并随时给学生提供实际的帮助。但同情是指在学生力所不能及的事情上给予必要的帮助，并不是说替学生做他们自己实际上完全能做的事情，如果这样，教师对学生出于善意的同情，反而会弱化学生的自信，或让学生失去一个获得自信的机会。因为过度的同情可能会被学生认为是怜悯（意味着失败）。例如，一个经常帮助学生的教师可能会无意中表达这样一个信息：这个学生自己不能克服自己的困难，他必须得到别人的帮助，教师应该让他做简单一些的事情。学生可能会将这种情况误解为他们自己不行或已经没有希望了。因此，教师要努力避免对学生的不幸表示过度的同情，学会如何适度地、机智地保护学生身上那些脆弱的东西。

宽容学生有度，不放任学生自流。

"人非圣贤，孰能无过！"成年人犯错误都不可避免，何况年纪尚小的成长中的学生，可以说，学生犯错误皆为正常现象。优秀的教师面对学生的过失，都善于宽容学生，并因此得以走进学生的内心，变成学生心目中可亲可近甚至可以推心置腹的人，从而顺利达到教育学生的目的。但教师同时也要认识到，宽容学生与严格要求学生并不矛盾，因为宽容学生不是为了放任学生，而是为了更好地引导和帮助学生改正错误，获得进步。学生之所以犯错误往往是由于他们缺乏正确的判断力，学生有过失的时候，常常也是教育最有效果的时机。因此，我们在对待学生的过失时一定要把握好宽容的度，要抓住教育契机，对学生提出适当的要求或进行适当的"惩罚"，更切实地关心和爱护学生。

批评学生有度，不伤害学生自尊。

现在的学生，独生子女居多，一般都是父母的掌上明珠，心理承受外界负面影响的能力较弱。在学校，一说到批评学生，做教师的就头痛，特别是小学老师更感到心烦，因为小学教师每天要面对学生一大堆这样那样的问题，不可能熟视无睹，批评学生是常有的事。一些老师为了让学生乖乖听话，对学生声色俱厉，但这种威严有力的批评似乎很难收到预期的效果，还很容易伤及学生的自尊，往往使学生产生反感甚至遭到家长的抵抗。因此，教师批评学生要掌握批评的艺术，把握好批评的度，多注意批评的方式方法和批评场合的选择。关于批评的艺术，有这样一则故事：

相传古代有位老禅师，一日晚在禅院里散步，看见院墙边有一张椅子，他立即明白了有位出家人违反寺规翻墙出去了。老禅师也不声张，静静地走到墙边，移开椅子，就地蹲下。不到半个时辰，果真听到墙外一阵响动。少顷，一位小和尚翻墙而入，黑暗中踩着老禅师的背脊跳进了院子。当他双脚着地时，才发觉刚才自己踏上的不是椅子，而是自己的师傅。小和尚顿时惊慌失措，张口结舌，只得站在原地，等待师傅的责备和处罚。出乎小和尚意料的是，师傅并没有厉声责备他，只是以很平静的语调说："夜深天凉，快去多穿一件衣服。"

在这个故事中，老禅师对小和尚的错误虽睁一只眼闭一只眼，但可以想见其教育效果远胜于严厉的呵斥。很多优秀的老师也有过这样的经历：有时我们的一个眼神、一个动作、一个微笑都可以纠正学生正在发生的错误行为，简直是妙不可言。这种批评教育方式的高明之处就在于它充分地保护了学生的自尊，既不丢学生的面子，也不会引来抵触情绪，反而还能让学生得到尊重和关爱，体会到教师的拳拳之心。

三、师爱也是一种教育能力

有研究人员在 5 所学校随机抽取 120 名教师，问："您热爱学生吗？"90％以上的被试者回答"是"。然后向这 120 名教师所教学生进行调查："你体会到老师对你的爱吗？"回答"体会到"的仅占 10％。可见，热爱学生并不是一件容易的事，让学生体会到教师的爱更困难。爱不爱学生是教师道德的问题，善不善于爱学生却是教师能力素质的体现。只有具有爱的能力的人，才能够爱自己，爱他人，爱生活，爱世界。师爱不是一种由教师个人意愿所控制的情感，我们做教师的，不仅应该爱学生，而且应该善于爱学生，不能简单地把学生视为被爱的对象。师爱不是一个对象问题，而是一个能力问题，是教师能够在多大程度上理智地爱学生，将对学生的爱与对教育事业的爱紧密联系起来的问题。

师爱作为一种教育行为能力，意味着教师首先要具有了解学生的能力。根据弗洛姆的观点，爱包括关心、责任心、尊重和了解四个基本要素。这四者相互依赖，而了解是其中的基础。教师只有了解学生才能尊重学生，如果不以了解为基础，所有对学生的关心和责任心都会是盲目的。正如巴拉塞尔士所言："一无所知的人什么都不爱。一无所能的人什么都不懂。什么都不懂的人是毫无价值的。但是懂得很多的人，却能爱，有见识，有眼光……对一件事了解得越深，爱的程度也越深。如果有人以为，所有的水果都同草莓一起成熟，那他对葡萄就一无所知。"

那么，作为教师该如何了解自己爱的对象——学生呢？弗洛姆认为了解爱的对象"要深入事物的内部，而不是满足于一知半解。我只有用他人的眼光看待他人，而把自己的兴趣退居二位，我才能了解对方"。这和教育家陶行知提出的"只有教师自己成为小孩子，才能做小孩子的先生"是一个道理。对教师而言，不能因为自己是教师，总是以"教育者"自居，而是要努力走进学生的内心世界，全面了解学生的动机、兴趣、思想情感与个性，了解学生的理想与努力方向，还有他的优势与不足。教师只有学会从学生的视角去看待学生，站在学生的立场思考学生的问题，和学生一起体验他的喜怒哀乐，才能真正了解学生，从而知晓学生心灵深处最敏感的东西是什么，最需要自己给予他哪些关心和帮助。如果教师对学生的关爱不是学生所需要的，教师即使以学生的利益为出发点，学生内心也不可能真正予以接受，倘若教师将自己的主观意志强加给学生，则有可能使师爱变成学生的压力，结果适得其反。在了解学生的过程中，教师需要学会借助语言与学生沟通，尤其是要注意语言表达的方式，和学生说什么、在什么时候说、在什么场合说、怎样说等等这些问题都需要认真地思考，同时，还需给学生充分表达的机会，用心倾听学生说了些什么。以上这些，都能在一定程度上体现一位教师的专业水平与爱的能力。

链接 LIAN JIE

话语可以以多种方式表现。但无论如何，任一话语方式都是一定思想的表征。无论是表达者还是接受者，都是首先通过话语来表达和理解语言信息的。话语的不同表达方式中隐藏着说话者不同的动机和目的。就建立在日常生活实践背景之上的日常生活话语进行分析，其话语方式可归结为三种，即话语的控制方式、劝导方式与对话方式。①控制方式。在日常言语交流中，作为言语交往活动中介的话语是以命令、强制的口吻说出的，如果是书面话语，则是典型的祈使句，表露的是一种祈使语气，说话者与听话者之间的关系明显表现为控制与被控制关系。如 A 对 B 说，"你必须这样做"，"你一定要这样做"。在 A 看来，B 除了对自己的命令绝对服从以外，别无选择。在此，话语的内容是一种"被控制的共识"，是强加给对方的，话语所体现的是一种控制思想。②劝导方式。在言语交流中，A 是说者，B 是听者，说者 A 用劝告、教导的口吻对听者 B 说话，以期被劝说者 B 接受自己的观点，从而改变思想态度，站到与自己相同的立场上来。如 A 对 B 说，"你应该这样做"，"你最好这样做"。话语的内容能对被劝说者 B 构成一定的心理压力。在一般情况下，B 会屈服于 A 的权威、地位、学识、身份等种种压力而听从 A 的劝导。③对话方式。在言语交流中，A 和 B 分别是对话的双方，A 和 B 可以通过对话自由地交换意见，而不受彼此身份、地位等因素的影响，如 A 对 B 说："你想不想这样做"。在此，A 所说的话对 B 不构成任何威胁与压力，B 可以表示"想这样做"，也可以表示"不想这样做"。

在前两种话语方式中，言者 A 和听者 B 之间是一种控制与被控制，劝导与被劝导的关系，在 A 的话语支配下，B 不能与其进行平等对话、交流，虽有暂时的表面的服从，但相互之间还是难以达成真正的理解与共识，且很可能出现逆反、抵制等现象。而在第三种话语方式中，A 和 B 之间是充分平等的，两者都可以采取自愿自由的方式对话，且这种对话不是封闭式的而是开放式的，双方都能敞开各自的心扉，进行真诚的交流，相互之间更易达成真正的理解与共识，这种共识是一种协商的共识。

——段慧兰《德育观嬗变与德育话语更新》，《求索》2005：(5) 134 页

师爱作为一种教育能力，意味着教师还要有解决学生成长中的困惑的能力。教师爱学生，首先是了解学生，然后是在了解的基础上关心和帮助那些需要帮助的学生，包括帮助学生解决厌学、早恋等成长中的困惑，这对教师的教育能力提出了相应的要求。一般来说，学生成长过程中的种种困惑都是正常现象，但教师不能熟视无睹，因为随着学生成长困惑的不断积累和加剧，最终将有可能导致"教育危机"的产生。现在的学生独生子女居多，生活物质条件基本能得到满足，有些城市学生的条件甚至还非常优越，但学生成长的困惑却有不少，尤其是处在中学阶段的青春期的学生，容易产生心理问题，但受应试教育的影响学习负担很重，与父母、老师和同学进行思想沟通和心灵交流的机会很少，精神层面的需求很难得到满足。城市学生因父母离异亲情疏离带来的心理创伤，农村学生因父母外出打工留守在家的孤独无助感，都极易诱发学生教育危机，甚至导致学生自杀。教师要及早发现这些学生成长的困惑，并且抱着对学生同情与负责的态度，运用自己的教育智慧与能力，及时消解这些困惑，让学生感到成长不再只是一种充满困惑的人生历程，更是一段自然的美妙的生命之旅。

师爱作为一种教育能力，意味着教师的爱最终要能唤醒学生的爱。真正体现教师教育能力的师爱，绝不是一厢情愿的单向的爱，而是能唤起学生内心的爱——对老师的爱、对他人的爱、对生活的爱。如果教师满怀热情爱学生，但却没有唤起学生的爱，那么这样的师爱是没有力量的，无法体现教师爱的能力。如果教师只爱他认为值得爱的学生，对其他学生漠不关心，这种爱也不是真正的师爱，而是教师的一种自私和不负责任的表现。一位有爱的能力的教师既有爱优秀学生的能力，也有爱那些"不可爱"的"差生"的能力，既能让自己爱的那些优秀学生爱老师、爱同学，也能让那些"不可爱"

的"差生"去努力爱自己身边的人。师爱照亮着教师身边的每一位学生，让孩子们在一个充满爱的世界幸福成长；师爱也照亮着教师自己，促进教师人格的自我完善，激发教师对教育事业的责任感与使命感，使教师主动将自己对学生的爱与对教育事业的爱紧密联系起来，在追求教育理想的职业生涯中成为一位真正的教育者。

总之，师爱超越了国家、民族和地域，也超越了教师的本能与利益。它是理智与情感的融合，是古今中外所有教师对学生充满着职业使命感与责任感的情感投入。师爱的普世性和特殊性体现了教师的职业价值与追求。教师合理表达师爱需要把握好师爱的度，包括把握好与学生交往的度、关心学生的度、同情学生的度、宽容学生的度以及批评与惩罚学生的度，只有这样，才能更合理地成全学生。因此，师爱不仅仅是一种情感的积极投入与合理表达，更是教师教育能力的真实体现。

思考题：

1. 师爱为什么在当代教育中有着特殊的价值？
2. 谈谈当前师爱的基本内容。
3. 怎样把握师爱的度？

第四章
让学习成为教师生活的习惯

教师，这个美好的词汇蕴含着两层含义。首先，它代表着一种职业名称；其次，它意味着一种发自内心的身份认同。前一种是外在层面的，经过一定的职业认证和岗位筛选，便可获得"教师"的称号；后一种则是精神层面，需要一个相对漫长而复杂的过程，才能完成内心身份的确认，才能在真正意义上"成为"一名教师。

成为一名教师意味着什么？这里我们关注的是，在现今社会对教师要求不断提高、教师专业化的呼声一浪高过一浪的形势下，作为教师，如果自身没有主动发展的意识，没有一定的自我发展需求，而一味听凭外在的要求、规范、律令，何以在真正意义上成为一名教师？作为一名教师，就要努力去学做教师。教师职业是一门一辈子需要学习的功课。因此，我们认为：成为一名教师，首先意味着学习，去学习，应该成为为师者一个基本的态度。

学习，是人类社会古老的话题；学习，也是人之为人的重要活动。作为培育人的教育，学习更是始终贯穿其中的主旋律。教师作为教育者，施教的同时也受教，育人的同时也育己。既然身为教师，学习怎样当教师理应伴随其从教生涯的全部。因此，本章我们将讨论的是教师自身作为学习者，学习在其职业生涯发展中究竟意味着什么？为什么学习对教师而言如此必要？教师学习的目标、方式和内容分别是什么？教师学习的途径与方法有哪些？

人是一个未完成的动物，并且只有通过经常地学习，才能完善他自己。

——联合国教科文组织《学会生存：教育世界的今天和明天》

典型案例
DIANXINGANLI

以下是蔡老师自述的一则教学故事①。

在我按照教学进度教学苏教版《科学》六年级的内容"有利于生存的本领"一课时，教材要求探究骆驼耐旱的秘密。按照我以前的教学方法，我会直接告诉学生骆驼耐旱的原因是它的两个巨大的驼峰和胃里可以储水的囊。驼峰里储存着大量的脂肪，在缺水的条件下，脂肪可以通过氧化的方式转化为水供身体之需。因为这些是众所周知的事，无须花费太多的力气和时间去研究和讲解。

但是，当我按部就班地介绍完这一知识时，一位学生突然站了起来对我进行反驳："老师，我从电视里看到骆驼耐旱的原因并不是您所说的……"我顿时愣住了，心猛地紧张起来。学生接着说："解剖学证实骆驼胃里并没有可以储水的囊；科学家们还发现，骆驼耐旱的秘密是它的血液原因。"我的好奇心被激发起来，赶紧问："它的血液怎么了？"这位学生接着说："骆驼的血液中有一种特殊的蛋白质。当骆驼肌肉中的水分明显减少或快消耗完时，这种蛋白质能保持血液中的水分，使血液不变稠并能让血液正常流动循环。科学家把这种蛋白质注射到兔子体内，然后把兔子放在 40 摄氏度的高温下，7 天不给水喝。这些兔子体内水分仅损失 3%，依然活蹦乱跳，而没有注射这种蛋白质的兔子在同样情况下失水达 10% 就奄奄一息了。"

我惊呆了，这些知识是我所不知道的，学生居然比我知道的还多，我自愧不如。我及时地表扬了这位学生。在我的鼓励下，又有一位学生喊道："老师，我还知道骆驼耐旱的原因……"我诧异了，难道还有？这位学生又说道："骆驼耐旱的原因还有它又厚又密的毛。这些厚厚的毛大大地减少了水分蒸发的速度。在沙漠烈日之下，驼背温度达 70 摄氏度到 80 摄氏度，而体毛下的皮肤温度仍可保持在 40 摄氏度左右。因此骆驼 27 天不喝水，脱水达体重的 27%，仍能奇迹般地在戈壁沙漠中昂首行进。"我不知所云地结束了这一课。

---

① http://201. jiangxi2011. teacher. com. cn/GuoPeiAdmin/TeachingIntrospection/TeachingIntrospectionView. aspx? TiID=45048

点评

蔡老师在与学生沟通时，意识到自己过去确信的知识实际上并不完全知晓，这一点冲击了他过去的知识观，也冲击了他过去的学生观与教育观。事实上，对所有老师而言都是如此，仅仅依靠已有知识不足以能面对复杂的职业生活。教师必须不断学习。学习是教师职业生命发展的内在需要。教师应提升教育专业素养，与学生共同成长，促进专业自主发展，在阅读、行动、反思和交往中过一种积极进取的教师生活。

第一节 学习:教师发展的内在需要

一、学习是人发展自身的需要

在浩瀚的宇宙大家庭中，人类只是诸多成员中的渺小一分子。回顾人类的历史，生命的出现大约是在 38 亿年以前，而人类的历史只有几百万年。人类的发展历经了一个漫长而缓慢的过程。从人类诞生之日起，学习就成为整个人类及每个个体的一项基本活动。从根本上说，人类脱离茹毛饮血的原初生活逐渐踏上文明的进程乃是学习的结果。不学习，人类就无法认识和改造自然，无法认识和适应社会；不学习，人类就不可能有进步，不可能创造灿烂的文明。学习，乃是人类进步的永恒主题。

在 21 世纪的今天，人类社会已达至前所未有的高度：科技飞速发展、全球化时代已经到来、知识经济正在兴起。这是全新的时代，这是变革的时代，这是充满挑战的时代。在这个瞬息万变的时代里，我们不得不接受这样的现实：世界极速变化，社会日新月异，知识更新的速度大大加快，新情况、新问题层出不穷。人们要适应不断发展变化的客观世界，不得不转变观念，更新知识，掌握新技能。学习，成为了应对社会需求、迎接未来挑战的必要手段。

联合国教科文组织国际 21 世纪教育委员会于 1996 年发表的《教育——财富蕴藏其中》，强调把人作为社会发展的中心，认为发挥人的主体性以及培养终身学习与社会发展的和谐性具有重大意义。显然，"终身学习"、"学习化社会"业已成为当代教育发展乃至社会进步的基本主题。人作为社会性的存在，适应社会、顺应时代要求本是人的发展的应有之意。历史的车轮滚滚向前，人类社会总是不断进步发展，而且发展的速度越来越快。作为个体的人，是顺应时代发展的潮流、响应时代的号召，终身学习，终身发展自己呢，还是停滞不前，最终被潮流所吞没？这应该是现时代值得每个人思考的问题。

学习，更是人发展自身的需要。正如亚里士多德所言，求知乃是人类的本性。所谓"玉不琢，不成器；人不学，不知道"，古今中外，无数仁人志士留下的有关学习的经典言论可谓不胜枚举。有直接论学习重要性的，如培根用诗意的语言歌颂读书之用："读史使人明智，读诗使人灵秀，数学使人周密，科学使人深刻，伦理学使人庄重，逻辑修辞之学使人善辩；凡有所学，皆成性格。"有关于学习态度和方法的，如《礼记》中的"博学之，审问之，慎思之，明辨之，笃行之。"《论语》中的"学而不思则罔，思而不学则殆。"有将学习提高至立身之本的，如欧阳修"立身以立学为先，立学以读书为本"，孔子则明确提出"不学诗，无以言；不学礼，无以立，"道出了生而为人立身处世的支点，乃是学习"诗""礼"。苏格拉底把对宇宙自然的关注拉回到人本身，提出"认识你自己"的课题，将学习直接指向自身，指向灵魂，从而引导人们关注灵魂的美善和精神的卓越。

20世纪50、60年代以来，生理学、心理学和社会学等研究成果都不同程度地证实了"人的发展"是一个具有终身性的过程。毋庸置疑，人的发展总是期望朝着更高更好的方向进发，人的发展最终是指向自我实现的。马斯洛的需要层次理论很好地揭示了人从低层次的生理需要到高层次的自我实现的需要之间的层次性。低级需要是一种生物性的需要，潜能的显现与自我的实现是高级需要。人不是纯然的生物性的存在，人总要给自己的人生赋予意义，这个意义，就是自我的发展与实现。而自我的发展与发现，首先是，或者说，最终是"一个灵魂的事件"。这与苏格拉底哲学思想的核心乃是一致。苏格拉底强调自我灵魂的美善，他将人的完成作为一种心灵的事件，引导人转向对自我内心的关注。从这个意义上来看，学习的出发点，即认识到自己的无知。

因此，我们说，人永远都是"未完成的"，人永远需要终身学习。终身学习，意味着人终身都朝向人的自我发展与自我实现而努力，意味着学习将伴随人的整个生活历程并影响人一生的发展。从幼年、少年、青年、中年直至老年，学习都是生活中不可或缺的一部分。学习应该包括一个人的整个一生。

二、学习是教师职业的必然要求

作为一种职业，特别是专门的职业应具备的条件，人们业已达成共识：需要长期的专业教育；具有专业自主权；有较多的自由时间；有严格的专业规范和伦理要求；具有不可替代性。目前，关于教师是否是专业人员，仍存在一些争议，国外一些学者倾向于把教师当作准专业人员。但无论如何，我们应该看到，随着社会的进步与教育自身的不断发展，教育的重要性已日益凸显。1966年，国际劳工组织、联合国教科文组织发表的联合建议《关于教员地位的建议》中明确写道："教育工作应被视为专门职业（profession），这种职业是一种要求教员具备经过严格而持续不断的研究才能获得并维持专业知识及专门技能的公共业务；它要求对所辖学生的教育和福利具有个人的及共同的责任感。"① 这里面的关键词是"专门"、"公共"、"责任"。这告诉我们，教育作为最大的公益事业，关乎社会发展与人类福祉，其重要性无论提高到何种程度都不为过。在这个意义上，教育，应当是一门专门的职业，教师，应该是专业的人员。只是，在现实中，目前教育的专业化水平、教师的专业发展仍存在相当大的发展空间，还有大量的工作需要去做，这已经成为世界教育发展的共同趋势。

教育改革与发展有赖于教师深度的支持与参与，教育发展的根本在教师，而教师发展的根本在学习。我国的师德传统历来十分注重教师的学习，韩愈的传世名篇《师说》，对教师的职业做了最基本的定位："师者，所以传道、授业、解惑也。"试想，教师如果"无学"或者"不学"，何以"传道、授业、解惑"？对此，明末清初的黄宗羲说得更清楚，他说："道之未闻，业之未精，有惑而不能解，则非师矣。"② 可见，教师之为教师，必须具备真才实学，即韩愈所讲"术业有专攻"，甚而"业精"。另外，教师还需具备不断学习的精神，作为"至圣先师"、"万世师表"的孔子，其学习的精神堪称后世表率，且看其弟子颜回如何称赞孔子为学之道的："仰之弥高，钻之弥坚；瞻之在前，忽焉在后。"直至近代，对教师之"学"的重视也反映在一些思想家、教育家的言行中。如孙中山先生主张"文学渊博者为师"、"惟必有学识，方可担任教育"③。蔡元培先生执掌北大，最看重的是教授们的"学术造诣"。在进入21世纪的今天，教师学习更是提到了前所未有的认识高度，教师学习业已成为了教师职业的必然要求。

1975年，美国全国教育学会制定了教师职业道德规范，其中明确提出："公众赋予教育职业以信任与责任，对其职业服务提出了至高要求。"，要求之一便是"教育职业服务的质量对国家及其公民有着直接的影响，在此信念下，教育工作者应该不遗余力地提高职业水准"。联合国教科文组织国际21世纪教育委员会报告《教育——财富蕴藏其中》指出："世界整体上的演变如此迅

---

① 【日】筑波大学教育学研究会编，钟启泉译. 现代教育学基础. 上海：上海教育出版社，1980：443.

② 黄宗羲. 南雷文集卷四.《续师说》.

③ 孙培青、李国钧主编. 中国教育思想史. 第3卷. 上海：华东师范大学出版社，1995：147.

速，以致教师和大部分其他职业的成员从此不得不接受这一事实，即他们的入门培训对他们的余生来说是不够用的：他们必须在整个生存期间更新和改进自己的知识和技术。"我国 2008 年新修订的《中小学教师职业道德规范》明确将"终身学习"作为一项单独提出，要求教师："崇尚科学精神，树立终身学习理念，拓宽知识视野，更新知识结构。潜心钻研业务，勇于探索创新，不断提高专业素养和教育教学水平。"随即不久，为促进教师专业发展，建设高素质教师队伍，2011 年 12 月我国教育部又新出台了《中小学教师专业标准（试行）》（征求意见稿）①，终身学习乃作为其基本理念之一。《标准》中特别提出：（教师需）优化知识结构，提高文化素养；具有终身学习与持续发展的意识和能力，做终身学习的典范。由此，可以看到在全球学习化社会、终身学习等理念的背景下，教师学习，是适应学习化社会和终身学习要求的需要，更是遵循其职业规范与要求的必须。

三、学习是教师生涯发展的重要条件

对于教师职业的认识，不同的人有不同的说法。有人说，选择了教师职业，就选择了没有悬念的生活；有人说，选择了教师职业，就选择了爱与绝望的生活；有人说，选择了教师职业，就选择了与名利无缘的生活；还有人说，选择了教师职业，就选择了过一种美妙心灵体验的生活……但不管怎么说，教师的职业生活过程既是一个育人的过程，也是一个育己的过程；既是一个成人的过程，也是一个成己的过程。

第斯多惠（Friedrich Adolf Wilhelm Diesterweg）曾一针见血地指出："一个人一贫如洗，对别人绝不可能慷慨解囊。凡是不能自我发展、自我培养和自我教育的人，同样也不能发展、培养和教育别人。"在这个意义上，教师育人，必先育己。"教师的'育己'不是单指，或者说主要不是指那种脱离了职业实践的自我修养，这是对人生价值有追求的人都会去做的事。我们这里的'育己'，是指教师在职业实践中对完美职业角色形象的探究和实践，思考与行动。"② 这里的"育己"，从根本上，乃是一种学习，而且是一种指向教师自我的发展，缘于自我、在于自我、为了自我的学习。只有具备了这种学习与发展意识的教师，才会打心眼里将学习与发展当作自己的事情，才会真正获得一种内在的发展动力。就教师职业而言，要获得职业的内在发展动力，教师必须寻求自身发展与职业发展之间的共通点，也就是建立个人发展与职

---

①　见网址：http://www. moe. edu. cn/publicfiles/business/htmlfiles/moe/s6127/201112/127836. html

②　叶澜等著：教师角色与教师发展新探. 北京：教育科学出版社，2001：3.

业发展的内在联系。因为，"职业生活，是人成年以后生命活动的重要组成部分，其质量如何，在很大程度上决定了人的生命质量，同时也造就了个体的生命质量。人怎样度过生命的日常方式，会决定人成为怎样的人。"① 而这种内在联系只能通过教师不断地学习来找寻。

有一个这样的比喻："职业发展像是在热带雨林中寻找出路，而不是在高速公路上开快车，我们每个人都要努力发现一条适合自己的，能实现自身职业理想的道路。"② 作为教师，你可曾设想：我将如何度过这长长的职业生涯？我将以什么方式退休？在即将退休那一刻，你是否会因为已经度过了有意义的一生而感觉完整而轻松，还是因为自己的虚度而产生一种痛苦和绝望？作为一名教师，不知道你可否有这样的憧憬和希望，临到退休那一刻，却没有一丝筋疲力尽的感觉，而是依然精力充沛。正如一位教师所说："打开我的柜子，你能看到一卷一卷的旧笔记和教学想法。这些东西能让我看上好几年。然而，我对自己明确一点就是要不停地阅读，每天都尝试新的东西。如果我自己对反复做的事情感到厌倦，我们怎么能期待我的学生对之表现出热情呢？"对这个老师来说，他已经自觉地将自身职业发展的需求与教学技巧相结合，他"从不停止学习"③。

教学生活本就是琐屑、繁杂而重复，我们不难想象，如果作为教师的我们，总是满足于这种习惯性的重复之中，从不试图改变，更不要求学习进取，日复一日，年复一年，我们迟早会丧失激情，甚而感到厌倦。无怪乎对于将来，三十岁左右的老师说："我很迷茫。"四十几岁的教师说："熬吧，熬到退休就好了。"五十几岁退休的老师说："我终于解脱了。"这反映了一部分教师的生存状态。而这样的生存状态，其实是每一个做教师的所不愿意看到也不希望承受的。事实上，教师如果能够超越习惯和麻痹，打破随波逐流的教育生活，真正自觉创造属于自己的职业生命，就一定能从中获得职业的欢乐和内在尊严。如叶澜教授所说，"有的生活在没有今天的昨天，他们顽强地遵循着历史的规范；有的生活在没有明天的今天，他们不倦地追逐着时尚的翻新；有的生活在蕴含着明天的今天，他们坚定地用自己的生命，按自己理解和追求的明天，编织着不同于昨天的今天，他们的生命，向着无限的可能性开放。"那些生活在蕴含着明天的今天的人，他们无愧于昨天，他们有着充实的

---

① 叶澜等著：教师角色与教师发展新探. 北京：教育科学出版社，2001：15.

② 【美】玛丽·伦克·贾隆格、琼·P·伊森伯格著，张涛译. 是什么让教师不断进步——教师故事启示录. 北京：中国青年出版社，2007：147.

③ 参见【美】玛丽·伦克·贾隆格、琼·P·伊森伯格著，张涛译. 是什么让教师不断进步——教师故事启示录. 北京：中国青年出版社，2007：144.

今天和美好的明天。这样的人，能够感受到职业生活的意义与生命意义的完整。这样的教师人生，必定是幸福的。

我们都知道，教师的职业生存方式当然是身处讲坛，教书育人。但作为教师，是否问过自己：我的专业知识是否完整，是否先进？我的教学是否能够满足学生的兴趣？我的教学行为是否达到了理想的效果？不是每个有着教师称号的老师就能真正教书育人。教书育人的前提是能够不断地领悟教师职业之道，提高教师职业素养，扩展教师职业技能。这意味着教师需要不断学习，而且教师的学习和教书育人乃是互相支撑的关系：教师的学习给教书育人提供精神资源，教书育人的实践反过来促进教师学习的深化。教师学习，是连接职业、学科与自我发展的桥梁。选择了教师职业，就选择了学习的人生。学习，是教师职业生涯发展的重要条件。

第二节　学习:教师职业精神的历练

职业本身是可变的，所谓三百六十行，行行可以出状元。但作为职业的内在精神，则是相对不变且持久的。职业精神，是职业赖以存在的核心，或者说，乃是职业之所以为职业的本质因素。作为教师这一职业，其职业精神是什么？用陈桂生的话来说，即不但以教育为职业，而且以教育为自己的事业。[①] 小原国芳则用所信奉的"师道"来诠释教师的职业精神。教师的职业精神，乃是教师职业生命的内在核心，是教师投身教育，获得内在尊严与内在幸福之所在。作为教师，要在教育职业中做出"精神"，就要善于把握职业生命的内核，追求教育的内在利益（内在的善、本体的善、自足的善），从而达到教师生命价值和职业价值的内在统一，获得一种职业尊严，最终实现职业自我。这显然是一项极其复杂的智力劳动和创造性工作。这意味着教师必须坚持不断地学习，必须基于并且试图超越教师规范的需求，不断探问教育善以及教育实践的合理性，追求一种优秀卓越的教育人生。

一、提升教育专业素养

教师通过学习铸就职业精神，首当其冲，是要提高教师专业素养，在职业信念、专业知识技能层面努力，并培植专业能力，获取专业自信，这也是

---

① 陈桂生.略论教师的职业精神.载.当代教育科学.2008（5）：7.

教师学习的主要内容。

教师的专业素养直接决定着教师的专业水平，教师的专业水平是衡量教师专业发展状况的主要依据。目前，教师专业素养与专业发展状况怎样？有学者曾撰文指出：目前教师专业化面临的问题之一便是教师的专业素养普遍偏低，众多的专业素养中就包括学历层次和知识水平偏低的问题。"现任教师包括那些取得所谓合格学历的中小学教师，大部分欠缺教育科学的知识，且课堂情境知识也较薄弱，教学监控能力大部分较差，教育研究反思性研究能力不强，远远不适应当前教育改革与发展的需要。"① 事实上，除了完成起码的学历和业务技能（普通话和计算机考核）的学习外，教师少有主动读书、主动提高的意识和习惯。退一步说，就算是教师参加了学历培训和诸多的继续教育，又是否真正落到了实处、产生了实际效果呢？因此，狭小的生活圈子，日常事物的繁重必然导致视野的狭窄；水分大的培训和学习、自我提高意识的欠缺必然导致学养的不足、知识更新的滞后；而这些将最终导致教师专业素养的不足。当教师用昨天的知识教育今天的孩子，如何能指望造就明天的未来呢？

今日的教师，不但要更新"昨天的知识"，而且要努力使"今天的知识"充实而丰富。但教师的专业素养，不仅仅限于"知识"项。资深教育编辑、翻译，原《中国教师报》采编部副主任、海外版编辑李茂主任曾提出教师专业素养的三维模型。他认为，教师专业素养包括外、内、纵向三个方面，外即专业知识、专业关系和专业技能，内即职业道德、职业信念、职业性格和职业境界，纵向则是一个从专业到优秀再到卓越的过程。一言以蔽之，我们认为教师的专业素养，其实是包括信念、知识、能力三个方面，如同前面提到的终身学习，教师专业素养的提高是内外相依、依靠自身不断学习、不断精进、不断发展的过程。

信念 教育信念是指教师自己选择、认可并确信的教育观念或教育理念。教师的教育信念反映的是对教育、学生以及学习等的基本看法②。教师拥有什么样的信念，往往决定着其职业态度与动机，自我专业发展需要及意识。作为教师，应当认识到教育这门职业的特殊性，尤其是基础教育，其具有的生命性、未来性和社会性等特点更是奠定了其不容忽视的地位。从这点来看，教师职业是特殊的。教师职业的特殊性体现在哪里？特殊之处就体现在教师的职业对象上。教师的职业对象是成长中的一个一个的人，教师的工作是

---

① 于发友. 我国教师专业化面临的问题及影响因素研究. 载. 当代教育科学. 2004（6）.
② 叶澜等著：教师角色与教师发展新探. 北京：教育科学出版社，2001：231—232.

"教书育人"。如何看待"教书育人"？是既教书又育人，是教书与育人分开，还是教书就是为了育人？教育的根本目标乃是育人，那么，教师的工作都是围绕"育人"这个目标进行的。天底下恐怕没有哪个职业能够像教师一样如此近距离、全方位、长时间地与"人"打交道。人是世界上最高级最复杂的生物，人的发展又是多么神秘莫测不可捉摸，教师职业担当着引导人扶助人的崇高使命，该是何等的重大艰巨啊！苏霍姆林斯基不止一次强调："请你记住，教育——这首先是关心备至地、深思熟虑地、小心翼翼地去触及年轻的心灵。"如此，作为教师，树立新的教育观、学生观，尽可能提高自身专业素养、不辜负不辱没教师职业所蕴含的特殊意义和神圣使命，应成为每一个教师秉持为师之道的基本底线。甚至，教师何妨拥有一点理想主义气质呢，因为，没有理想的人生是灰暗的人生，没有理想的教育是平庸的教育。虽然绝对的"好生活"、"好教育"是不可君临于世的，正是在对绝对的"好生活"、"好教育"永不遏制地追求中，我们才能无限地趋近我们心中的理想，拥有现实的"好生活"、"好教育"。

教育是一种基于信念的行为，当教师缺乏崇高的教育理想和信念，就容易把教师职业当作谋生的手段，并习惯于按照上级的指示安排工作，没有自己的思考，甘于把自己当作"教书匠"、"传声筒"。试想，没有崇高的教育理想和信念的支撑，没有对教育事业的热爱，没有对专业永无止境的持续追求，何谈高度的责任心和使命感？何谈对学生的热爱？又何来教师专业的成熟发展呢？

链接 LIAN JIE

在《非理性的人》[①] 中，关于职业有这样一段话：

根据字典，所谓"以……为业"，就是公开地、因而也就是当众地供认或表明信仰，所以也就是在世人面前公开承认从事某项工作的内心冲动或神灵的感召。这样，这个词原本就带有宗教的意涵……

对我来说，这段话透露出了我所领悟的"成为一名教师意味着什么"的答案。

成为一名教师，主要不是意味着一种交换：完成指定的任务，并换取相应的薪酬。

成为一名教师，甚至也主要不是意味着一种肯定：我以我的敬业，以我

---

① 【美】威廉·巴雷特著，段德智译. 非理性的人——存在主义哲学研究. 上海：上海译文出版社，2007：11.

的品质，赢得（领导的、家长的、学生的）尊敬，并获得相应的荣誉（教学能手、写手、名师、特级教师等）。

成为一名教师，对我而言意味着信仰，意味着我将教育这一事业放置于我存在的核心。我会获得相应的薪酬，但获得薪酬不是我的目的；我会获得外在的肯定，但外在的肯定只是额外的奖赏；最重要的，是我热爱教育，它是我激情的源泉以及归宿，是我生存于世的意义所在。

这意味着，当我的信仰与薪酬发生冲突，我会降低乃至于放弃薪酬，当我的信任与外在的肯定发生冲突，我会毫不在乎外在的肯定，我不会以外在的肯定作为我行动的动力和指南。

而信仰，绝不只意味着激情或奉献，它同时包含了根本的思考：关于知识的思考，关于价值的思考，关于存在的思考，关于自我的思考……

——节选自魏智渊《成为一名教师意味着什么？》，《福建教育：F 版》2012（2）.

知识 关于教师应具有哪些知识结构，说法有很多，但普遍一致的观点是，教师的知识可以大致分为三个方面的内容：一是学科专业知识（有的称为本体性知识），一是教育教学相关知识（有的称为条件性知识和实践性知识），一是人类基础知识，这类知识是关于科学和人文类的基本知识，属于通识性的背景知识。关于教育教学知识和人类基础知识比较容易理解，这里特别强调一下学科知识。对于学科知识，人们习惯地认为，无外乎就是教师所教学科的知识，如语文教师，学科知识即是汉语言文化知识；数学教师，即是数学知识；从事教学管理的，即是教育管理知识等等。但事实上，学科知识并不仅仅是孤立的知识，根据叶澜教授的观点，教师应具备 1－2 门学科的专门性知识与技能，而这些知识又与其他非教师专业的人员相比，有着特殊的要求，共包括以下几个方面："首先，教师应该对学科的基础性知识、技能有广泛而准确的理解，熟练掌握相关的技能、技巧；其次，教师要对与该学科相关的知识，尤其是相关点、相关性质、逻辑关系有基本了解；再次，教师需要了解该学科发展历史和趋势，了解推动其发展的因素，了解该学科对于社会、人类发展的价值以及在人类生活实践中的多种表现形态。最后，教师需要掌握每一门学科所提供的独特的认识世界的视角、域界、层次及思维的工具与方法，熟悉学科内科学家的创造发现过程和成功原因，在他们身上展现的科学精神和人格力量。"[1]

---

① 参见叶澜等著：教师角色与教师发展新探，第 24 页，教育科学出版社，2001.

因此，学科专门性知识"不只是以符号的形式存在，以推理、结论方式出现，而是能展示知识本身发展的无限性和生命力，能把知识活化，在教学中真正实现科学精神与人文精神、理论与实践、知识与人生的统一，充分发挥学科知识全面育人的价值"。在叶澜教授看来，未来教师的知识结构不再局限于"学科知识＋教育学知识"的传统模式，而是强调人类基本知识、学科专门性知识与教育科学知识的多层复合的结构特征。只有架构起这一立体的知识结构，教师才能建立起开阔的智力背景，且将熟练掌握的所教学科的专业知识与这一背景建立联系，找寻学科知识在人类整体文化知识中的相交点，从而使教师具有丰富的、扎实的知识底蕴，拥有充分的自信立于讲台，并在教学实践中，有充足的精力实践、反思、重构属于自己的教育教学理论，全面提升教学实践能力。

能力 教师生活在教育实践之中，每天面对的是来自家庭环境各异、天性各不相同的独特个体；教育是成人的事业，人的发展又不总是一帆风顺，而是充满反复、辗转以及种种的不确定；教育实践是如此复杂、丰富而充满着挑战，每天甚至每时每刻教师都会面临各种各样的教育问题，有的可以凭借经验和习惯解决，有的却是层出不穷的新问题和新情境。永远不要指望教育有放之四海而皆准的普遍适用法则与一劳永逸的操作指南。教育，是情境化的，个人的，实践的。这就需要教师不断学习，不断更新自己的知识结构，使自己具备相应的能力要求，以丰富个人的实践智慧，善于根据特定的学生特定的情境寻求特定的解决办法，在这个过程中不断寻觅个人通向教育之真的道路。

与教师的知识一样，教师的能力结构也具有特殊性。人们对于教师应具备的能力，基本集中在两个方面，一是与教学直接相关的能力，如与人沟通的能力、语言表达能力、协调能力、组织能力、教学管理能力等；一是深化教育教学的教育科研能力。前一种能力是作为教师的一种基本能力，而后一种能力则是作为一种提升性的能力要求，能帮助教师不断地探索教育之道，从而发挥自己的创造才干，发掘教育的内在魅力。

迈克·富兰在其著作《变革的力量：透视教育改革》中这样说道："当教师在学校里坐在一起研究学生学习情况的时候，当他们把学生的学业状况和如何教学联系起来的时候，当他们从同事和其他外部优秀经验中获得认识、进一步改进自己教学实践的时候，他们实际上就是处在一个绝对必要的知识创新过程中。"教师这种知识的创新过程其实就是学习，就是能力的提升。作为教师，无论是更新知识结构，还是发展教学能力，最终是为了获取教育智慧，为了改善教育实践，而这样的过程显然不是一成不变，而是充满着冲突、挑战、怀疑和矛盾，是一个复杂而动态的过程。

链接 LIAN JIE

　　动态教师作为课堂意义的建构者，他们的课堂，是基于对教学内容、教育学和学生的理解。他们摈弃了那种传统的教学观，即清晰地呈现信息，然后让学生复述或模仿。相反，他们相信，真正的学习需要包括理解各种变式并内化新知。他们带入课堂的知识是多维度的，他们既理解他所教授的学科的学术世界，又了解学习者心目中的世界。

　　下面这一段对话，是作为假想的动态教师唐和麦吉与实习教师索尼娅就教学的讨论。

　　"我在给学生讲解一个课题之前，总要先吃透教学内容。"唐说。

　　"您说的'吃透'是什么意思？我们不一定非得成为研究教学内容的专家，我们怎么可能做到这一点呢？我们要思考的、要懂得的东西非常多。"索尼亚问道。

　　"我必须弄懂学科，理解问题的来龙去脉。"麦吉开始谈自己的看法。

　　"这也正是我所说的'理解'的含义。"唐继续说道，"我在头脑中建构这门学科的意义。这样我就能灵活机动地呈现学科内容。我一定要理解教学内容的意义，才去给学生讲解。如果有些东西我无法详述，那就一定是有什么地方未能融会贯通，而是一知半解，就像我织毛衣一样。我教我女儿编织技能时，必须借助现成的文字说明。我当然会织毛衣，但是我从未动脑筋想过整个过程。我只是会织些简单的东西……我只管操作，却不知其所以然。"

　　"只管操作，这不正是大多数教师的做法吗？可能教过我的所有老师都没有建构出他们自己对于教学内容的理解。"索尼娅陷入了沉思，"我们如何才能对所教的每一项内容'建构出自己的意义'呢？这是海量的工作呀！"

　　唐反问她："我们什么时候说过教学是简单的工作呀！但是，如果你像我们指导的那样去理解教学内容，那么教学在总体上会变得容易一些。你讲课时就不必总是盯着教案或照本宣科，这样你才能真正面对学生及其困惑，才能根据学生当下的需要随机应变地进行教学，从容应对备课时无法预知的问题。"

　　……

　　"我们的工作任务之一就是让学生掌握知识。为此，我们自己必须掌握足够的知识，才能从中挑选出学生需要的那部分知识。"唐接着说道，"学生并不是等着我们倾注知识的空容器。我们必须让他们能够感受到知识的现实意义。这就意味着，我们必须既了解学生，同时又知晓各种帮助他们内化知识的策略。"

"您的意思是说，学生也必须从他们的角度建构知识的意义。作为他们的老师，我自己应该首先理解知识的意义……并且知道如何呈现给学生。"索尼娅思忖着。

——《动态教师——教育变革的领导者》【美】莎伦.F.拉里斯、格莱钦.B.罗斯曼、詹妮特.M.弗莱格、安娜.亚贝勒著，侯晶晶译，北京师范大学出版社，2006.33—39页

二、与学生共同成长

我们说教师的专业发展，从表面上看是专业水平的进一步提升，从根本来看，还是个人潜能的发掘与发挥，即真正意义上个人的发展。因此专业发展其实是指向自身发展，是为着自身发展的。真正的专业发展是将专业发展与自身发展紧紧联系在一起，你中有我，我中有你。专业发展与个人发展是一个完整的统一体。

教师学习方式乃是和学生共同学习，最终和学生共同成长，是一种寓学习于实践、寓学习于教学的特殊方式，而非脱离实践、闭门造车式的学习。作为个人的教师发展不是孤立存在的。教师这门职业是因为有了学生的存在而存在，教师与学生的关系构成了教育生活的重要组成部分。因此，教师的发展是建立在学生发展的基础之上，教师的发展与学生的发展并不相冲突，而是水乳交融，相得益彰。我国最早论述教育、教学问题的论著《学记》提出"教学相长"的命题："虽有嘉肴，弗食不知其旨也；虽有至道，弗学不知其善也。是故学然后知不足，教然后知困。知不足，然后能自反也；知困，然后能自强也。故曰教学相长也。"关于"教学相长"，人们习惯理解为教与学相互促进，但东汉的郑玄认为"教学相长"是从教师提高的角度出发的。他强调教师必须精通学业，自己首先要"心解"，还要能通过教学活动"见己道之所未达"，从而不断深造。教师在教别人的时候同时要"自反"，即"求诸己"，在促进别人提高学业的时候，自己也"修业不敢倦"。另外，与之相关的还有"教学半"的思想。"教学半"最早见于《书·商书·兑命》，郑玄对此的解释是"言学人乃益己之学半"。即学习别人的学问可以增加自己的学问。[①]"教学相长"和"教学半"都是从教师要从教学实践中学习来说的。这说明了教师本身的学习是一种学习，而他教导别人的过程更是一种学习。正是这两种不同形式的学习相互推动，使教师不断进步。

---

① 参见孙福海硕士学位论文.关于教师学习的理论与调查研究.上海：华南师范大学，2005：19.

以教促学，这点与韩愈所提倡的师生观具有一致性。韩愈认为，"闻道"是教师的惟一决定条件，而不在于年龄、社会地位。所谓"是故弟子不必不如师，师不必贤于弟子。闻道有先后，术业有专攻，如是而已。"所以，这是一种辩证性的师生观，既肯定了教师的主导性，又强调教师要善于向学生学习。对于学生而言，则既要虚心向老师学习，又要敢于超过老师。所以说，教师的学习方式，主要是以教促学，在教中学习，在教学实践中学习，而教师学习最终朝向自我与学生的共同发展。

李政涛博士则从生命的层面对师生的教与学有更诗意的表达，他提出"把生命放在生命里"，他认为：受教育者的生命成长就是教育者自我的生命成长。教育者只有把教育的学问变成生命的学问，把学生的生命落在自我生命的核心里，同时又把自我的生命化进学生的生命里，成为其今后生命成长中的核心资源，教育者就是一个有真学问的人，这个学问就是关于生命成长的学问。其生命内核就是：让每一次教育的过程都变成教育者和受教育者共同回家的过程，即回到生命之家的过程。①

如何找寻生命的内核？无论如何，找寻之路终究只能缘于自身。但首当其冲需要回答的是，你所从事的教师职业与你自身是否是一个整体，你是否在教学中获得了一种自身认同与自我完整？用帕克·帕尔默《教学勇气》中的话来说，就是一个"完整而不分裂"的人，一个"具有联合能力，能够将自己、所教学科和学生编织成复杂的联系网，以便学生能够学会去编织一个他们自己的世界"的人。

正如一位小学教师记录与孩子交往的一个小细节：下课后，孩子主动走上讲台，把手上玩跳绳磨出的水泡给老师看，老师轻轻摸着她的手，叮嘱她千万不要把水泡弄破了，会很疼的。过了两天，该孩子又走到老师跟前，一言不发地朝老师伸出手，老师一看，原来的水泡没有了。事后，老师回想起种种细节，为孩子的郑重其事而感动，并由衷感慨：原来教师不仅是一个可以教授学生知识的人，还是一个值得亲近可以与之分享小秘密的伙伴。如果要问：做教师意味着什么？教师与所教的孩子是什么关系？孩子们对教师意味着什么？教师对孩子们意味着什么？这个小小的事例至少可以说明：作为教师，从来都不是孤立的存在，他（她）的一言一行、一举一动、一颦一笑，孩子们无一不看在眼里，并左右着孩子们的感受。如果教师是亲切的，孩子们就会乐于亲近他（她）；孩子们的亲近，则反过来让教师感受到美好，这是一种自我的回馈。这说明，自我总是通过他人显现，教师总是通过学生而存

---

① 刘铁芳主编. 现代教育的生命关怀. 上海：华东师范大学出版社，2007：30.

在的。作为教师的意义，就是永远和孩子们联系在一起，这意味着，教师和孩子共同成长。①

"教育学，就是迷恋他人成长的学问"，这是马克斯·范梅南在《教学机智：教育智慧的意蕴》中对教育学的定义。对于教育，对于教学，如果是一种发自内心的迷恋，一种真正的"他人"意识的形成与关注，也许就达到了一种真正的自我认同，一种职业生命与自我生命的合一。当教师真的对教师职业的理解达到了基于信仰的职业认同，便会把做教师当成一种自觉自为的行动，这个时候，"做教师"和"做自己"也许达到了某种程度的统一。在这个意义上，教师学习的过程，就是找寻生命内核的过程，就是谋求自我与学生共同生命发展的过程，就是促进教师职业内在发展的过程。

三、促进教师专业自主发展

教师学习的主要目的，是为了教师自主发展，自我更新，过一种进取的学习生活。只有教师真正将自我发展作为职业生活的目标，真正意义上的教师专业发展、职业精神的获取才有可能。

教师学习基于教师自主发展意识的提升。自主意识是指作为认识和实践主体的人，对自身的主体地位、主体价值和主体能力的一种自觉的认识，是自主性、能动性、创造性的表现。教师自主发展意识是教师学习的内在"源动力"，是教师学习的基础和前提。自主发展意识强的老师，才会不满足于常规性的教育行为，才有可能超越日常教学生活的习惯，不断吸收外来教育思想资源，不断触动对自身教育实践的反思，从而获得教育意识的觉醒。在不断进行自我认识、自我评价和自我调整的过程中，达到自我完善和发展。

教师拥有强烈的自主发展意识，才能把学习当作职业生涯发展的必然，才能愿学。教师懂得学习对于教师职业的必要，且并不是简单地遵循职业要求的条款，而是感受到学习的乐趣，内心真正获得认同，将外在的职业准则与内心的情感确认合二为一，从心底里感受到学习的重要性，发自内心地愿意以自己的实际行动履行职业的规范与要求。

愿学就能主动学。内在的动机和愿望还需要化为外在的行动。学习更需要的是实实在在地动起来，学起来，以一种持久的动力坚持，使学习作为一种习惯、一种生活的方式。

愿学还需善学，学习需掌握一定的方法与途径。或许对于学习，不同的

---

① 唐泽霞. 教师，意味着什么. 2011 年 7 月湖南岳阳"首届课堂教学研究与教师成长高级研修班"交流材料节选。

人有不同的方法，每个人的学习基础、对学习的期望、个人旨趣与偏好左右着他（她）的选择。学习，永远难以找到一条人人适用的途径。何况，通往学习王国的道路远不止一条。但是，在这些不同的方法中，总有着一条人人可以适用的原则，那就是：适合自己的，就是最好的。学习就是寻找的过程，善于学习的人，一定能体会到学习带来的乐趣。一旦体会到学习的乐趣，你就会安于享受乐在其中的滋味，此时的学习，已经达至乐学的境界。此时的学习，已经变成了生活中不可或缺的一部分。学习，由职业生活出发，终究回归到职业生活之中。此时的我们，自然会把学习作为一种教师职业生存的方式，让它丰富而美丽着我们每个人的教师职业生活。

教师学习最终是为了促进教师专业自主发展。成熟的专业自我大致包括："相对成熟、稳定的教育理念和开放的教育意识，踏实的专业基础与开放的知识结构，对教师生涯的自觉意识与对个人教师专业发展的期待，教育理想与现实之间的审慎与教育实践方式的超越提升，教师的人格意识的成熟与教育实践人格依据的确立。"[①] 教师具有自我发展的意识，就能不断地提升专业技能，努力寻求自身发展的途径，通过不断学习、实践、反思、批判、重建、创新，拓展专业发展空间，从而实现自身的发展。正如贝尔·霍克斯所说："一旦我们发现了自己生命里有这样一种力量，发现了这种内在潜能能够渐渐地随着我们的人生成长过程朝卓越自我逼近的话，就会发现我们不依赖任何人，就可以自主成长，可以成为卓越的自我！"

第三节　学习:过一种进取的教师生活

我们究竟可能获得怎样的教师专业自主发展？现今，教师的生存状态与专业发展状况令人堪忧已是不争的事实。对大多数普通而平凡的一线教师而言，繁重、低效、重复、被动的生存现实确实令人无奈，它无情地蚕食着个人内心原本蓬勃生气的发展欲望，使之变得麻木，变得容易满足。现实是"残酷"的。然而，在现今教师专业自主发展的外在条件尚不具备的时候，在僵硬的现实面前，教师本人并不是无为的。是安于现状止步不前，是甘于陷入恶性循环随波逐流，还是力求在适应中有所超越，永不停止对教育理想的

---

① 刘铁芳. 给教育一点形上的关怀——刘铁芳教育讲演录. 上海：华东师范大学出版社，2007：125.

守望，对教育真理的追求？不同的选择必将导致教师生存状态的区别，专业水平和教育实践品质的差异，因而呈现出截然不同的生命姿态。

学习是对抗庸常低迷的教育生活，并在其中注入活力以维系良好教育品格的最佳途径。学习本乃教师之必为，也是教师之所为，更是教师之能为。教师学习是一个系统工程，涵盖体制、结构、内容、途径方法等，并渗透到学校教育乃至社会生活的方方面面。在此我们抛开从体制等外在方面进行探讨的习惯，只把落脚点集中于教师自身，以教师自身为出发点，思考对于个人而言，教师学习的可行性路径在哪里。

一、在"阅读"中学习

读书对教师而言应是必修的功课。教师应该掌握的专业性知识，如所教学科的知识、教育科学知识（也即条件性知识，包括教育科学和心理科学知识），无一离不开阅读。为了适应社会的发展与教育改革的需要，今天的教师还应该不断提高自身修养，并具备开阔的视野和开放的知识结构，如了解教育发展的新动态，关注教育事件和教育重点热点问题，了解学科发展的新趋势，了解现代化的教育教学理念，掌握现代教育技术等。教师职业的这一特殊性意味着教师应该多读书、读好书。

但是，现实的情况并不乐观。2009 年 4 月，北京市在第 14 个"世界读书日"举行了一项针对教师阅读状况的调查，调查对象是在北京市不同学科、不同学历、不同教龄、不同性别的 1011 名教师。调查报告显示：有 53.5％的教师平均每天阅读时间不足半个小时。教师阅读的书籍排前三位的依次是教学参考书、学科相关著作和文学类书籍，哲学、历史和政治经济类书籍则排在最后三位。说到读书，教师们普遍反映："生活、工作的压力让人喘不过气来，哪有心情读书！""大部分时间被学生占用，能坐来看书真的不容易。""社会弥漫着功利的心态，有几个老师能静下心来认认真真地读一本书？""学习没心情，老师主要把教书看成是一种谋生的手段，无法在书中找到生命的乐趣和价值。"……教师没有读书的兴趣和习惯，即使是读书，读的也多是"教师用书"、"考试宝典"、"题库"一类的书籍。有限的阅读、狭窄的视野，使得教师走不出自己日常工作的习惯性思维，突破和创新几乎成为不可能。

是什么妨碍了教师的阅读？这里面的原因是多重的。有社会大环境的影响，有教育内部环境的痼疾与局限，更有教师自身的原因。抛开体制、机制等方面的因素，教师主动学习意识不够恐怕是主要原因。教师不读书的情况大致有两种，一是认识不到读书的好处，认为不读书照样可以教书；一是知道读书的必要性，但确实没有时间没有精力读书。不管是哪一种情况，要知道阅读是学习之本，是立教之根，是生存之道。学习和阅读实在应该成为教师职业和生命中最重要的事情。苏霍姆林斯基曾这样说："为什么教师要懂得那些课堂上并不学习的东西以及那些跟中学所学的教材没有直接联系的东西呢？这是因为：关于学校教学大纲的知识对于教师来说，应当只是他的知识视野中的起码常识。只有当教师的知识视野比学校教学大纲宽广得无可比拟的时候，教师才能成为教育过程的真正的能手、艺术家和诗人。"教师不能只满足于当一个"教书匠"，当一个知识的搬运工，教师只有通过阅读拓展视野、提高审美情趣、充实精神营养、完善人格塑造，才能承担起启迪学生美好心灵的任务。

另一方面，所谓没有时间没有精力阅读其实并不足以构成不读书的缘由，读书不应该成为一种额外的负担，而应是一种习惯，一种教育生活的有机组成，并一点一滴融入到教育教学活动之中。其实，"阅读是为己之学"，真正的阅读是非功利的。与其说阅读是为了直接解决问题，或是为了弥补某种缺失，还不如说它更是一种兴趣，一种生命的需要，一种生活的方式。

培根在《谈读书》中有一句经典之言："读书足以怡情，足以博彩，足以长才。"古人也常言："书中自有黄金屋，书中自有颜如玉。"读书的重要性自不必说。即使撇开职业的要求，教师阅读，作为纯粹为己之学也是很有必要的。然而，教师阅读，不仅仅是纯然为己的，他（她）在为己的同时也为人，为了学生。所谓"腹有诗书气自华"，一个热爱读书的教师，一个终日浸染于书香之中的教师，身上就会自然少掉很多"铜臭气"、"功利味"，而洋溢着氤氲的书香之气。教师阅读，实乃一味上等的营养添加剂，滋润着教师自身和学生的共同生命。

阅读什么？如何阅读？读书先要解决的是读什么的问题。在浩如烟海的书籍面前，懂得选择懂得舍弃不但是一门学问，更是一种智慧。所谓"取法乎上，得乎其中；取法乎中，得乎其下；取法乎下，则无所得矣"，读书只读一流书，是一种值得提倡的阅读取向。何谓一流书？经典之书也。经典之书应是阅读的首选。经典作品经过时间和历史的检验，经典作品代表着人类精神的最高度。卡尔·维诺在《为什么要读经典作品》一文中说道："经典作品有一个特殊效力，就是它本身可能会被忘记，却把种籽留在我们身上。"读经典书，实乃培根，培植自己的灵魂。

在当今网络十分发达的信息时代，网络阅读是不可忽视的读书途径。网络阅读丰富、快捷、方便，但也良莠不齐，真假莫辨，而且充斥着大量的流行娱乐元素。过分依赖于网络阅读，实际上是于学习无益，于提高无补的。读书的重要媒介仍然是书本。

关于读书，还有一个重要的问题，即如何读书的问题。一是读书的姿态，是"尽信书"，还是不跪着读书？我们主张要读书，还要善于思考。读书不思考，犹如吃饭不消化。叔本华有言："读书而不加以思考，决不会有心得，即使少有印象，也浅薄而不生根，大抵在不久后又会淡忘丧失。""况且被记录在纸上的思想，不过是像在沙上行走者的足迹而已，我们也许能看到他所走过的路径；如果我们想要知道他在路上看见些什么，则必须用我们自己的眼睛。"也许，我们时刻需要警惕的是：不要让自己的头脑成为别人思想的跑马场。

二是"博"与"专"的关系。只"博"不"专"，面面俱到，宛如蜻蜓点水、一带而过，容易流于肤浅，毫无深刻印象。比如挖井，处处挖井不如深挖一口井，讲的也是这个道理。只"专"不"博"又容易导致偏狭。较好的读书方式是既"博"又"专"。王梓坤在《谈学》中有言："从精于一开始，经过博而达到多学科的精；集多学科的精，达到某一方面或几个方面的更高水平的精。"说的就是这样一种既"博"又"专"的读书方式。

三是读书与自我的关系。阅读能促使我们思考，思考现实，思考自身。阅读一本书，犹如与书的作者展开一场对话，在茫茫的时空中获得彼此精神的相遇相融。其实读书的过程就是找寻自己的过程。对于每个读书者，如能在书籍中找到自己的"生命信号"，慢慢深挖掘，最终形成自己的思想体系，那他（她）就是一个幸福的读书者。

二、在"行动"中学习

无论我们怎样强调学习的重要，首先要明确的是，教师的"学"终究是为着"教"，而且是在"教"中"学"，在"做"中"学"。所谓以"教"促"学"，以"学"促"教"。如果教师的学习始终外在于教育教学，仅仅把学习当成纯然为己的活动，这是背离教师学习的精神的。真正值得提倡的教师学习，无一不指向教育教学，无一不带上教育的色彩。用教育的眼光来看，其实"学"也就是"做"。

于漪老师有一句触动人心的话："我一辈子教语文，一辈学当语文教师。"江苏海安实验小学已故原校长金沙先生也曾说过："要想真正成为一名好教师，除了'做'——踏实细致地做、真心实意地做、坚持不懈地做——别无二途。"教师，其实是靠我们脚踏实地地"做"出来的。

链接 LIAN JIE

真正的教师形象还不仅是静态的，而是动态的，是实践着的。作为教师意味着我们显现出自己作为教师的形象。……只有当我们在真实的教育情境中，发生一种社会所期待的教育交往的时候，老师和学生才是在实践真正的师生关系。在此意义上，是在真实的教育交往中，学生"让"我们成为真正的老师。我们总是在对象化的实践中，来实践我们存在的本质。因此，只有当我们作为一名教师显现我们作为教师的内涵，显现作为教师的质性存在，此时此刻，我们才是一名真正的教师，一名名副其实的实践着的教师。

……为什么是学生使老师成为老师呢？因为只有在我们与学生真实的教育性交往中，只有凭借学生这一对象的存在，作为形式的老师才有了真实的的内容，师生之间的教育性交往就是使我们成为老师的时间和空间，是我们作为教师的实践"场域"，在那里，教师的符号寄予了真实的内涵。作为教师，就是要在教育实践中显现自身作为教师的存在，就是要在真实的师生交往过程中显现教师的本质。

——刘铁芳《要努力使自己成为教师》，《福建论坛：社科教育版》，2006.（12）57 页

教师在"做"中"学"，主要是从教育实践中的问题出发，从活生生的教育现实中获取信息和灵感，并针对教育教学中的具体问题展开研究与思考。范梅南教授说过："有些人可能学了所有的儿童发展理论，掌握了所有的课程方法，并熟悉所有的教学法，可是……这位教师可能仍然是一位是贫乏的教师，不是一位好教师。"为什么会这样呢？李树英博士解读说，因为这样的老师缺少了"知行"（knowing）能力，即那些源于真实教育事件的判断和反应能力，因而缺少了教育的智慧性。

链接 LIAN JIE

"我们通常认为，教师要具备学科知识、教学法知识、教育学心理学知识、通识性的知识等。教育现象学认为，拥有这些知识还不够。我们平常说的知识，即 knowledge，它本身是一个概念化的东西，放在书架上可以看到，这种知识当然要具备。教育现象学认为，除了这些知识外，还要有 knowing，即知行，就是那种还没有概念化的、不断在变化着的知识。这一点对于教师来说非常重要，因为学校生活、课堂生活中会有很多偶发事件、突发事件，需要教师随时随地作出判断——你不能说我现在没有时间，等一下我再做决定——它要求你即刻作出反应，即刻作出比较恰当的行为。我们把它称为教育的机智性（tactfulness）或教育的智慧性（thoughtfulness）。它意味着教师瞬间知道该怎么做，是教师与他人相处的一种临场智慧和才艺。教育现象学

强调教育的这种敏感性，其实也就是 knowing，一种机智，一种情景化的、正在形成的东西。"

　　——李树英：《保持对生活的好奇和敏感》，载《教师月刊》，2012（4）.

　　教师职业是一门与人相处的学问。教师每天身处复杂的教育情境之中，时刻需要教师具备一定的临场机智，这种临场的智慧如何来？这需要教师具有敏感的意识，在与孩子相处的过程中，善于透过表面的教育现象发现教育生活中的"真"问题。发现问题的过程往往伴随着学习解决问题的过程。在问题中学习，在学习中培养。有研究者总结了教师学习的几种特征：① 基于案例的情境学习；② 基于问题的行动学习；③ 基于原创的研究学习；④ 基于群体的合作学习；⑤ 基于经验的反思学习，无论是情境学习、行动学习还是研究学习、反思学习，教师学习都是源自教育实践，是基于教育问题教育情境的学习，是在教育实践中、针对教育实践问题、为了改善教育实践的学习。

三、在"反思"中学习

　　教师在"做"中"学"，另一个不容忽视的问题便是教师的反思精神与反思能力。如果教师不具备起码的反思能力，对他（她）而言，明天的教学将是今天的重复。他（她）将在不断的重复中变得麻木，以致对教育生活问题熟视无睹，永远无法发现教育生活中的问题与冲突。试想，如果教师没有对教育事件、教育生活、教育问题寻根究底的反思意识，他（她）如何能够长就一双善于发现问题的眼睛，如何能从问题入手，反思自己的教学，从而改进自己的教学呢？

　　教育反思，首当其冲的对象乃是对自我的反思。我是谁？我想成为怎样的自己？作为教师，自我存在的意义到底在哪里？我是否真的爱教育，是否真的爱教师这门职业？这些问题，无不指向"认识你自己"。人之所以区别于动物，就在于人是有意识的存在，马克思说："动物是和它的生命活动直接同一的。它没有自己和自己的生命活动之间的区别。它就是这种生命活动。人则把自己的生命活动变成自己意志和意识的对象。"人的存在最重要的一件事就是不断地进行自我探索，认识自己，认准自己，以实现自己，成就自己。

　　作为教师，是否可以经常问问自己：我们的教育实践对于自我生命究竟意味着什么？也许只有想清楚了这个问题，才能发掘在教学实践中找到自我、找准自我、实现自我、成为自我的可能性。为什么现在的教师职业倦怠如此严重？这里面的深层原因在哪里？自然有体制、制度、环境等多种因素，但外在的原因不足以构成全部，恐怕问题的根本还是在于教师的内心。不妨把视线从外在转向内在，问问自己：你到底是爱工作中的你，还是爱你心中的这份工作？重新审视自我与学科与学生之间的关系，努力在这几者间寻求联合。这个过程，就是寻求自我认同与自身完整的过程。正如帕克·帕尔默在《教学勇气》中说的那样："真正好的教学不能降低在技术层面，真正好的教学来自于教师的自身认同与自身完整。"

对自我的反思，不仅仅是对教育教学技能技巧的反思，而是一种生命化的、存在意义上的思考和追问。这样的思考，更多的是返回自我，反观教育教学生活，重新思考教育教学的根本意义，获得一种教育生存状态的觉醒，从而走出庸常的状态，获得日常教育生活品质的提升①。

教育叙事正是一种很好的将外来知识与个人经验型知识整合、引导教师教育意识不断提升的方式。叙事，就是讲故事，就是一种教育叙事写作，一种生活体验写作。教师写作与教师阅读、与教师教学、与教师生活相伴相生。通过教师的书写，以"写"促学，以"写"促教。教师写作是一种重要的运思于教的方式，还是"一种自我存在的彰显、一种思维的训练、一种个人知识的管理、一种反思习惯的养成"②日常叙事写作具有如下特点：

一种自我生命的见证　身处教育生活中，你是把教育生活当作谋生的方式，因而"不得已"要遵循其中的"游戏规则"呢，还是把它当作实现自我生命价值的舞台，以自己的方式演绎独特的自我？如果是后者，那么日常叙事写作就是一种探寻自我生命价值、挖掘日常教育工作意义的重要方式。

对他人而言，记录下真实的教育生活，与他人共享、交流，并为教育研究提供第一手生动、鲜活的案例和文本，使教育生活在书写中还原，呈现出复杂、多样、繁复的真实面貌。

一种反思的生活方式　教育生活中的事件，具有偶发性、瞬时性特点，事件中人的行为也具有偶然性、情境性。人和事件组成了纷繁复杂的教育生活现实。然而，看似情境性、偶然性中，却埋藏着我们所看不见的"必然"、"根本"。这些"必然"、"根本"，加上"偶然"、"情境"的变化，使得教育生活更加繁杂多样。日常叙事写作就是教育生活的一种回顾与再现。通过文字的澄清、梳理，挖掘潜藏的教育意义，暴露存在的问题，显明解决问题的路径，明了行动的方向。在这个意义上，教育叙事写作乃是一种反思的生活方式。

一种自我超越的途径　作为教师，日常教育生活是充实而平淡、繁琐而

---

① 刘铁芳. 给教育一点形上的关怀——刘铁芳教育讲演录. 上海：华东师范大学出版社，2007：130.

② 蔡春、易凌云：生活体验写作，教育研究，2006（9）：54.

富于变化的。教育是向着理想的事业，然而却是最为平常最为细碎的。人的成长是最激动人心的，因而迷恋人成长的学问是最了不起却也是最复杂最难以掌握的。

只要对自身、对"人"本身有过思考的人，便会对教育，对这个如此繁复、深邃、充满诱惑和挑战的事业有种特别的期待。

然而，教育生活的一成不变，机械、繁琐、被动，也会消灭激情，滋长懒惰，甚至激化矛盾。叙事写作，以特定的方式，对抗机械、懒惰、被动，在矛盾、困惑、犹疑、挣扎等的记录中，激发、唤醒、鼓舞，直至超越自己，"使平凡的教育生活呈现出不平凡的意义"。

最后，日常叙事写作，需要发自内心的自觉自愿，更需要韧性的坚持，需要持久的热情，需要克服懒惰和惯性的坚定意志。其实，如果日常叙事写作真正浸润到你的生命之中，那么，写作就成了你重要的生活方式，一种以"写"促学、以"写"促教的生活方式，你就不断地行走在成为反思性实践者的路上。

四、在"交往"中学习

1. 教学相长：在师生交往中学习

链接 LIAN JIE

这是我教一年级的第二年。几个月来，我一直在攒钱，准备买一副隐形眼镜。我周六买了隐形眼镜，周一就戴着去学校了。一个女生刚开始没认出我，所以我确信隐形眼镜在改善我视力的同时也改善了我的形象。……那天下午，正当学生列队准备休息的时候，一只隐形眼镜突然掉了出来。"哦，不！我的隐形眼镜掉了！"我大喊着，接着二十八个一年级的学生跑过来帮我。我当时能想到的就是我那昂贵的眼镜可能会被学生一双双小脚丫踩得粉碎，因此我做了自己很少做的事情——我开始大叫："停！谁也别动！"但是我的声音的威力很快就消退了，两个学生开始在我身边走来走去。"别动！"我又喊道，"我不想任何人靠近我！"然后，我让一名学生到走廊尽头的教室里叫我的同事来帮忙。如果她能把学生带出去和她班上的学生一块儿休息，我就可以开始找我的眼镜了。最后我发现眼镜还在我的眼睛里，只是偏离了中心。我出门去找我班上的同学。吉米·菲茨杰拉德走过来说："你知道吗？伦克老师，我还是更喜欢戴框架眼镜时的你！"回想起来，他的话是对的。当我把学生的需要放在第一位，把自己的需要放在第二位的时候，我是一个好得多的老师。[①]

上面的故事告诉了我们什么？在故事中，教师行为的突然改变给孩子带来的影响是显而易见的。难能可贵的是，教师注意到了自己的行为对孩子带来的影响，并引发了她的思考。对教师而言，在师生交往中可以向孩子学习到很多。

首先，教师看待学生的态度决定着他（她）与学生的交往。他（她）是充分尊重学生，把学生当作一个一个独立的个体，还是把学生仅仅看作需要教育的对象，甚至当作可以任意支配的工具和机器？很大程度上，这取决于教师的学生观。正确的学生观是把学生看作与教师人格平等的、独立的个体。作为教师，如果以为我们的工作就是像城市的绿化工人，将道路旁的绿化带按照固定的模式修剪齐整，那就是大错特错。如同树木成长本是自然的事，学生的成长也有着自身的特点和规律，教育的引导只能随顺人的成长。

就教育而言，学习自然主要是学生向教师学习，但也不尽然。"师"与"生"的角色本是相对而言的，是通过彼此的相互的交往而实现的。在师生交往过程中，很多时候，教师是值得向学生学习的，教师要敢于做学生的"学生"。敢于做学生的"学生"，首先是尊重学生。学生是与教师有着平等人格的个体，真正的教育是引导，是伴随，而非强迫、压制。其次是善于倾听。尊重学生是教育的前提，建立在尊重基础上的倾听才是真正的倾听，不是居高临下的，而是"蹲下来与花耳语"。第三是欣赏。懂得尊重学生，善于倾听学生，就能用欣赏的眼光来看待学生。这是一种发自内心的欣赏，一种源自生命的感动，一种生命与生命间的温暖传递。

只有充分尊重学生，善于倾听学生的不同意见，接纳学生独到的见解，勇于承认自己的缺陷与错误，不以做学生的"学生"为耻，反而以此为荣，这便是真正的教学相长。看看陶行知先生所描绘的美好境界吧：

"您若变成小孩子，便有惊人的奇迹出现：师生立刻成为朋友，学校立刻成为乐园；您立刻觉得是和小孩子一般儿大，一块儿玩，一处儿做工，谁也不觉得您是先生，您变成了真正的先生。"[②]

2. 三人行，必有我师：在同伴的交往中学习

无论是读书还是实践的探索，前面探讨的教师学习都是立足自身，立足自身的教育实践，立足自己的学生实际，事实上，教师的学习同样离不开他

---

① 【美】玛丽·伦克·贾隆格、琼·P·伊森伯格著，张涛译：《是什么让教师不断进步——教师故事启示录》，北京：中国青年出版社，2007，69.

② 方明编. 陶行知名篇精选：教师版. 北京：教育科学出版社，2006：108.

人。同伴的帮助与引领也是教师学习的重要途径。

如何获得他人的帮助与引领？其一是向优秀的教师学习。向优秀的教师学习，不仅仅是通过听听课、看看名师的课堂实录来学习具体的操作方法与技巧，再简单地把这些方式方法移植到自己的教学之中去，而应该是，移植其中的思想，获得某种信念。苏霍姆林斯基说："你对年长的同事们的经验研究和观察得越多，你就越加需要进行自我观察、自我分析、自我进修和自我教育。在自我观察、自我分析的基础上，你就会逐步形成自己的教育思想。"向优秀教师学习的最终目的是指向自我。

其二是进修。努力争取学习的机会，参加一些短期的、脱产或半脱产式的培训学习。学习的好处在于：暂且脱离教育生活，并与教育生活拉开一定距离，有助于重新审视教育生活，发现原来身在其中所发现不了的东西。同时师长的启发与引领能开阔视野，丰富教育认知，激活思维，并提高自己的思想素养。

其三是与同伴的交流。除了校内和校际同事之间的交流之外，还可以充分利用网络的优势，扩宽交流渠道，拓展生存空间。利用网络资源，教师可以建立个人教育博客，通过写教学日志，与人交流、分享和探讨；可以到各大教育论坛开设个人专帖，或是发表评论，与专家对话，与名师近距离接触，与同伴交流；可以积极参与各种教师合作组织，如福建学者张文质先生引领的生命化课题团队、湖南师范大学刘铁芳教授引领的教师团队、朱永新教授发起的新教育实验团队……温润的生命关怀、浓厚的教育人文气息、丰富真切的教育现场，是这些团队的特色；关注教育实践，关注草根教师，倡导阅读写作，更是他们共同的追求。无数的老师在这些团队中得到了提升与锻炼，获得了心灵的成长。

教师学习，以阅读为根本，在此基础上不断敞开对自我的认识与思考，以开放的心态走向他人、走向实践。教师学习，指向以自我超越为目标的自我提升，这种自我发展自我提升立足于教学实践，无时无刻不影响和改变着教育的对象——学生，并最终获得师生的共同发展。教师学习，促使教师在学习-思考-行动之中不断超越庸常繁复，使师生的教育生命呈现别样的风采。

教师学习的方法与途径远远不限于以上几种。在建设学习化社会的进程中，教师能够而且应当成为终身学习的先行者与生力军；学校，也能够而且应当朝着学习型组织这一目标而努力。教师学习的根本和关键固然是在教师，但是，我们的社会和学校是否也应当思考：我们为教师学习提供了哪些支持与帮助？只有当学习成为教师内心自然流淌出来的需要，而且社会和学校环境能支持并满足教师的这种需要，教师就会积极寻求可行的学习途径，并乐此不疲，主动投入到学习中去。

也许我们每一个人，在终极意义上，都是金津孝次郎所说的"未完成的教师"。因此，我们才应该：一辈子教书，一辈子学习怎样当教师。

思考题：

1. 结合你自己的经历，谈谈对"成为一个教师意味着什么"的理解。

2. 阅读最新颁发的《中小学教师专业标准》（征求意见稿），谈谈你对此的看法。

3. 根据自身教学专业实际，制定一份基于个人专业发展的学习计划。

第五章
以创新超越习惯化生存

　　创新是当今社会使用频率最高的一个词汇，因为它反映了知识经济时代的内在要求，也是国际社会和国际教育的共识。教师与创新密切关联，没有教师的教育创新和精神的解放；就很难有学生精神的解放、主动发展和创造的精神。这也就是说，学生的主动发展、精神的解放和创造精神的培养，取决于具有创造精神的教师。教育创新教育是教育改革的核心精神，创新的关键在于教师。教育创新是改善教师职业生存状态，增进教师幸福感的现实诉求。审视教师的教育生活，我们发现，"习惯化"生存状态构成了教师日常生活的基本姿态。唯有创新能超越教师的这种习惯化生存，因为创新是"去习惯化"的有力武器；创新能唤醒教师的主体性，促进教师专业的自主发展；创新能彰显教师教育生活的意义。创新是通往教师职业的幸福之途，能使教师获得尊严和快乐；能让教师获得"高峰体验"，实现自己的价值与幸福。创新是教师的责任，也是教师的使命。由此引发的问题是：教师教育创新的意义何在？教育创新的灵魂是什么？教师如何通过创新超越习惯化的生存？教育如何创新？本章将围绕上述问题展开讨论。

能给人以尊严的只有这样的职业——在从事这种职业时，我们不是作为奴隶般的工具，而是在自己的领域内独立地进行创造。

——马克思

典型案例 DIANXINGANLI

学生评价李镇西是一个常常异想天开、喜欢求新的老师，他有很多做法让学生终生难忘，比如：

学生家访：他让班干部去家访，去了之后要像老师一样跟家长谈同学在班级的表现，家长们感到很新奇，但效果确实不错。

给学生写信：他在外面旅游，每天都给一位同学写一封信，他发现学生有什么问题了，就不断给学生写信，学生也非常愿意和他互相通信。到了1994年，对这些通信的整理改编，便成了李老师的第一本正式出版的专著：《青春期悄悄话——致中学生的100封信》。

让学生上台讲课：有的新课文，李老师让同学们来备课去讲，他告诉学生：你们讲完后我就不讲了，同学们要是学不了就是你的责任。他的学生为了讲好一篇课文，查好多资料，下很大的力气。学生也学得很认真，而且印象特别深刻。这些新点子、新路子，熔铸了一个教师对教育的热忱和思考，它使教育走出了因循守旧、死板僵化的套子，让教育充满了生机和活力，并产生了意想不到的教育效果。

李镇西在《爱心与教育》引言中总结说："绝不人云亦云，做一个勇于独立思考的教育者；绝不因循守旧，做一个善于创新的教育者——是我那一时期教育的自觉追求。"

点评

李镇西老师的教育方法不一定适用于每个老师，但教育方法背后蕴含的思考力和创新精神，却是他创建和谐发展的师生关系、提升自我职业生命状态的关键，也是所有老师超越习惯化生存状态的关键。教师需要创新，创新是教育精神的内在规定。教师借助创新来直面和超越教师的习惯化生存，以实现生命意义，通往职业幸福之途。教师在日常教育生活中，需要具有问题意识，能够自我反思，并且积极进行教育研究，来激发职业生存的活力，实现教育创新。

第一节　创新：当代教育精神的内在规定

教育创新引领着教育的发展，是教育改革的核心精神。教育创新的核心是提升师生的生命质量，即尊重学生生命的独特性、自由性和创造性；唤醒师生的生命意识，激活师生的生命潜能；追寻师生生命的意义和价值。教育创新的关键在于教师。

一、教育创新是教育改革的核心精神

"创新"（Innovation）一词起源于拉丁语的"Innovare"，意思是更新、制造新的东西或改变旧的东西。"创新"作为一种理论被研究和运用是 20 世纪的事，是美籍奥地利经济学家熊彼特在 1912 年出版的《经济发展理论》一书中从技术发明应用的角度提出来的。创新有两个显著的特征：（1）新颖性。顾名思义，创新的特征首先体现在一个"新"上。即一是独特性，独树一帜，标新立异，别出心裁；二是超越性和突破性，突破已有的成果，超越已达到的水平；三是前瞻性和预期性。超越现实，预测未来，代表事物的发展方向。（2）适用性。即真理性和价值性，创新活动及其结果必然实事求是，符合客观规律，有益社会和个体的进步和发展，并经得起实践的检验。

教育和创新息息相关。教育是创新生成的基础。尽管教育不等于创新，但离开了教育这一基础，创新无从产生。正如江泽民同志所指出的："教育是知识创新、传播、应用的主要基地，也是培养创新精神和创新人才的摇篮。"教育创新是指在教育上第一次推行一种新的观念和体制或方法，促使教育发生进步性的结果的过程。它意味着新制度、新体系或新的教育模式的推行，意味着新观念或新理论的采用。教育创新是更为重要、更为根本的创新，惟有教育创新才有创新教育。然而，反观我们的教育，可以看到，我国基础教育的模式主要是"继承性教育"和"应试教育"模式，以追求知识的获得为终极目标，崇尚的是知识的传授，以知识、教材、教师为本位，而学生的发展退居到次要地位。教育教学只注重知识的传承，忽视学生主体能动性、个性发展的多样性，忽视学生的创新精神和实践能力的养成，最终导致创新力的严重不足。这已是一个不争的事实，请看几个事例。

1998 年，教育部科技司、团中央学校部、中国科普研究所联合对全国 31 个省（区、市）11800 名大中小学青少年创造力培养进行调查。

调查列出具有初步创造力特征的三项："探究能力"、"有与新事物相关的想象力"、"有收集信息的能力"。自评同时具有这三项特征的占被调查者的 14.9%。

调查列出具有初步创造人格特征为四项："自信心"、"有强烈的好奇心"、"能够质疑"、"意志力强"。自评同时是有这四项特征的占被调查者的 4.7%。

调查列出创造性思维的四种主要障碍："过于严谨"、"思维定势"、"从众心理"、"信息饱和"。调查结果分析，随着年龄的增长，青少年的"思维定势"和"对权威的服从"日益增强，而"观察"和"想象能力"都日益削弱。

无独有偶。2000 年 8 月，由中国科协、教育部等中央六单位联办的、每两年一届的全国青少年（中部学生）科技创新大赛，分小学、初中、高中三个组，从 2361 项的发明创造、科技论文、设计方案和科幻画中选出 828 件作品考察。从科幻画、发明创造作品的情况看，作者的年龄越小设想越大胆，思维驰骋的自由度越广阔，也有很多高妙简捷的方式、手段。一进入高中阶段，项目的理论色彩浓了，技术手段也规范了，思路却显得狭窄。

类似的例子还有，据教育进展国际评估组织对世界 21 个国家的调查，中国孩子的计算能力是世界上最强的。调查同时显示，中国的中学生在学校用来做数学题的时间是每周 307 分钟，而其他国家孩子学数学的时间仅为 217 分钟、令人痛心的是，中国学生为这个"计算博览时间世界第一"付出的不仅是时间，还牺牲了孩子的创造力。中国孩子的创造力在所有参加调查的国家中排名中倒数第五。

这些事例表明，中国学生的创新力严重不足。究其原因，主要表现在两个方面：

其一，过分注重基础知识。基础知识无疑是很重要，是创新的基础，但"过分"地注重基础知识的训练，反而成为创新的障碍。复旦大学副校长孙莱祥分析了太重基础的两个误区。"太重基础的误区之一是导致迷信权威、思维定势、即使是正确的必要的基础，也应该讲究适度，否则会产生负作用。这种负作用首先表现为，对基础不分析其来龙去脉形成过程，过分强调其系统、严谨和已有的贡献，又以灌输的方式要学生死记硬背现成的结论，让学生惟基础是从，全盘接受，盲目崇拜，大脑几乎被条条框框死了，被严谨的系统死了，不利于创新。""太重基础误区之二导致学生负担过重，兴趣丧失。真正抓好基础是将该学科专业中最基本最有用的内容精心准备，融会贯通，简明扼要，引人入胜地讲深讲活，引起学生强烈的共鸣和兴趣。但现在讲加强基础简单化为仅仅是读书越多越好，长时期大运动量强化训练，使学生疲于奔命，兴趣索然。年级越高兴趣越少，不要说发现、培养、强化兴趣，连原有的兴趣也被泯灭了。"①

　　应当说这种分析是深刻的。当我们讨论知识积累与创新活动的关系时，牢记爱因斯坦的一段很富有哲理的讲话也许会有所启迪：当一个学生毕业离开学校时，如果把学到的知识都忘光了，那么，这时他所剩下的，才是学校、教师在他身上进行教学的真正成果。

　　其二，是应试教育制度。应试教育制度把大量的时间和精力放在复习、考试，做大量的练习题上，很少甚至根本不顾及学生的独立思考、创新能力的培养。虽然学生解题技巧高超，题目做得漂亮，但要开辟新领域，在学术上提出新观点、新思想、新研究方向就不行。由于长期接受高强度的训练，枯燥乏味的知识灌输，标准化的考试，使学生丢掉了自己欢乐的童年和愉快的游戏，失去了健康的心理，良好的创新意识，窒息了学生创造性思维的火花。2002 年 11 月 14 日的美国《新闻周刊》发表题为《增强创造力》的文章，评论说，"在国际数学奥林匹克竞赛上，中国中学生的高分和金牌让世界赞叹不已，但是，中学时代似乎是他们的顶峰时期"，"问题在于中国竞争性的应试教育制度。小学和中学强调死记硬背，无情地压制创造性的独立思维"，"这样一个中国数学神童随处可见的国家能为世界提供大批合格的电脑程序员。可是，如果中国真的想要成为高技术的竞争者，中国学生就必须创造尖端技术，而不是单纯使用这种技术"。

　　这个评论令我们省思，现今教育，创新远没有成为当代教育的核心精神和内在要求。为此，我们应把挖掘学生的创造潜能，造就创造性人才作为教育的重要目标。因为"教育的任务是毫无例外地使所有人的创造才能和创造潜力都结出丰硕的果实……这一目标比其他所有的目标都重要"。② 教育创新应成为当代教育的最重要的主题和时代的最强音。

　　教育创新要求我们重新审视知识的价值，树立新的现代的知识观。我们认为，知识是认识的结果，是事实、概念的系统描述，是相对真理，更是探索知识的形成过程和解决问题的方法。相对于前者，后者更为重要。教育不能仅仅满足于传授作为结果和事实的知识，更要引导学生认识事物的本质，训练思维能力；应用所学的知识创造性地解决问题，体认科学知识所蕴含的科学精神和人文精神。虽然创造力依赖于知识的获得，但并非知识越多越好，越深越好，关键是少而精，能与驾驭知识的能力相匹配，有利于自己的潜能和创新能力的发展。

---

　　① 　重专业基础：输？还是赢？[N]，中国教育报，2002－03－01.

　　② 　联合国教科文组织. 教育——财富蕴藏其中 [M]. 北京：教育科学出版社，1996：6.

教育创新从根本上要求我们改变工业经济时代的基础教育模式，确立与知识经济时代相适应的基础教育模式。知识经济时代的基础教育模式与农业经济时代、工业经济时代的基础教育模式在教育制度、教育思想、教育目的、教育方法、教育价值等方面有不同的特征。见下列表格。

不同经济时代基础教育模式特征

项目	农业经济时代	工业经济时代	知识经济时代
教育制度	世袭制或科举制	国民教育制度	终身教育制度
教育思想	读书做官、惟有读书高	为工业经济服务	为知识经济服务
教育目的	及第、工具、应试	社会公民、建设者	创新者
教育方法	纪律、背记	训练、引导	引导、开智
教育价值	象征性价值	功用性价值	创新性价值
教育内容	古典式重书本	世俗化重科技	高科技文明
教育地点	寺院、私塾	学校、课堂	无论何处
教育评价	中举	考试、分数	能力测评
师生关系	师道尊严	教师中心	师生互动
教学形式	单一	基本单一	多样化
教学组织	封闭	半封闭	开放化、国际化
人格培养	神话	标准化	个性化、主体化
教学中心	忠于训诂	重于知识掌握	重于智能开发

资料来源：冯增俊. 教育创新与民族创新精神［M］. 福州：福建教育出版社，2002：427.

教育创新不仅指向"知识论"创新，也指向"德性论"创新。因为学生不仅是理性的存在，也是非理性的存在，是具有情感、德性、意志、个性的活生生的生命体，是理性与非理性的统一体。仅有"知识论"创新，没有"德性论"创新，教育创新是不完整的。教育的问题，从根本上来说是人的德性的解放，是生命对生命的发现与创造，是人生幸福的达成问题，也是学生德性丰满、圆融的活动。因此，关注学生完整的德性生命的自主发展及人生幸福的实现，是创造型教师和创造教育活动的根本出发点和归宿，这也是教育的根本所在。"德性论"教师创新教育观要求教师不断地追求生活的意义和价值，以自己的创新精神提升学生的德性，促进学生道德的完善，人格的提升。这是完整的教育创新的诉求。

链接 LIAN JIE

要抓好教师的教育创新，至少应把握好如下三点：一是教育观念的创新。教师的教育创新首先要求教师对教师职业过程与职业行为有开放的、创新性的理解，不断领悟和发现在新的时代、新的教育背景下新的教书育人之道，从而把个人的教育行为建立在个人对教育的理性的探询而不是盲从之上，不断领悟素质教育和教育改革的真谛，使个人的教育行为成为个人理性之教育精神的实践。拥有相对成熟而又开放的教育观念，是一位教师走向成熟的基本标志。二是个人知识的创新。在我们的社会越来越多地成了知识社会的时候，作为教师，知识更新的问题就不再只是一种外在的规定，而成了一种内在的需要。敢于面对知识更新的时代需要，开放自己的知识结构，有选择地吸纳能提高个人综合素养的、更好地引导学生的知识，以一种"活到老、学到老"的生存姿态去实践教学相长的古老的教育格言。三是教育行为的创新。教师的教育创新最终要落实到教师的教育行为之中，落实到教育的教育方式方法之中。当然，教师的教育行为创新不是为创新而创新，而是指在观念和知识引导之下的创新，是有内涵的创新，"新"本身并不是一种价值，只有当教师行为的创新真正体现了时代教育发展的需要，体现了个人对教育的真知，这种创新才是我们所追求的有价值的创新。

——刘铁芳：《靠教育生存与为教育生存》，《走在教育的边缘》，华东师范大学出版社，2006.

二、教育创新的核心是提升师生的生命质量

本真的教育是生命性的，是直面人的生命，通过人的生命，为了人的生命质量的提高而进行的社会活动，是以人为本的社会中最体现生命关怀的事业。作为本真教育的重要部分，教育创新更是蕴含着生命意蕴，能最大限度地张扬师生的生命个性，挖掘师生的生命潜能，彰显师生的生命意义和价值，提升师生的生命质量。

教育创新的核心之一：尊重学生生命的独特性、自由性和创造性。教育之所以要创新，首先是源于学生生命的独特性。学生是有差异的，有不同的思想、感情、精神和个性。每个人都是独特的存在，都有着自己的生命历程和情感体验，有着无法简约和置换的内心世界和创造性表达，这正是每一个生命的高贵和骄傲之处，也是生命的尊严和不可侵犯的独特性所在。一张张表情各异的面孔、一双双或欢喜或惊异的眼睛、每一个跳动着生命音符的动

作、每一次色彩纷呈的表情，都在向我们诉说着生命的独特与丰富、可爱与真诚。"每个生命（和灵魂）是独一无二、不可重复的，本身就具有不可替代的价值，必须予以尊重。每个人都有责任也有权利充分实现自己的个性和人生价值。"① 独特性要求我们的教育不能整齐划一，而应尊重学生的独特性，个性化地创造性地教学，实施因材施教。其次，源于学生生命发展的否定性和超越性。"否定性就意味着人的生命的自我生成与自我实现，意味着人的生命价值的不断跃迁和提升，同时也意味着人逐渐扩大其自由的空间，不断走向新的解放和自我超越。"② 这要求教育应有创新的内涵。否定性和超越性是教育创新的根本所在，离开了它们，创新意义无从体现。再次，是源于学生生命的自由性。人之所以具有创造性，是因为他是自由的，一方面人能摆脱本能束缚"获得自由"，另一方面，他又能按照自己的意识、目的，决定自己的行为方式，在超向创造性的自我决定中"走向自由"。从这个意义上说，自由的人就是创造的人。学生生命的独特性、自由性和创造性构成了教育创新的前提和根基。如果说，教育是因人的生命而存在，那么，教育创新是因为学生的生命需要创造性发展而存在，显示了学生生命存在的基本方式。因而，教育创新必然会尊重学生生命的独特性、自由性和创造性，为学生生命的发展创造良好的条件，提供良好的"土壤"。

教育创新的核心之二：唤醒师生的生命意识，激活师生的生命潜能。人是未完成的、非确定性和创造性的存在，是不断趋向"完成"，在"趋向"的过程中显示出自我的生成和自我的创造，敞开可能性的大门的，人因此是一个超向可能性的存在，永远在"生成"的途中，永远保持着开放的、期待的、希望的状态。由此决定了人有无限的发展潜能。潜能是生命所蕴含的、潜在的、可能发展的倾向，是现实生命发展的源泉，它如同地下丰富的石油资源，没有开采，石油不可能自然流出，需要工人师傅钻出一口井，石油才会喷薄而出。对人的发展来说，这口井就是意识。"意识是一种对创造的需要，它只有在可能进行创造的地方，才对其自身显示出来。"③ 教育创新是唤醒学生生命意识，开启学生生命潜能的最好方式，因为它不同于传统的理性教学，而是着眼于学生的好奇心、问题意识、质疑批判精神的培养，着眼于右脑的开发，着眼于灵魂的"唤醒"。德国文化教育家斯普朗格认为，教育的最终目的不是传授已有的东西，而是要把人的创造力量诱导出来，将生命感、价值感"唤醒"，"一直到精神生活的根"。另一位德国存在主义教育家雅斯贝尔斯也

① 周国平. 安静 ［M］. 太原：北岳文艺出版社，2002：344.
② 高清海等. 人的"类生命"与"类哲学"［M］. 长春：吉林人民出版社，1998：45.
③ 柏格森. 创造进化论 ［M］. 肖聿译，北京：华夏出版社，2000：222.

持相似的观点：教育活动关注的是，人的潜能如何最大限度地调动起来，以及人的内部灵性与可能性如何充分生成。两位教育家的话语正好表达了教育创新活动的理论旨趣。作为本真教育的最高追求，教育创新更能唤醒人的生命感、价值感和意义感，充分生成人的内部灵性与可能性。学生在教育创新活动中，收获的不只是认知方面的东西，还有态度、价值观的改变，理智的挑战和内心的震撼，以及精神的陶冶、生命潜能的开发。

教育创新不仅指向学生，也指向教师自身。因为教育创新活动是一种生命唤醒另一种生命，一个灵魂唤醒另一个灵魂的活动，体现了师生的经验共享、视界融合。这一过程内在地蕴涵着教师自身潜能的开发、精神的唤醒、内心的敞亮、主体性的弘扬。

教育创新的核心之三：追寻师生生命的意义和价值，提升师生生命的质量。生命不仅在于生物体的"活着"，更在于必须活出意义和价值。如何活得有意义？听听哲学家、美学家、心理学家的话，也许有所帮助。哲学家冯友兰将人生划分为四个境界：自然境界、功利境界、道德境界与天地境界。哲学家张世英把人生境界定位为：欲求境界、求实境界、道德境界、审美境界。美学家宗白华认为，人生有六个境界：功利境界、伦理境界、政治境界、学术境界、艺术境界和宗教境界。心理学家马斯洛把人的需要划分为：生理需要、安全需要、爱和归属需要、尊重的需要和自我实现的需要。尽管分类有所不同，但他们对人生境界认识的共同特点是，把道德的、艺术的、审美的、宗教的、自我实现的境界作为人生的最高境界和最高追求，这对我们思考人生的意义，思考教育创新的生命价值是颇有启示的。人不仅是实体的存在，更是一个意义的存在。"人是不会满足于生命支配的本能的生活的，总要利用这种自然的生命去创造生活的价值和意义。人之为'人'的本质，应该说就是一种意义的存在、价值性的实体。人的生存和生活如果失去了意义的引导，成为'无意义的存在'，那就与动物的生存没有两样，这是人们不堪忍受的。"[①] 人最终关切的是人的存在和意义，人也就在追求意义中实现精神生命的自我超越。而教师和学生生命意义和价值的彰显离不开教育创新。教育创新活动在本质上就是一种唤醒人的生命意识，启迪人的精神世界，建构人的生活方式，生成人的自由天性，提升人的人格品质，以实现人的价值生命的活动。它能引导师生认识和丰富生命的内涵和意义，创造有意义的生活和有意义的人生，实现生命的价值。唯有这样的教育，才能使师生摆脱功利主义的束缚，走出被动的工具化的存在状态，激发师生内在发展的活力，实现师

① 高清海. 人就是"人"[M]. 沈阳：辽宁人民出版社，2001：213.

生生命的解放，提升师生的生命质量，使师生的生命走向卓越和完满。唯有教育创新，才能使师生的生命自由地诗意地栖居在教育中。从德性生命发展的层面看，教育创新的过程是师生创造幸福人生，获得自我实现的过程，是师生的德性生命不断展开、丰富、提升、充盈、丰满、生成的过程，也是师生生命获得完整、和谐、自主、圆融、可持续发展的过程。

三、教育创新的关键在于教师

21世纪是教育创新的世纪。而教育创新的关键在于教师。过去，我们对教师的认识是与以继承为中心的传统教育相适应的，认为教师的劳动是传递性而非创新性的工作，认为教师的首要和基本职能就是将自己拥有的知识传递给学生，因而教师的角色定位为"蜡烛"、"园丁"、"工程师"、"一桶水"。这种隐喻的教师角色观虽然有一定的合理性，但都崇尚"知识本位"，只能使教师成为"知识型"教师。这种教师往往以追求知识为目的，以传授和搬运知识为己任，从备课、上课、布置作业到课外辅导都围绕知识转。知识教育成了教育的全部，人的全面发展和创新精神的培养都被知识教育所遮蔽。这种教师只能培养顺从、被动、保守、缺乏创新能力和创新思维的只会死记硬背书本知识的书呆子，不能完成培养创新型人才的教育使命，不能适应时代发展的需要。

在当今知识经济时代，实施教育创新，培养创新型人才已经成为时代的主题。教师则必须承担起创新型人才培养这一历史的重任。当代的教育改革要求我们把教师定位为引导者、合作者、研究者、创造者，以此突出教师在教育创新中的主导作用和关键作用。教师的创新"不仅体现在学科内容的研究上，更体现在促进人类文明的发展上；不仅体现在教育的研究上，更体现在学生精神生命发展的促进上"[①]。教师的教育创新活动就是创造生命的活动，它是教师发现生命内在的最优越性潜质，探究这种潜质的丰富性与独特性、稳定性与生成性、内源性与外发性，为之创造各种有利的教育情境，促进其成长的活动。从本质上讲，教师的教学活动是一种创造性劳动，它要求教师具有创新精神。很难设想，一个创新意识不强、创新思维不活跃、创新能力低下的教师能出色地完成教育创新工作的使命。没有创新的教师就没有创新的学生。"教师的职责现在已经越来越少地传递知识，而越来越多地激励思考；除了他的正式职能外，他将越来越成为一位顾问，一位交换意见的参考者，一位帮助发展矛盾论点而不是拿出现成真理的人。他必须集中更多的时

---

①　刘铁芳主编.学校教育学［M］.北京：教育科学出版社，2011：145.

间和精力去从事那些有效果的创造性的活动：相互影响、讨论、激励、了解、鼓舞。"① 教师必须具有"导而弗、开而弗达、强而弗抑"的精神，能够不断地引导学生探求未知，独立地形成结论、了解规律，发现真理，培养创新意识和创新精神，而不是奉送真理的"教书匠"。"只有那些能够激发学生强烈的学习需要与兴趣的教学，只有那些能够带给学生理智的挑战的教学，那些在教学内容上能够切入并丰富学生经验系统的教学，只有那些能够使学生获得积极的、深层次的体验的教学，也只有那些以给学生足够空间，足够活动的机会的教学，那些真正做到'以参与求体验，以创新求发展'的教学，才能有效地增进学生的发展，因为发展的即时感受大多表现为茅塞顿开、豁然开朗、悠然心会、学得吾心；表现为怦然心动、浮想联翩、百感交集、妙不可言；表现为心灵的共鸣和思维的共振，表现为内心的澄明与视界的敞亮。"② 简言之，教师的职责不在于传授知识，而在于创造新的精神生命。

教师的创造才能和主导作用是在处理如下活动的情境中发挥的：当学生精神不振时，你能否使他们振作？当学生过度兴奋时，你能否使他们归于平静？当学生茫无头绪时，你能否给以启迪？当学生没有信心时，你能否唤起他的力量？你能否从学生的眼睛里读出愿望？你能否听出学生回答问题中的创造？你能否觉察出学生细微的进步和变化？你能否让学生自己明白错误？你能否让学生的争论擦出思维的火花？你能否使学生在课堂上学会合作，感受和谐的欢愉、发现的惊喜？只要教师解决了这些问题，他的教学就拥有创新的意蕴。

教师的创新意识、创新思维和创新风格等必然会影响学生创造性，对学生的研究方向、研究风格和研究成果等起决定作用，会惠及学生的终生。例如，陈景润之所以对哥德巴赫猜想产生浓厚的兴趣并做出了突出贡献，成为享誉国际的著名数学家，这与他的高中老师沈元教授所讲的哥德巴赫猜想的故事密切相关。沈元教授说过："科学的皇后是数学，数学的皇冠是数论，哥德巴赫猜想则是皇冠上的明珠。"正是沈元教授这一番具有强烈的创新意识的话语，才深深地打动了陈景润的心，从此立志，一定要学好数学，钻研数论，敢于向哥德巴赫猜想挑战。无独有偶，我国著名数学家熊庆来教授不仅自己出色的成就，发展了创造性的论文 60 多篇，出版书籍和讲义 10 余种，还培养了许多富有创造性的学生，如严济慈、胡坤升、赵忠尧、段学复、田方增、

① 联合国教科文组织国际教育发展委员会. 学会生存［M］. 北京：教育科学出版社，1996：108.

② 钟启泉，崔允漷，张华主编. 为了中华民族的复兴，为了每位学生的发展［C］. 上海：华东师范大学出版社，2001：260—261.

朱德辉、许保禄、钱三强、陈省身，他们都成为著名的科学家。

总之，教师在教育创新中发挥着关键作用：教师是学生创新潜能的呵护者和激发者，教师是教育创新的直接参与者和引导者，教师是学生创新素质的示范者和榜样。如果教师仅仅把教育工作看作一项技术，并以这种思想来统领和指导教育活动，那么，在教育中他所扮演的角色更像是一名教书匠，而不是真正意义上的教师，他只是在砌砖，而不是在建造。再进一步设想，如果教师自身停滞不前，墨守成规，故步自封，我们如何能期待这样的教师去开展教育创新，去培养学生的创新意识和创新能力呢？实施教育创新，教师是前提，也是关键。

第二节　创新：教师习惯化生存的超越

如果说传统社会对教师的角色期待更多地停留于"无私奉献"、"诲人不倦"、"爱岗敬业"等层面，那么在一个开放的多变的时代，师德如果仍然停留于这些层面显然是远远不够的。创新，这既是新时代师德的应有之义，也是教师走上幸福职业路的必经之途。教师的教育创新，在很大程度上是相对于教师自身来说的"新"，是对自身教育习惯的一种超越，包括树立新的教育理念、形成新的教育风格、尝试新的教育方法、采用新的教学手段等，都可看作教师的教育创新。教育创新是改善教师职业生存状态，增进教师职业幸福感的现实诉求。

一、直面教师习惯化生存

当我们越来越多地沉溺于琐碎而日常的教育生活中，当我们发现自己的教育生活状态有疲劳且单调乏味之时，我们作为教师个体的生命状态是低迷的。当教学生活中的每一个环节都成为不变的习惯，没有反省，没有改进，没有创新，教师就成为教学机器上的一个零件，一天一天毫无生气地损耗着。这种习惯化的生存状态构成了教师日常生活的基本生存姿态。我们可以从多个维度来审视教师的习惯化生存。

习惯于旧的教育观念　教育观念是一种指导思想，有什么样的教育观念，就有什么样的教育行为和方法。当代的教育改革和终身教育思想的发展，为课程结构、课程内容、教学目标、教学方法、教学模式带来了全新的教育观念，为教师的成长和发展提供了良好的契机。按理说，教师应努力学习和研究当代教育学理论的发展，不断更新和提高自己的教育学理论修养，更要将自己的教育、教学实践作为教育研究的根基，在提高教育教学质量的过程中，提升教育专业素养和研究教育实践的能力，尽显教育智慧、实现自我更新。然而，事实上，他们习惯于旧的经验性和操作性的旧模式、旧方法，缺乏教育改革的热情，对教育改革的新观念有本能的抵触情绪。因为新的教育观念触动了教师既有的、习惯性的生存状态和生存方式，对他们构成了潜在的威胁，带来了困难、麻烦、压力和挑战。如果教师看不到教育改革和新教育观念给自己带来现实意义与实际效果的时候，他们就有"不安全感"、"不确定感"，就会本能地排斥"教改"和新理念，即使表面上参加教育培训，也只是为了应付上级部门领导的检查，所持的态度是："新的教育理念听起来挺好，但实际作用并不大，平时该怎么还怎么，关键是把考试抓好，把学生扣紧。"带着这样的态度去进修，教育理论的学习既不入脑，也不入心，只能流于形式。教师之所以习惯于旧的教育观念，是因为旧的教育观念能给他们带来稳定感、安全感，能够满足他们维持现状的需要。这就是目前中小学教师教育观念落后的原因。

习惯于传统的教师角色定位　传统的教师角色观，无论是"蜡烛"论、"园丁"论、"工程师"论、还是"一桶水"论，虽然有一定的合理性，但都难以勾勒出灵动的、丰满的教师形象，都难以适应当代教育改革的要求。它们的共同的特点是崇尚"知识本位"，认为教师的任务就是"传道、授业、解惑。"它深深地影响了教师对自身角色的定位，使他们习惯地认为，教师是传递知识而不是探索知识的人。只要掌握了某个学科的知识，人人可以教书，当教师。教会了学生某个学科的知识，就是好老师。这意味着教师角色的内涵是以知识传递者的身份来展现的，教师即教书匠，知识成了衡量教师好坏的标准。这种"知识本位"的教师角色观，使得教师成了课程知识的工具，使得教师的教育生活日益外在化、机械化、形式化，它不仅影响了教师精神发展的自主性，使他们安于现状，不思进取，更为严重的是削弱了教师精神生命的活力，丧失了质疑、批判和创造的能力。

习惯于现代教育制度的统一规范　我们的教师习惯于统一的教学计划，统一的教学大纲，统一的教材，统一的教学模式，统一的考试，统一的评价标准。现代制度的规范不仅规定了每个教师的职业志向和义务，而且对课程内容、教学组织形式、修业年限、教学方式和方法等也做出细致入微的规定。教师在不知不觉中成为各种外部制度的仆从，成了制度化的专业生活中的沉默者和失语者。教师在被动地履行各种规章制度的时候，其主体性受到了极大的限制。由于囿于"统一性"，教师难以主动地求发展，也难以自觉主动地解决自身专业发展的相关问题，更谈不上有效地促进自己的个性和创造性的发展。

习惯于教条化的"教"教材 机械化、教条化的"教"教材现象在中小学较为普遍。在许多教师心目中，教材是官方的，由著名专家学者编写的，具有至高无上的权威，是真理的化身，是知识的精英，只能崇拜，不能质疑。凡是教材涉及的知识、内容都是正确的、重要的。在这种观念的影响下，教师缺乏创造性地"处理"教材的意识和能力，习惯于"教"教材，具体体现在：教师"忠实"地执行教材，无论是确定教学目标、备课、上课，还是教学评价，都以教材的要求为旨归，囿于教材，不敢越"雷池"半步。有的教师'读'教材的重心放在死抠知识点上，把一篇完整的课文肢解成一个个知识点，围绕知识点从各个角度提出问题让学生逐一作答，看似面面俱到，实则把沉于细节；有的教师实行'本本主义'教学，不思教材编排的恰当与否，不问学生的基础状况如何，一味地机械照教。教师依附于教材，被教材牵着走，学生则被教师牵着走。其结果是：教师被教材所主宰，养成了对教材的习惯性依赖，逐渐弱化了主体意识和批判、质疑和研究的能力；学生只能被动、机械地接受知识，自身的学习兴趣和精神世界的发展被边缘化。

习惯于固定、刻板化的教学过程 对于许多教师而言，教学意味着机械的知识传输，重复相同的教学行为模式：学习新知识、复习旧知识、考试、再学习、再复习、再考试。由于教学规律是预设的，在教学之前就知道，具有客观性、必然性的特点，因而，教学过程只是一个"流"程，而没有"变"，只是教学本质的流动和教学规律的呈现，这使得教学过程的存在、发展和结果都是可以预知的。教师只要遵循固定的教学规律，"演绎"事先准备好的教案，就可以完成预定的计划，即备课、上课、复习、考试。在这一过程中，教师沦为遵循固定教学程序的教学机器，他不需要思考，不需要反思，也不需要创新，当然更不需要考虑教学的一切可能性。他要做的事情就是年复一年，日复一日地围着教材转，沿着计划走，抱着教案教。其任务就是按部就班地推进教学进程、教学阶段、教学环节、教学程序，完成非生命载体知识的复制和转移，而无视意义的拓展和价值的衍生、无视思维的激活和情感的点燃、无视生命的表达和精神的凝聚。长此以往，刻板化的教学过程不仅会钝化教师的教学能力，而且会使教师丧失对教育生活的好奇、反思和变革意识，丧失自我完善和自我创造的实践精神，成为机械执行、简单照搬的教书匠。

习惯于倦怠生存 我国中小学教师的生存状态是堪忧的。2005 年 8 月 27 日，中国人民大学公共管理学院组织与人力资源研究所和新浪教育频道联合启动了"2005年中国教师职业压力和心理健康调查"。调查结果为：超过80％的被调查教师反应压力较大；30％的被调查教师存在严重的工作倦怠；近90％存在一定的工作倦怠；40％被调查教师心理健康状况不佳，超过60％的被调查教师对工作不满意，部分甚至有跳槽意向。这表明，中国教师面临的压力是较大的，主要来自于沉重的教学和管理压力。教师工作时间长，有的达16小时，任务重，身心疲惫。特别是当中小学教师考核、评优，都和学生的分数挂钩时，压力更大。"沈阳市一位优秀的小学班主任，只是按照规定减轻孩子课业负担，放手培养学生的创新能力，却使班级的综合成绩下降到年级组倒数第二，成为'差班'之一；在寒假前的家长会上，这位老师哭着向家长们鞠躬道歉。"① 除教学压力外，面面俱到、事无巨细的管理，也增加了教师的压力，使教师常常感到忙、紧、烦、难。这种倦怠生存不仅损害了教师的身心健康，也直接导致了教师职业幸福感的缺失。

中小学教师的这种习惯化生存状态应引起我们的高度重视。在日常教育生活中，尽管必要的习惯能让我们拥有安全感与满足感，但也容易使人沉湎于重复机械之中无法自拔。一旦过于"沉湎"，则使人失去创造和追求终极关怀的冲动，成为"习惯化"的生活方式。习惯化是由于刺激重复发生而无任何有意思的结果致使个体对这种刺激（例如警报、防御、攻击）的自发反应减弱或消失的现象。也就是随着对刺激的熟悉，人们越来越注意不到这种刺激。习惯化使人们对已习惯的事物失去了敏感性，反应变得迟钝，因为熟视无睹，也就发现不了问题，当然也就谈不到分析、解决这些问题。习惯化容易产生惰性，这种惰性不仅是行为上的，更是看不见、摸不着的，它更多的是思想上、心理上的，只要惰性来袭，创新思维就严重溃决。消除惰性要从"去习惯化"开始，培植创新要从"去习惯化"开始。

二、习惯化生存的超越在于创新

当你走进一家商店，或者在办公室读一本书的时候，你注意到什么？首先引起你注意的大概是那些你没见过的新东西，或是发生了变化的事物，如某座大楼上悬挂的巨幅广告突然更换了，如书里面的某个故事很新颖，某个思想很独到，某种表达很独特等等。人在出生时，大脑中就具有一种对新奇事物的接近和好奇机制。但由于刺激重复出现，出现了"习惯化"，人对刺激所产生的反应逐渐减弱。这时，人的注视程度、心率和呼吸频率都会减弱或减慢，对事物的兴趣明显降低。在这种情况下，一个新刺激的出现，又会导

---

① 王云娟. 教师心理问题到底有多严重（上）[N]. 中国教育报，2002－06－18.

致较强的反应。心理学家把这种现象叫做"去习惯化"。一个教师要保持一颗敏锐的心，要充满活力，做到"苟日新，日日新，又日新"，就要不断地"去习惯化"。创新无疑是超越习惯化生存的一个重要的维度。

创新是教师生命的本性，是"去习惯化"的有力武器。教师的生命有其独特性，是创造性和超越性存在，它不同于动物的本能的生命存活。创造是教师生命的本性和本真生存状态之所在。"从根本上说，我们是'创造性'的存在物，每一个人都体现了创造性的能量……我们从他人那里接受创造性的奉献，这种接受性同许许多多接受性价值……一起构成了我们本性的一个基本方面。但是，我们同时又是创造性的存在物，我们需要实现我们的潜能，依靠我们自己去获得某些东西。"①"生命的基本特点就是创造性。……因为生命富有创造性的特点，它是不断喷涌的源泉，是始终产生新形态的力量所在。"② 教师的创新性可以从多方面体现出来。教师对具有未定性、差异性、发展性特点学生的因材施教，对课程内容的个性化处理，对动态的、复杂的、生成的教育情境的把握，对课堂教学中意外情况的灵活处理所表现出来的教育机智，以及对自身个人教育观念、实践知识和智慧的获得，无不体现出教师的创造性。只有教师创造性教学，才能培养创造性人才。要改变"习惯化"的生存状态，教师应充分发挥自己的创造潜能，对自己、对学生、对日常生活和周遭的教育世界保持一种敏锐的态度和反思的习惯，主动寻求创新，这是时代赋予教师的责任和使命，也是教师专业化发展的必然诉求。创造性的生存必然打破经验主义的机械的僵化的教学生活模式，在看似平凡但却充满神奇而又丰富多彩的教学场景中创造创新的条件，把握创新的时机，在流动的、不断生成的教学生活中展示自己的才华，实现自己的人生价值。唯有如此，教师才能超越习惯化生存，真正成为自由自觉的创造性存在。

创新是唤醒教师主体性，增强教师自主发展动力的有效路径。传统的教师教育忽视教师的主体意识和主观能动性，对教师发展的内在需求缺乏关注，这是教师难以自主发展的原因之一。当代的教师专业发展的理念要求实现教师的自主发展，即教师具有自我发展的意识和能力，包括主体意识、发展意识、创新意识和能力，能够主动地自觉地承担专业发展的主要责任，通过不断的学习、实践、反思、批判、创新，提升自己的教育教学能力，从而实现教师发展的多元性、差异性和创造性。由此看来，创新是教师自主发展的应有之义。由于创新的要义在于：突破思维定势，打破常规，超越常规，"去习

① ［美］大卫·雷.格里芬.后现代精神［M］.王成兵译，北京：中央编译出版社，1998：223.
② ［德］博尔诺夫.教育人类学［M］.李其龙译，上海：华东师范大学出版社，1999：3.

惯化",因此,创新性教学能将教师从"习惯化"生存状态的束缚中解放出来,使他们能质疑、批判地思考问题,形成自主成长的意识和动机,从而获得自主发展。这种发展越来越被看成是一种唤醒的过程,一个激发社会大多数成员创造性力量的过程,一个释放社会大多数成员个体作用的过程。教师成为教师,更多的是自我建构、自我创造、自主发展,而非被别人所造。只有当教师主动参与,能动创造,投身于自我完善、自我发展、自我实现中,他们才会摆脱"习惯化"生存状态,增强自主发展的动力,走向成功,走向自由。

创新能彰显教师教育生活的意义。人是意义的存在,教师的教育生活尤其需要意义世界的引领。教育从本质上说是唤醒人的生命意识,启迪人的精神世界,建构人的生活方式,以实现人的价值生命的活动,它直接指向人生,指向人的生命存在,因而生活意义是教育内在具有的、本源性的意义。然而教师的各种"习惯化"的生存状态,使他们身心疲惫,倦怠生存,机械劳动,很难发现教育生活中所蕴含的人性的美好与价值意义,很难找寻失落的精神家园,意义世界出现了危机。

要改变这种局面,唯有创新!教育生活的意义的创生依赖于创新。我们无法找到现成的、与生俱来的已在存在中得到确定的人生意义,因为生活的意义不是天赋的——而是得到的,创造出来的。作为创造性存在,教师将不满足现成的教育生活,而是不断地追求人生的最高意义和价值,不断地超越旧我,创造新我,最大限度地寻求可能教育生活,永远向未来敞开着大门,从而使自己的生活得更好,彰显出生活的意义。因此,教师应实施教育创新,赋予教育生活以意义,做自己生存意义的创造者和守护者。

三、创新是通往教师职业的幸福之途

幸福对教师的意义。幸福和教育活动有着内在的关联,它既是教师的心理感受,又是教师人生的最高追求。首先,教师的幸福是教育的本真要求。教育活动不仅需要教师认知因素的参与和投入,更需要教师情感、意志等非理性因素的参与,是充满激情和爱的活动,是"灵肉交流的活动",是彰显生命价值的活动。没有教师发自内心的热爱,就不会有真正的教育;没有教师在职业生涯中自我实现的成就感、满足感和幸福感,也不会有真正的教育。教育要给人以幸福,成为幸福的教育,就必须有教师的幸福。教育是师生创造教育幸福的活动。教师应是拥有幸福生活,懂得享受幸福,知道"幸福在哪里"的人。只有幸福的教师,才能培育出幸福的学生。其次,幸福是教师专业发展的动力。正如费尔巴哈所言,生活中的一切追求都是趋向幸福的追

求。离开了幸福，人所从事的活动就会失去动力。对教师而言，幸福是教师从事教育活动的内驱力。因为幸福，教师才全身心地投入教育事业中，并乐在其中。只有当教师真正感受到教育中的幸福，他才会对教育事业有强烈的责任心、专心的追求和发展的愿望。

然而，在现实生活中，教师职业更多的是社会外在规范强加的结果，教师成为教学的机器，教学成为一种纯粹的义务和责任。这样的教学只是社会的需要、谋生的工具，而不是幸福的源泉。据调查，教师职业倦怠已具普遍性。教师产生职业倦怠的原因是多方面的，有来自社会方面的也有来自个人方面的，有内在的也有外在的，有客观的还有主观的……而最根本的原因是教师使教学沦为了一种纯粹技术性的劳作，而自己成为了教书匠。教书匠的生活状态是以重复、机械操作、服从和被动接受为特征的，枯燥、单调和乏味成了教师工作的主色调，这种生活状态是无所谓乐趣和激情的，它遮蔽了教师的独立性、主动性和创造性，这样的教师是不可能奢谈幸福的。基于此，我们认为，教师只有给自己的职业生涯增添探索的、发现的快乐，才能使自己的生命和才智在为事业奉献的过程中不断获得更新和发展，才能从职业中体验创造性的工作所带来的充实与幸福，获取人生价值的永存和人格的升华。教师的幸福来源于创新。创新引领教师走上职业的幸福之路。

幸福是一种内在的、愉悦的心理体验，直接存在于教师的创新活动中。只有不断的创新，才有不断的幸福。离开了创新，幸福就失去了赖以存在的基础。如果教师每年每月每日都重复着不变的"旋律"：同样的教学内容、同样的教学方法、同样的考试、同样的评价标准……，那么教师就无乐趣和幸福可言。教师要想获得幸福，就应投身于教育创新活动中，创造更多的可能生活。因为幸福就是教师职场的一种可能生活，它需要教师去创造、实践。教书匠不身临其境地参与教学的科研与创造，一生只满足于做传声筒和扬声器，传授固定不变的知识，重复着相同的教学内容。而一个好教师、能够感觉到幸福的教师则能创造性地使用教材，通过自己的研究创造出新的教学内容，赋予教学内容以新颖、独特的内涵；他能灵活地处理复杂多变的教学情景，创造良好的教学秩序；他不灌输现成的知识，而是在与学生的互动中建构新的知识；他不照搬已有的教学方法，而是创造自己的个性化的教学方法；他能营造轻松愉快的教学氛围，不断地提升自己的教学效果。这是一个激发学生的创造热情，培养学生创新精神的过程，也是一个教师体验幸福的过程。总之，幸福意味着对可能生活的创新和追求。

创新能使教师获得快乐和尊严。人活得有尊严，活得有意义，活得幸福，一定要有创造。离开了创造，外在的知识、文化不能转化为教师自身的精神财富，教师的智慧得不到发展，精神世界得不到丰富和提升，生命的发展就会受到限制，幸福感难以得到提高。教师是教育事业和学生精神生命的创造者，因而教师的工作极富创造性。他的智慧、人格、能力不断地受到来自教材、学生、课堂、教育事件等各方面的挑战，这给他的学习、生活、思考、探索、创造带来不竭的动力和源泉，他因发现、创造、成功而体验到幸福。这种幸福既来自于工作的挑战，也来自于对自己创造性成果的欣赏。只有用创造的态度对待工作的教师，才能有效地观照生命的发展，实现生命的价值，才能在完整意义上懂得工作的意义和享受工作的欢乐。由此，教师找到了职业的外在社会价值与内在生命价值相统一的尊严与欢乐。

创新能让教师获得"高峰体验"，实现自己的价值与幸福。教育创新活动是充满独特智慧、富有创造和诗意的活动，能使教师获得心理学家马斯洛所说的"高峰体验"，"这种体验可能是瞬间产生的、压倒一切的敬畏情绪，也可能是转眼即逝的极度强烈的幸福感，甚至是欣喜若狂、如痴如醉、欢乐至极的感觉"[①]。这种体验并非所有的教师都能体验到，只有创新型教师才会有这种体验。"高峰体验时的人更聪明，更敏感，更有才智，更强有力，更优美，处于最佳状态和创造中心。因此，高峰体验能够充分发挥主动精神和自由意志。解放一个人的创造力、自发性、表现力和特质。"[②]对于教师而言，高峰体验不仅能激活教师的创造潜能，而且能使教师沉浸于教育创新活动所带来的喜悦之中，充分领悟生命的意义。它既是教师自我实现的确证，又是教师在创新教育中成就感和幸福感的彰显。由此可见，处在"高峰体验"中教师是创造者，也是自我实现者；他们是快乐的人，也是幸福的人。创新，是教师职业幸福的必经之途，必由之路。

第三节　创新：激发教师职业生存的活力

日常教育生活中，通过问题意识、自我反思、教育研究的路径，可以激发教师职业生存的活力，实现教育创新。问题意识是教育创新的前提；自我反思是教育创新的途径；教育研究是教育创新的维度。

---

① ［美］马斯洛. 人的潜能与价值［M］. 北京：华夏出版社，1987：366.
② 车文博. 人本主义心理学［M］. 杭州：浙江教育出版社，2003：148.

一、问题意识是教育创新的前提

《现代汉语大词典》对"问题"有四种解释：一是要求回答或解释的题目，二是需要研究、讨论并加以解决的矛盾、疑难，三是关键、重要之点，四是事故或意外。教育问题取第二种含义，是指在教育领域需要研究、讨论并加以解决的矛盾、疑难。问题意识就是人们对周围的各种现象，尤其是在专业活动中经常觉察、思考到的一些实际的和理论的问题，不采取轻信的态度，而是自觉地抱有一种怀疑的、思索的、弄清楚问题的积极态度。教师的问题意识是指教师对周遭的教育世界的各种问题自觉地抱有一种怀疑的、思索的、想弄清楚的积极态度。问题意识对教师的教育创新具有重要意义。

问题意识促进教师的教学创新。教学创新始于教学的问题意识。问题意识是教师教学创新的前提，也是有效教学的起点。教学活动乃是一项复杂的创造性活动，蕴含着各种各样的矛盾和问题，如突出教师主体作用，忽视学生主体作用；强调知识的讲解灌输，轻视能力的培养和全面发展；强调教教材而不是用教材创造性教；师生只要分数，死抠书本；强调接受学习而忽视主动参与和探究学习；观念依旧、方法依旧、教育价值失落依旧等。由此可见，"教学未必神圣，和人和社会一样，教学也'患病'，教学疾病侵蚀着教学机体，危及着教学的发展和完善"①。这些问题和疾病客观存在，影响着教师的教学创新，它们要求我们的教师能在教学中意识到问题，发现问题，从而有效地解决问题。离开了问题意识，教学创新就是空谈，就成了无源之水，无本之木。

问题意识促进教师的教育研究创新。亚里士多德提出，思维从疑问和惊奇开始。苏格拉底也同样认为，问题是接生婆，它能帮助新思想的诞生。爱因斯坦更明确地指出："提出一个问题比解决一个问题更重要。因为解决一个问题或许是数学上或实验上的一个技巧，而提出新的问题、新的可能性，从新的角度看旧的问题，却需要创造性的想象力，而且标志着科学的真正进步。"教育研究始于问题的发现，问题发现是教师教育研究创新的关键。因为任何教育问题只有被意识到并被提出来，才有可能引起教师的思索并得到合理的解决。没有真正的教育问题的提出，就不会有真正的教育思考。从这个意义上说，教育思考的展开仰仗着教育问题的发现。一旦理论推理遇到阻碍，理论猜测与现实出现了矛盾，问题就产生了。而任何一个教育问题的解决，

---

①　石鸥. 我们如何面对素质教育 [J]. 教育发展研究，1999 (6).

或多或少地意味着思想上的创新。当然，教师关注的问题越是重大，思索、解决问题时所蕴含的创新度也就越大。质言之，问题意识乃是开启学问大门、促进教师教育创新的内在动力，蕴含着创新意识和怀疑精神。

那么，如何培养教师的问题意识呢？我们认为，可能的路径有如下方面：

培养教师的好奇心和质疑精神。好奇心和质疑是问题意识的核心。好奇心是对新事物、新知识的浓厚的兴趣和求知欲望，是对"智慧"的追问，它是创造力的原动力。一个人一旦失去了好奇心，就会安于现状，不思进取。善待呵护和培养学生的好奇心是教师的天职，前提是教师本身要有好奇心。因为学生的好奇心是由教师培养起来的。钱理群先生要求教师看世界要有"黎明的感觉"，即每天一夜醒来，一切都成为过去，然后有一个新的开始，用黎明的感觉来重新感觉这个世界，重看周围的世界都是新的。黎明的感觉，就是我们中国古代所说的"苟日新，日日新，又日新"①，这个观点极为深刻。如果我们的教师对新的东西始终保持"黎明的感觉"，婴儿看世界的眼光，重新观察、感受、发现一切，以求新、求异、求奇的态度教书育人，就会不断地趋向创新，使自己和学生都进入生命的新生状态。

问题意识的另一个重要成分就是质疑。学贵有疑，疑是一切发现和创造的基础。很多思想家都强调质疑的重要性。孟子说："尽信书则不如无书。"胡适讲："不要轻于相信，要怀疑书，要怀疑人，要怀疑自己，不要轻于相信人家，……所谓'三个不相信，出个大圣人'我对这话非常佩服，所谓'打破砂锅问到底'，都告诉我们要怀疑。"②之所以要质疑，是因为"学问之道，必有怀疑然后有新问题的发生，有新问题发生然后有研究，有研究然后有新发明，百学皆然"③。质疑就是在原来没有问题的地方发现新问题，它不仅可以指向我们在实践中遇到的新矛盾、新冲突、新困惑、新问题，而且可以指向我们习以为常的观念和行为。对于教师而言，重要不是对已有教育问题作怎样的解答，因为答案是多种多样的，意义在于你对教育现象和教育问题的思考和追问，在思考和追问中实现创新。

学会理论思考，提升学理修养。中小学教师大多活跃在教学一线，每天会遇到许多教育问题，要判断这些问题的价值、真假，其前提条件是要有学理意识，也即理论意识。它不限于传统的"学科理论＋教育理论"，而是包括当代科学和人文在内的各种理论。当然最重要的是教育理论的学理修养。因

① 钱理群. 我的教师梦［M］. 上海：华东师范大学出版社，2008：169.
② 胡适. 胡适文集（第12册）［M］. 北京：北京大学出版社，1998：479.
③ 徐有富. 治学方法与论文写作［M］. 南京：南京大学出版社，2003：126.

为"作为实践领域的教育，其逻辑可能不是从一些实践问题开始，然后到处寻找或者创造某种适宜的理论，'事情恰恰相反，为了能看清楚问题在哪里，问题的真正含义是什么，我们先要有理论'"①。正如一位教师所说，"学理论之前我有做得好的方面，但是我本能就那样做的，我并没有意识到这样做就是符合孩子心理的和教育的基本原理的，它是偶发性的。偶然我用了这样的教学方法取得了这样的效果，我下次未必可能会再用，或者是我虽然用了，但是我未必知道我为什么要这样用。一旦提升了理论以后，我就知道了这种方法的来龙去脉，知道它好在哪里，有什么局限性，应该在什么时候用"②。国外有位学者也指出，"理论文献可以对一些熟悉但不容易理解的情况给出多种阐释。理论文献可以帮助我们用不同的方式识别我们的经历，可以阐明那些我们经历中的一般方面——而我们曾经认为这些一般方面是我们个人实践中所独有的事件和过程——从而有助于我们更好地理解这些经历。"③ 没有理论的观照，教师很难发现有价值、有专业水准的真问题。教师只有熟悉、通晓、把握理论，才能形成对专业领域问题的深刻洞见；只有站在理论的高度，用理论观照问题，才能有效审视教育中的各种问题，提升发现问题和解决问题的能力。为此，教师应不断地自觉地学习教育理论，研读各种教育理论著作，提升教育理论的学理修养，以便形成更好的问题意识。

创设教师问题意识生成的环境和氛围。教师问题意识的生成离不开良好的环境和氛围。从内在环境看，需要教师自身营造氛围。首先，教师对课程观、教育观、学生观、自我成长观等方面所取得的经验持动态的、开放的态度，把它们看成是自身成长过程中需要不断审视和丰富的对象，而不是静止的、凝固的过去。其次，教师应对教育教学过程中面临的挑战、困惑、困难、矛盾等保持敏感的自我体验的心态，不断从具体的情景中找寻、发现问题。再次，教师应以反省和发散的思维看待自己的教育教学，质疑教育教学行为背后所蕴涵的理论、假设和信念，发现那些习以为常的现象所蕴涵的问题，从中提炼出值得自己研究的真问题，并使之成为自己的课题。从外在环境看，学校领导不要把"分数"作为评价教师的标准，而应把教师的问题意识、创新精神作为重要的评价指标，鼓励教师去独立思考，勇于批判质疑，大胆创新，包容他们在教育创新中出现的错误，允许他们以自己的方式提出问题和解决问题，为他们问题意识的生成创设一种自由和宽松的环境和氛围。

① 易凌云. 论教师的教育理论意识 [J]. 教师教育研究，2007（4）：14-15.

② 赵明仁. 教学反思与教师专业发展 [M]. 北京：北京师范大学出版社，2009：207.

③ 阮成武. 主体性教师学. [M]. 合肥：安徽大学出版社，2005：234.

二、自我反思是教育创新的途径

按照法国思想家帕斯卡尔的理解，人只不过是一根芦苇，是自然界最脆弱的东西，但他是一根能思想的芦苇。人的全部尊严在于思想。正因为思考，教师的内在潜能得到激发，经验才会升华为理论，教育生活才充满激情，专业发展的可能性才会不断拓展。只要你善于自我反思，你就会能批判地思考自己的教育实践以及它背后的教育观念，发现习以为常现象背后的问题，深入地理解自己、自己的专业生活以及与之相关的事物，领悟其中的意义，有的放矢地进行自我剖析和自我教育，努力使自己成为一名学者型教师。所谓自我反思，就是教师对自身的教育教学实践、教育观念、教育经验和教育行为等进行思考、审视、批判以及自我调控的一种积极的认知加工的过程。自我反思对于教育创新和教师的专业成长具有重要的意义与价值。

自我反思有助于教师把经验升华为理论，促进教师教育水平的提高。每个教师无论是新手还是专家在教育实践中积累一定的经验，这些经验构成了教育行为赖以实施的基础。如果说经验意味着成长，那么前提条件是这些经验包含着反思。不加反思的经验不仅不能提升教育行为的有效性，反而会成为教师处理教育问题的障碍。正如美国心理学家波斯纳所说，教师专业发展中所积累的经验如果没有经过反思，就是狭隘肤浅的经验。拥有这些经验的教师即使有 20 年的教学经验，也许只是一年工作的 20 次重复。只有经过反思，才能有效地剔除教师原有经验中的无益成分，提炼原有经验的精华，使教师不仅知其然而且知其所以然。因此他得出的结论是：教师的成长＝经验＋反思。这是很有道理的。反思可以帮助教师挖掘或梳理教师经验中蕴含的原理，使经验升华为理论，从而更好地指导今后的教育实践。

自我反思有助于促进教师个人教育观念的创新。教师的个人教育观念是指教师在一定的历史文化背景下，在日常生活、教育教学实践与专业理论学习中，基于对学生发展特征和教育活动规律的主观性认识而形成的有关教育的个体性看法，这些看法直接影响教师对教育问题的判断，进而影响教育行为的实施。教师个人教育观念的创新依赖于反思。教师已有教育观念中难免存在着不合理的成分，如偏见、不良的习惯、落后的观念等。反思有助于剔除这些不合理的成分，提升个人教育观念的合理性和适宜性。更重要的是，教师通过反思，可以发现自己实践中的成功之处，获得一种成就感、满足感和价值感，形成恰当的积极的"自我意识"，从而增强教育观念创新的动力，提升教师个人教育观念的"生长点"，不断趋向创新。

自我反思使教师的实践智慧的生成成为可能。实践智慧是个体在具体情景中应对不确定问题时所表现出来的素养。它是教师应对复杂多变的教育情景，灵活处理教学实践中的意外情况，实施创新教学，培养创造性人才不可或缺的智慧。由于它具有情景性、生成性、独特性等特点，教师很难从书本上直接获得，需要教师通过自我反思教育生活，追问和澄清教育问题，获得深邃的洞察力，不断地逼近教育真理的方式来获得。经过反思的洗礼，教师的经验将更加丰富和开放，能有力地支撑教师的专业生活，从容地应对不同的教育情景，充分发挥自己的教育机智。更重要的是，教师依靠这些经验生成火花，产生顿悟，不断地给实践智慧增添"源头活水"，从而生成更好更多的实践智慧。

自我反思有助于促进教师可持续的自主的发展。教师要想获得专业的可持续和自主成长，就应持续不断地反思自己的教育生活、教育观念、教育行为和教育实践效果。通过反思，一方面可以使教师对教育现象和问题形成独立思考和创造性见解，更新教育观念，改善教育行为，提升教育水平；另一方面能使教师发现自身教育信念、教师实践与行为的不合理性，独立地解决教育实践中的各种问题，真正获得专业自主，成为自身专业发展的主人。缺乏反思的教育生活将是支离破碎的，机械重复、沉重的负荷、应试的恐怖，会导致教师对外部世界的感受力下降，阻碍教师专业创造力的发挥，弱化教师可持续发展的动力。反思能改变这一切。反思，可以让我们从看似机械的重复中感受到快乐和幸福；反思，使人进取，催人奋进，能不断地提升教师对教育生活的激情，调动教师自主发展的潜能，彰显教师的主体性。

那么，如何进行反思呢？我们认为可以通过以下方式进行。

教学反思日记。反思日记是一种教师个人的记录文件，是对教育教学工作的总结与分析，既包括自己在教学中和研究过程中的成功经验、好的教学实例的总结和分析，也包括在教育实践中所发现的问题、个人的困惑、个人的认识、对问题的解释和分析，进而积极寻求解决的对策。反思日记没有固定的写法，最好形成个人的风格和特色，力求做到"有感而发，有感而记"。从类型看，主要有随笔式反思日记、案例式反思日记、主题式反思日记、教学过程反思日记。

录像反思。通过录像再现教师的教育场景，让教师在自我分析和他人评价相结合的过程中，反思自己的教育状况，包括对学生的表现与发展进行评估，总结教学行为的成功与不足。也可以从同行的教学录像中，得到一些启示和灵感，反思自己的弱点，找到改进的方面。教学录像能使教师极大地提升自己的自我认知和评价水平，扩大教师的反思空间，促进教师反思水平的提高。

个案研究法。教学个案是对教学实践的描述。它以讲故事的方式展示教师与学生的行动、思维、感受。个案不仅仅是故事，在特定的个案里还包含抽象理论和原则。分析自己的教学案例是一种很典型和常用的反思形式，它有助于教师发现自己教育教学中值得发扬或改正的地方，形成适宜的教育观念，也有助于教师从多重角度看待某一个问题。

交流讨论法。教师个人的自我反思难免模糊、狭隘、不够深入，而融入团体内进行集体反思，通过相互听课、评课、相互交流、讨论、对话，则可以启发个人的思维，激起多维又深层次的思考，获得自我意识无法获取的反思内容。在交流沟通中，教师学会梳理和表达自己的见解，学会聆听、理解他人的想法，学会相互接纳、赞赏、争辩、分享和互助，与他人对话，与自我对话，从而有效地促进自我反思。

三、教育研究是教育创新的维度

教育研究是提出教育问题、分析教育问题和解决教育问题的过程。它有广义和狭义之分。从广义上看，教育研究可以看成教师对教育的一种态度。当教师在上讲台之前，认真地了解学生，对已有的教学内容经过恰当的筛选和加工，然后选择合适的教学方法，这种过程本身就是一种研究。狭义的教育研究是基于一定的观念、方法和途径对教育问题的一种探究、研讨的过程。教育创新离不开教育研究，无论是教育观念的更新，还是实践智慧的生成，抑或是教师的专业成长，都与教育研究息息相关。"教师成为研究者"的理念已获得普遍认可，已成为区分教师是专业教师还是非专业教师的根本标志。这个理念的基本假设是教师有能力对自己的教育行为加以反思、研究和改进，并提出最贴切的改进建议。它源于 20 世纪 20 年代布科海姆在他的著作《教师的研究》中提出的教师要研究教学的观点，此后得到了学者的广泛认同，到 20 世纪 80 年代成为流行的国际教育思潮。从英国课程论专家斯腾豪斯的"教师成为研究者"到其同事埃利奥特的"教师成为行动研究者"，再到澳大利亚学者凯米斯等人的"教师成为解放性行动研究者"，都表明，教师的教育研究在其教育生活及其专业成长中的重要意义和价值。

教育研究造就创新型学生。学生是发展着的儿童，具有与成人不同的身心特点。他们每个人都是一个独特的世界，有不同的生理、心理特点，有不同的兴趣、爱好、特长、个性、价值观，有不同的发展潜能和精神需求。这要求我们不能把他们当成"小大人"，而应当把他们当儿童看，以动态的发展的眼光去看待他们，充分地了解和研究他们的所思、所想、所做、所感，尊重他们独特的发展价值和特点，实现由"选拔适合教育的学生"到"创造适合学生的教育"。教师只有通过教育研究，树立新的教育观、课程观、学生观，有意识地培养自己的创新意识和创新能力，才能有效地激发学生的创新潜能，促进学生创造力的发挥。"一个墨守成规的教师对于学生创造性发展无疑是一种近乎灾难的障碍。"① 唯有教育研究，才能教育创新，造就创造性人才。

教育研究能促进教师的教育理论与实践的契合。长期以来，教育理论与实践之间存在严重的脱节，第一线的教师不参与教育研究，认为那是教育理论研究者的事情，自己只是教育理论的"使用者"。而教育理论研究者由于脱离现实的背景，研究出来的东西难以指导教学实践，外在于、边缘于教师的发展。解决这个问题的有效路径就是教师参与教育研究，他们懂得问题的症结之所在，通过教育研究，获得个人教育观念和实践智慧，能在教育理论与实践的契合中找到解决问题的办法。当教师把自己的困惑、难题作为课题时，教师的思考与实践就进入了科研状态，即带着问题搜集资料，带着问题读书，在问题的引导下深入思考和吸收已有研究成果的精华，根据教育理论来审视实践中有待解决的问题，最后提出解决的方案加以实践，从而使理论与实践浑然一体。只有扎根于实践的理论研究，才能结出丰硕的果实。

教育研究能改善教师的教学行为，提升教学的合理性。这是"教师成为研究者"的显著特点。由于教学实践活动具有情景性、动态性、生成性、复杂性和独特性的特点，因而决定了教师研究与专家的理论研究有很大的不同。专家的研究是以解决理论问题为旨趣，其目的是解决学术发展过程中所遇到的重大理论和实践问题，推动该学术领域的学术发展。而中小学教师的研究来源于教学、服务于教学，以解决实际问题为旨趣，其目的是为了提高教学质量，促进学校发展，最终服务于学生的发展。因而教师研究的问题相对来说比较微观，比较具体，主要是从实践的困难、困惑和经验中发现研究问题；从阅读思考中发现研究问题；从热点、难点中发现研究问题；从与同行的讨论交流中发现研究问题；从学校或学科发展中发现研究问题。只有指向教学中具体问题的教师研究，才拥有生命活力和实践意义；只有从习以为常的现象中发现问题，研究教师身边的问题，才能让教育研究真实、朴实和有效。正是通过教师对实践中的问题的不断发现和解决，理论与实践才真正融合起来，教学中的问题才得到切实的解决，才能有效地改善教师的教学行为，提升教学的合理性。

教育研究能促进教师素质的提升和专业成长。首先，教育研究有助于形

① 叶澜. 新编教育学教程 [C]. 上海：华东师范大学出版社，1991：15.

成教师专业所需的知识基础。因为他们通过对中小学教学实际问题的研究，获取鲜活的第一手资料、知识和实践智慧，这对提升教师的职业专业化水平至关重要。其次，教育研究能促进教师个人的专业成长与发展。因为教育研究不仅可以提升教师的教育研究能力，而且可以更新教育观念，提升教育理论水平，完善教师的素质结构，包括教师的职业理想、教师的知识结构、教师的教育观念、教师的自我监控能力、教师的教学行为与策略。再次，教育研究能使教师获得更高的成就感和专业价值感。因为教育研究能使教师获得对自己、学生、教学、课程、教材等多方面的重新认识和建构，这是一个不断完善、丰富、更新研究者原有认知图景的过程，也是不断形成个人教育观念，生成实践智慧，获得更高成就感和价值体验的过程。这个过程极富创造性，充盈着美的意蕴，能使教师感受到过程之美，享受创造和超越带来的尊严和欢乐，实现人生的价值和意义，最终使教师由"青涩"走向"成熟"，由"经验型"、"技术型"走向"研究型"和"学者型"。

教育研究的方法很多，有观察研究、调查研究、实验研究、教育经验总结、个案研究、叙事研究、行动研究、校本研究。这里主要阐释后三种研究。

教育叙事研究。叙事是文学的要素之一，叙事即叙述故事。在叙事主义者的视野中，人类的经验基本上是故事经验，研究人的最佳方式是抓住人的故事性特征，在记录有关教育经验故事的同时，撰写有关教育经验的其他阐述性故事。叙事研究因在分析教师经验和生活故事方面有独特的视角，被以康纳利和克莱丁宁为代表的西方教育学者在 20 世纪 80 年代引入教育领域，教育叙事研究从此崛起。他们认为：教师通过讲自己的故事，可以提高观察日常教育生活的能力，帮助教师洞悉个人的实践知识，提高反思探究能力，促进自身专业的发展。20 世纪 90 年代末，特别是 2000 年以后，国内教育研究人员和中小学教师开始重视教育叙事研究。

尽管教育界对教育叙事研究内涵的理解存在分歧，但一般认为教育叙事研究有广义和狭义之分。广义的教育叙事研究是指通过对有意义的教育事件、教育生活和教育教学实践经验进行描述分析，发掘或揭示内隐于日常事件、生活和行为背后的意义、思想、理念。狭义的教育叙事研究是指教师"叙说"自己在教育活动中含有"问题解决"和"经验事实"的个人教育事件，在反思的基础上转变自己的教育观念和行为。它的程序是：确定研究问题、选择研究对象、进入研究现场、进行观察访谈、整理分析资料、撰写研究报告。它对于提升教师的专业自省意识、促进教师的专业知识体系和自我认同的建构具有重要意义和价值。

教育行动研究。教育行动研究是指由与问题有关的人员共同参与研究和实践，对问题情景进行全程干预，并在实践活动中找到有关理论依据及解决问题的研究方法。教育行动研究呈现的特点是：行动研究的主体是教师；行动研究的问题来源于教育教学实践；行动研究以解决问题，改进实践为目的；行动研究是在行动中研究，一边行动一边研究；行动研究的过程具有系统性和开放性。它的经典程序是：计划、行动、观察、反思。教育行动研究不仅能促进课堂的对话与互动，还能提高教师的专业技能和反思意识，更新教学理念，改进教学实践。它是"教师成为研究者"的最好诠释。

校本研究。校本，即要"以学校为本"，"以学校为基础"，它包含着为了学校、在学校中、基于学校的涵义，所谓校本研究就是学校根据自己的办学思想，以教师为主体，自主进行的教育科学研究。它以学校为研究基地，以改进学校教育教学实践、全面提高学校的办学质量为研究目的，以解决学校的实际问题为起点，选择切实可行的研究方法进行的教育科学研究。校本研究的原则是以学校为本、以教师为本、以学生为本。它对提高学校的办学质量，全面推进素质教育，促进教师的专业化发展具有重要的意义。

思考题：

1. 如何理解教育创新是教育改革的核心精神？
2. 为什么说教育创新的核心是提升师生的生命质量？
3. 如何看待教师的"习惯化"生存？怎样超越它？
4. 如何激发教师的生存的活力，实现教育创新？

第六章
合作：走向团队化教师生存

美国物理学家斯塔普就基本粒子的属性说过这样的话："一个基本粒子并不是一个独立存在、无法分析的实体，它基本上是一整套向外延伸直至跟其他事先发生关系联系的实体。这些所谓的粒子，不管时空相隔多远，似乎彼此都有联系，使它们更像互动、互相依存的共同体的参与者，而不像分离的个体。"这段话给我们深刻的启示。形象地说，每个人，或者每位教师，就像斯塔普所描述的基本粒子，都生活在一定的场域中。没有哪个人在这样的场域中能孤立地存在，我们都本能地要向场域靠拢，寻找相互之间庇护、帮助、合作，促成彼此之间的共同发展。

21 世纪是一个信息爆炸的时代，也是一个知识更新非常快速的时代，更是一个竞争激烈的时代。一位教师如果总是封闭在自我的世界里，整天到晚只知耕耘自己的那"一亩三分地"，只顾低头行路，而不抬头看天，没有开放的心态，不善于与人合作、交流、沟通，不能与周遭世界建立良好的认同与协作关系，是不能适应社会的发展的。积极交流、沟通，寻求对话、合作，走向团队化教师生存，乃是当下教师职业生活的重要特征。

不管努力的目标是什么，不管他干什么，他单枪匹马总是没有力量的。合群永远是一切善良思想的人的最高需要。

——歌　德

典型案例 DIANXINGANLI

布莱克和施莱德两位学者进行了大量学生学业进步因素的调查分析[①]：

根据 1997 年的资料，二人发现，在学生学习成绩排在前四分之一的学校里，四分之三的教师反映教师间有密切和非常密切的关系，几乎所有的教师都反映他们与校长的关系密切，同时，57％的教师信任或非常信任学生的家长。与此形成鲜明对比的是，在学生学习成绩排在后四分之一的学校里，大多数教师反映他们对同事没有或很少有信任感，三分之二的教师对校长没有或很少有信任感，而不足 40％的教师与学生的家长有积极的、相互信任的关系。

在另一个独立的分析中，两位研究者考察了 1991—1996 年在数学和阅读的标准化考试中取得最大进步的 100 所学校和没有取得进步的 100 所学校。他们发现，一开始具有较高信任度的学校，学生的数学和阅读成绩取得显著进步的可能性是二分之一，社会关系较差的学校取得显著进步的可能性是七分之一。而在后者中最后取得成效的，是那些在这几年里提高了信任度的学校。人际关系未能得到改善的学校则没有提高学生学习成绩的可能。

点评

孩子成长不是哪个个体单独努力的结果，而是家庭、学校、社会的多种教育力量共同作用的结果。教师与教师、与家长、与学校管理者、与社会力量以及与学生等相互信任和彼此配合，将形成巨大的教育合力，共同推动孩子成长。教师必须学会合作，并通过合作走向团队化生存，其方式是以教育教学为中心，其目的是指向孩子的发展，其意义是提升教师自身的职业归属感。教师团队化生存需要以尊重为前提，建立共同愿景，鼓励多元并存，并且倡导能者为师，由此构建积极的人际背景，形成开放、对话、交流、合作的团队力量。

---

① 李茂·彼岸的教育［M］上海：华东师范大学出版社，2006.

第一节　合作：生成教育合力

教育是一项系统工程，学校教育、家庭教育、社会教育三位一体，成为影响孩子成长的核心因素。学校教育只有与家庭教育、社会教育目标、方向一致，形成合力，才能真正促进孩子成长。现实环境因素的复杂性、家庭与学校教育观念的冲突和差异、教育系统中学生的复杂性等，客观上要求现代教育形成合力。文化合作理论、团结动力学原理、共同责任理论构成了现代教育需要合力的理论依据。良好的学校教育，既需要教师与教师之间的团结合作，教师与学生之间的合作，也需要家校之间的合作。

一、合力：现代教育之需要

教育是一项复杂的工程。学校教育、家庭教育、社会教育如同三驾马车，并行在孩子成长的路上。其中，学校教育是中心，家庭教育与社会教育是两翼。中心与两翼只有处于均衡状态，才会形成合力，使孩子愈走愈远，愈行愈好。两翼如果偏离了中心，或者与中心形成了反作用力，那么，孩子便会偏离正常成长的道路，掉入泥淖，或摔得鼻青脸肿。因此，无论单凭哪一方面的力量都很难支撑起一片完美的教育空间，教育需要家庭、学校、社会共同关心和密切配合，只有这三者有机整合，做到优势互补，形成合力，才能确保儿童的健康成长。正如苏霍姆林斯基所说："若只有学校教育而没有家庭教育，或者只有家庭教育而无学校教育，都不能完成培养人这一极其艰巨而复杂的任务。"只有营造出各方相互理解、相互配合、相互信任的育人氛围，形成整合教育、整合育人的新格局，才能为学生高效和谐的发展提供强有力的保障。现代教育需要合力，既有现实的依据，也有理论的依据。现代教育需要合力是由很多现实的因素的复杂性决定的。

现实环境因素的复杂性。教育的发展离不开环境的影响。环境是由许多的相关因素和条件构成的，它们之间构成了相互制约、相互影响的复杂的生态系统。环境对人的发展和教育的影响也是极为复杂的，既表现为环境客观存在的复杂性，也体现在它们对学生影响的复杂性。这可以从三个维度加以阐释。

其一，**影响因素的复杂性**。学生的发展受多种因素的影响。这些因素包括自然环境、社会环境、家庭环境、校园环境、同辈群体环境等。自然环境是人们赖以生存和发展的自然物质条件，在对人的发展的影响上虽然是非决定因素，但也会产生如"借山光以悦人性，借湖水以静心情"的作用。社会环境包括社会大环境、社区环境、大众传媒环境、虚拟环境，它们对人的发展起决定性作用。社会大环境包含了国际和国内的政治、经济、文化的历史现实和发展变化的趋势所构成的大环境系统，对学生的身心发展和思想品德产生重要影响。社区是个小社会，既有引导推动学生健康向上、积极进取的积极因素，也有侵蚀人的灵魂、干扰正确思想形成的消极因素。大众传媒环境主要指电视、广播、报纸、杂志、书籍、电子游戏机、录音带、电影、计算机、卡拉 OK、互联网等构成的环境，会影响学生的生活方式、价值观、审美情趣。"虚拟环境"是由计算机网络构成的特殊的传媒环境，对学生的现代思想观念、生活方式和社会互动产生影响。家庭环境对学生的生活习惯、思想品德、行为规范、个性形成、心理发展的影响极为深刻而细微。校园环境有硬环境和软环境之分，前者是学校的物质文化环境，后者包括集体生活气氛、教师授课方式、校风班风、校园信息等，它们对学生的身心发展起着潜移默化的作用。同辈群体是一个人成长发展的一个重要环境因素，对学生身心发展的影响有时超过了父母和教师。"如果孩子生活在批评里，他将学会谴责；如果孩子生活在敌意里，他将学会暴力；如果孩子生活在嘲讽里，他将学会害羞；如果孩子生活在羞耻里，他将学到罪恶感。如果孩子生活在鼓励里，他将学会自信；如果孩子生活在赞美中，他将学会欣赏；如果孩子生活在公平里，他将学会处事公正；如果孩子生活在安全感里，他将学会信心；如果孩子生活在肯定中，他将学会自爱；如果孩子生活在被接纳和友谊中，他将学会喜爱这个世界。"[1]众多的环境因素构成了学生发展复杂的影响源。

其二，影响方式的多样性。如教育与环境的相互影响，环境对教育的单一影响；直接的影响，间接的影响；广泛的影响，个别的影响；深入持久的影响，浅层的偶然的影响；真实的影响，虚拟的影响，等等。同时，这些影响方式又是交织在一起的，从而进一步增强了教育环境的复杂性。[2]

其三，影响效果的双重性。社会环境的各种因素，特别是精神思想层面的因素，就其性质而言，一般都有正面的影响（如正确的、高尚的、健康的、真善美的），也有负面的影响（如错误的、卑劣的、假丑恶的）。例如，社区环境是各种文化、各种思想、各种社会关系的集聚点，积极健康向上的社会精神风貌无疑对于学生形成正面的思想观念、价值观念、行为习惯起着正面

---

① 黄向阳. 德育原理［M］. 上海：华东师范大学出版社，2000：145－146.

② 李辉. 现代思想政治教育环境研究［M］. 广州：广东人民出版社，2005：35.

的导向作用。但如果社区的文化活动缺乏有效的组织管理，任由休闲娱乐场所如影视录像厅播放一些低级趣味或淫秽的影碟片，台球室、棋牌室变成聚赌的场所，就会危害学生的身心健康。再如，大众传媒环境，从积极的角度看，它扩大了青少年认识世界的途经，缩小了青少年之间的差异，有助于学生个性解放和民主意识的养成。从消极的方面看，青少年的价值观呈现出理想主义淡化，价值观念向个人本位偏移；行为和成功观念呈现功利性。他们很少去追逐那些名扬天下的科学家、英雄、政治领袖人物，而更崇拜世俗的歌星、明星、实业家、政府公务员。借助媒介，青少年进入成人世界，造成了青少年与成人世界的冲突，打破了成人对信息的垄断，儿童过早地进入成人世界，直接改变了儿童社会化的方式。美国学者波茨曼在 1982 年发表的《童年的消逝》中得出的结论是：以电视为中介的媒介环境导致童年概念的消逝。在我国，同样存在这种现象。儿童节目的成人化就是其表现：用成人的标准制作儿童节目；把适合成人的节目播给儿童；更有甚者组织儿童表演成人的节目，类似于某电视台的《幸运小飞飞》节目。更为严重的是，一些传媒有关犯罪暴力行为的过度报道，大量涌现的"黄色狂潮"、"色情文化"，给青少年的身心极大摧残，使他们深受其害，有的甚至走上违法犯罪的道路。总之，社会大环境良莠不齐，既有"香花"，也有"毒草"，容易使意志力薄弱、缺乏社会生活经验的青少年对流行的东西不加区别地接受，从而上当受骗。

家庭与学校教育观念的冲突，教育行动的不一致。在家校合作问题上，学校教育与家庭教育常常出现矛盾和碰撞，主要是由双方教育观念的冲突和差异导致的。在教育目标上，大多数教师能够树立正确的人才观，认为凡是适合社会主义现代化建设需要的各级各类有专长的全面发展的人都是人才，教育应关注他们的成长。而不少家长则希望自己的子女能成名成家，认为只有成为科学家、工程师、政府公务员、影视明星、外资企业的白领，才算是人才。这种教育目标观的差异，导致教育行为的不一致。例如，在对待儿童的教育上，大多数教师能确立民主、发展的儿童观，用动态的、生成的、发展的眼光看待儿童，尊重每个儿童的天性，因材施教。而有的家长则把儿童看作自己的私有财产，用静止、僵化的眼光看待儿童，急于求成，简单粗暴。在道德教育上，绝大多数家长重智轻德，只要成绩好，分数高就行，其他方面差一点不要紧，他们崇尚的是智育第一，分数第一，升学第一。而学校以教育目的为指导思想，要求学生德、智、体、美、劳全面发展。这种教育观念的差异，导致家庭与学校两者之间失去有序协调，和谐统一，甚至出现对立的格局。

在现实生活中，我们经常听到因家庭教育与学校教育步调不和谐、不统一而造成的悲剧。2000 年发生的徐力杀母事件，暴露出我国家庭教育的虚弱与无力。家庭对于孩子的过分强制与要求，只会适得其反，让孩子产生叛逆与暴力心理。这种叛逆与暴力心理如果长期郁积，得不到疏散的渠道，一旦暴发，便会产生可怕的后果。显然，徐力的母亲在家庭教育方面是失败的，但是，这种悲剧的发生并不是不可以避免的。徐力对家庭教育的反抗，一定持续了一段时期，在这段时期里，其母亲应该有所察觉，如果此时，母亲加强与学校老师的交流与沟通，在老师的引导与帮助下，采用适宜的措施对儿子进行教育，悲剧便不会发生。

家庭教育的无力或缺席，会导致学校教育的势单力薄或举步维艰。家庭教育与学校教育的纠结与矛盾，更会导致学校教育的无能为力。现代社会，由于时代飞速发展对于未来人才的要求，以及中国家长自封建社会以来便形成的"望子成龙"、"望女成凤"的高期望值，致使教育成为国家和社会关注的重心与焦点。教育成为有史以来中国家长心中最沉重的话题，家长、媒体以及社会各界对教育的聚焦，使学校教育承受了其无法承受之重。学生在学业成绩、思想品质、行为习惯甚至身体状况等方面一旦出现反常情况，只要与学校稍有关联，媒体和社会各界便会将矛头指向学校，对学校教育评头论足。受媒体和社会各界对学校教育评论的影响，部分家长在对待孩子的问题上，总是采取不合作的态度，这种不合作表现为：有的家长从不主动了解与关心学校，遇到问题，不积极与学校交流与沟通，而是动不动便向媒体或学校的上级主管部门投诉；有的家长不理解与支持教师的工作，动不动就指责教师的不是，甚至漫骂教师或对教师拍桌打椅；有的家长将教育孩子的责任全部丢给学校，夫妻双方对孩子的成长都不闻不问；有的家长自恃素质高，家庭教育有方法，便认为自己真理在手，对学校教育指手画脚；还有少数观念开放、思想前卫的家长，认为学校教育不适合孩子的发展，将孩子留在家里，自己培养，或者将孩子放进所谓的"私塾"……

家庭教育与学校教育的脱节或不一致，导致问题学生愈来愈多。这些问题学生包括：学习习惯不好，学习成绩差的；个性倔犟，经常与教师、同学发生矛盾冲突的；思想不好，经常欺侮同学的；行为习惯不好，上网成瘾、经常在外流浪的等等。促进孩子健康成长的理想教育状态是：当孩子在学校出现某种不良行为倾向时，家长能与教师积极配合，做好孩子的思想工作；当孩子在家庭出现某种不良行为倾向时，教师也能主动配合与支持家长，做好孩子的转化工作。学校教育与家庭教育保持目标同步，方向一致，形成合力，孩子才会沿着既定的轨道前行。

　　教育系统中"人（学生）"的复杂性。人的复杂性表现为：（1）人的未特定化和未完成性。从自然生理层面看，人作为自然界长期进化的产物，是一种未特定化、未完成性的存在，缺乏专门化的特定的行为关系，也没有特殊的反应模式。从表面看来，人成了自然界中生下来最脆弱的，毫无生存能力的物种，但"人类的这种自然结构，反而使人类的活动方式和感受世界的方式不为本能所制约，不为特定的感觉世界所局限，人的器官不为专门的感受对象而专门化，反而促成了人的器官的多重利用和多功能化"①，这给人留下了广阔的发展空间和创造的自由。（2）人的具体性。人的具体性是指每个人都是独特的、活生生的生命体，既有理性因素，也有非理性因素，两者的相互支撑构成了一个丰满而有活力的具体存在状态，不存在抽象而普遍的人性。"每个人的生命（和灵魂）是独一无二、不可重复的，本身就具有不可替代的价值，必须予以尊重。每个人都有责任也有权利充分实现自己的个性和人生价值。"②（3）人的不确定性。人的生命是不断发展和变化的。正如人本主义心理学家罗杰斯所说："人的生命在最好的状态下，乃是个流动、变化的过程，其中没有什么是固定不变的。不论是在我的当事人或在我自己，我发现：生命在最丰富而又最有价值的时刻，一定是个流动的过程。"③（4）人是一种关系的存在。"网络社会的出现，人与人之间的关系又呈现于与现实社会不同的空间之中，形成了一种新的关系结构，它更是跨越时空，跨越日常生活世界的局限，每个人可以跟地球上任何地方、任何人发生即时的联系，形成某种关系，这种关系完全可以是自主、自由的，更有可能的是拥有共同的价值观、共同取向的真正伙伴关系，形成关系的双方的相互型塑是动态的、建构性的。"④正是处在各种关系中，人的内心世界变得丰富多彩，人的生命表现复杂而多样。这些特点使作为人的学生充满了不确定性、生成性和复杂性。

　　由上可知，现实环境的复杂性，家庭与学校教育观念的冲突和差异，学生的复杂性，要求学校、家庭、社会密切配合，形成教育合力，唯有如此，才能提升对学生教育的有效性、高效性。这种教育合力主要体现为这几个方面：学校与家庭的合作；教师与教师的合作；教师与学生的合作。

---

①　金生鈜. 理解与教育［M］. 北京：教育科学出版社，1997：93.

②　周国平. 安静［M］. 太原：北岳文艺出版社，2002：344.

③　江光荣. 人性的迷失与复归［M］. 武汉：湖北教育出版社，2000：59.

④　鲁洁. 关系中的人：当代道德教育的一种人学探寻［J］，教育研究，2002（1）.

关于教育合力的几种理论

合作文化理论。根据汉语词典的解释："合作即是为了共同的目的，一起工作或共同完成某项任务。"这意味着，一是合作个体之间要有共同的奋斗目标，二是为了这个目标的实现，各合作个体协调一致，共同完成任务。迈克·富兰认为，复杂时代文化合作的特征是：（1）在相互信任的基础上扶持多元文化；（2）激发焦虑并控制焦虑；（3）重视知识创新（隐性到显性，显性到显性）；（4）把关联性与开放性有机结合；（5）融合道德、政治、智慧三个方面因素。要在复杂时代实行内外合作：互惠性——双行车道，平衡性——在太多太少的限制之间，深化智力基础，深化政治，深化精神力量。合作文化氛围的创设，将有利于发挥各方面的力量，鼓励探索思考，并为目标实现而努力工作。

团结动力学原理。团结动力学原理渊源于道奇（Deutsh，M.）在20世纪40年代末提出的合作与竞争理论。根据道奇的定义，在合作性的社会情况下，群体内个体目标表现为"促进性的相互依赖"。也就是说，个体目标与他人目标紧密相关，而且一方目标的实现有助于另一方目标的实现。对此，他和他的老师进行了实验研究，结论是：在合作性群体中，个体具有较强的工作动机，能够相互激励，相互体谅，个体间的信息交流也比较畅通，合作性群体的工作效率明显高于非合作性群体。

共同责任理论。它是美国的乔伊斯·爱波斯坦提出的理论。他提出用分开责任和共同责任两个概念看待家校合作问题。所谓分开责任，是指家长与学校不相往来，分别在家庭与学校各自努力，双方不重视沟通并缺少讨论，更谈不上制定共同目标和配合工作。所谓共同责任，是指家长和教师在子女的教育问题上负起共同的责任，重视双向沟通，保持紧密联系，经常交换学生成长、学习和生活信息的资料，互相表达期望，彼此聆听和了解学生的情况，并愿意采取适当的行动。共同责任是一种责任意识，是一种向对方利益的承诺。在他看来，真正意义上的家校合作是双方的共同责任而不是分开责任，这意味着家庭与学校需要共同经验、沟通、合作和相互的影响。

二、协调配合：家校之间的合作

家长是孩子的第一任教师。家庭教育是学校教育的起点。一个孩子在进入学校之前所接受的家庭教育，直接影响其在学校受教育的效果。实践证明：一个长期接受良好家庭教育的孩子，其在学校的行为习惯、学习习惯、思想品质等诸多方面都呈现良好的发展态势。相反，一个缺乏良好家庭教育的孩子，其在学校的行为习惯、学习习惯及思想品质等，总会出现这样或那样的偏差。在某种程度上，家庭教育也是学校教育的终点。对于一个缺乏良好家庭教育的孩子来说，其在学校接受教育的效果往往是 5＋2＝0 或 5＋2＜0，即孩子通过努力在学校 5 天形成的良好行为习惯、学习习惯、思想品质等，可能被周末两天接受的家庭教育所破坏。因此，家庭教育是学校教育不可缺少的一环，它与学校教育紧密相连。学校教育如果想要取得理想的效果，一定要重视与家庭教育的密切配合。

家校合作尽管尚无确切的定义，但是教育专家学者和教育实际工作者都一致认为主要把握以下几点内涵：（1）家校合作是一种双向活动，是家庭教育与学校教育的相互配合。家长要对学校教育给予支持，学校要对家庭教育做出指导。其中学校应起主导作用。（2）家校合作活动围绕的中心应该是学生，学生应是家庭和学校共同的服务对象。促进学生的全面发展是家校合作活动的最终目的。（3）家校合作是社会参与学校教育的一个重要组成部分，家长的参与离不开社会大背景，是广泛的社会背景意义上的参与。因而家校合作必然进一步扩展至社区乃至社会方方面面的合作。[①]

苏霍姆林斯基说过："最完备的社会教育是学校教育与家庭教育的结合。"家校合作具有重要的意义。对于学生发展而言，家校合作可以提高学生的学业成就，形成健全人格，促进学生身心的和谐发展，促进社会化教育，全面提升各方面素质，预防青少年问题。对于家长发展而言，家校合作可以转变教育观念，提升家长的素质，形成良好的家庭氛围。对于教师发展而言，家校合作有助于建立良好的亲师关系，针对个体差异因材施教，提高教育教学效率，提升教师的素质。对于学校发展而言，家校合作有助于形成强大的教育合力；促进家庭和学校教育目的达成一致；形成教育内容的互补；应对社会的变化；丰富教育资源；加强民主管理；提高教育质量。

目前，家校合作存在的问题主要有：（1）角色定位不明。教师与家长对彼此角色的高期望容易造成双方的合作不欢而散。许多教师希望家长以支持者与学习者的身份与教师合作。家长也希望教师不要以居高临下的态度对待自己。然而，由于双方文化素质、品德修养、教育观念的差异，时常会出现沟通障碍。教师不满意那些自以为是教育专家并怀疑教师判断力的家长，对那些不断批评现有教育制度的家长更是牢骚满腹。如果家长与教师意见达成一致，教师就会感到心情愉快。如果教师也能站在家长的立场上看问题，情

---

① 岳瑛. 我国家校合作的现状及影响因素 [J]. 天津市教科院学报，2002（3）：50—53.

况将会大为改观。（2）随意性强，计划性差。有计划的合作无疑是实现家校合作目的的重要保障，因为系统、周密的活动计划不仅是活动开展的指南，而且能对活动计划的顺利进行起到促进作用。然而现实的状况并不令人满意，有些学校缺乏家校合作的整体计划，使得校、级、班各层面的家校合作难以配合。有的班主任因为临时有事，才想起家长。由于目的性不强、准备不足，效果甚微。（3）缺乏互动性。家校合作应是双向活动，是家长和教育工作者相互了解、相互配合、相互支持的过程。双向的交流沟通构成了家校合作的前提。但在具体的合作活动中，教师对家长主要是"洗脑"，方法是灌输，基本是由校长讲，教务主任讲，班主任讲，家长被动听，没有发言和互动的机会。（4）缺乏连贯性。许多学校的家校合作没有纳入学校整体教学活动中，由于计划性差，目的性不强，导致家校活动在时间上断断续续，在内容上缺乏系统性，家长无法获得相对完整的家庭教育观念、知识和方法体系。

　　基于以上问题，我们提出如下解决问题的对策：（1）平等合作，优势互补。平等是合作的基础。"如果合作一方总是领导、支配另一方，这种合作在本质上是一种反合作、伪合作。"① 这要求我们改变传统的家校合作观（学校是家校合作的领导者，学校具有优势，家长素质普遍较低），建立一种平等的合作伙伴关系，实现优势互补。学校虽然具有家庭教育无可比拟的优势，无论从培养目标、教育内容、教育方法和效果，还是从教育者、教育环境等诸方面而言，学校教育处于主导地位，但也有其局限，学生几乎有一半的时间是在校外度过的，若没有良好家庭教育的弥补，学校教育将孤掌难鸣。家庭教育也有其优势，它的特殊的权威性、天然的连续性、固有的继承性，其教育的感染性、针对性、灵活性，对学生的思想、个性、品德的发展有不可替代的作用。这种优势是学生接受学校教育和社会教育的坚实基础。（2）构建多元主体合作教育的运行机制。在合作过程中，不存在谁领导谁的问题，只是根据目的、需要、任务，临时由某一主体唱主角，如家长会可由教师召集，也可由家长召集。家长学校可由教师讲家长听，也可由家长讲家长听，还可由家长讲教师听。（3）丰富家校合作内容，有计划、连贯地进行沟通合作。学校在家校合作中起主导作用，应制定合作的计划、日程、活动方案，建立稳定的合作教育制度，如教师、学生、家长定期相互通报情况制度；家访、校访制度；学校开放日制度；定期社会实践制度；分层分类的家长会制度等，主动请家长参与，处处体现接纳家长为合作伙伴的姿态。同时，学校引导和帮助家长懂得教育、参与教育，让家长真正介入教育的合作之中。（4）注重

---

　　① 谭虎等. 努力构建家校合作的教育机制［J］，中国家庭教育，2005（2）.

双向交流和互动。合作的本质是互动。学校与家庭的合作不是学校对家庭或家庭对学校的单向、线性的影响，而是学校与家庭之间双向、交互的影响。但在实际的家校合作活动中，存在着形式上是合作，实际上是单向活动。"家长会，几乎成了'报告会'；家访，成了教师对家长教育工作的检查指导；家校合作的宣传栏，成了学校对家长说教专区。家长始终是被动的接收器，很少有与学校平等互动的机会。"① 要解决这一问题，家长和教师首先应认识到加强沟通，彼此尊重、信任和理解，达成共识的重要性。其次要明确彼此在教育过程中的权利、责任和义务，谋求共同一致的教育立场，制定有效的教育方案，对学生齐抓共管。再次，要注意双方沟通的方式方法，讲究沟通与交流的艺术，真正做到在沟通中实现合作。

三、共同发展：教师与教师之间的合作

在学校教育中，影响教育教学质量的核心因素是教师。教师是决定学校教育成败的关键。

美国著名教育心理学家吉诺特博士曾说过这样一段话："在经历了若干年的教师工作之后，我得到了一个令人惶恐的结论：教育成功和失败，我是决定性的因素。我个人采用的方法和每天的情绪，是造成学习气氛和情境的主因。身为老师，我具有极大的力量，能够让孩子们活得愉快或悲惨；我可以是制造痛苦的工具，也可以是启发灵感的媒介；我能让人丢脸，也能让人开心；能伤人，也可以救人。"由此可见，教师在学校教育中的重要性。一个学生成长的好坏，取决于其在各个学习阶段，是否遇到一位好教师；而一所学校能否发展，则取决于学校是否有一个好的教师群体，即高素质的教师队伍。高素质的教师队伍，不但体现在教师个体教育教学水平高超，更体现在教师群体之间的团结协作。

一所学校，虽然有一群教育教学水平高超的教师，但是这些教师进行教育教学工作时，却习惯于各自为阵，甚至勾心斗角，拉帮结派，这样的教师群体是不可能推动学校发展的。相反，一个学校，教师的教育教学水平可能不是特别高超，但是教师们却团结协作，互帮互助，积极向上，这样的教师群体会促进学校各项工作有条不紊，蒸蒸日上。正如马卡连柯所说："如果五个能力较弱的教师团结在一个集体里，受着一种思想、一种原则、一种作风的鼓舞，能齐心一致地工作的话，那就是比十个各随己愿地单独行动的优良教师要好得多。"集体或团队内部个体之间的团结协作，如同地心引力，将每

---

① 黄河清. 家校合作导论［M］. 上海：华东师范大学出版社，2008：217.

个成员的意志和愿望牢固地凝聚在一起，这意志和愿望构成一个庞大的磁场，使每个个体不由自主被其吸引，不仅自己心甘情愿努力奋斗，还与同伴一起，互相支撑、互相鼓励，朝着共同的目标执意向前。

教师的人际关系处理直接影响学生的学习成绩。教育的核心问题是促进学生的成长。以学生的成长为圆心，教师与同事、领导、学生、家长的人际关系层层环绕在学生周围，或直接或间接对学生的成长产生影响。如果要使教师在校园内的多边人际关系形成一股强大的促进学生成长的力量，那么，教师便应该加强与领导、同事、学生乃至家长的合作，形成教育的良性循环系统，让合作产生的教育力量如同涟漪般扩散到学生那儿去。

教师与学校领导之间要互相信任，互相理解，形成共识。有人说：学校领导是教师的教师。也有人说：在学校，领导就是教师。教师与领导虽然处于不同的岗位，但是其目标与方向是相同的：那就是在领导的带动与引领下，全体教师齐心协力，共同促进学校的发展。领导负责制定学校的发展规划，教师负责执行学校的发展规划，教师的职业生活、个人前途与学校的发展休戚与共。教师积极理解学校发展的目标与方向，把自己的教育规划和职业追求融入学校整体目标与计划之中，这是教师完善职业生活，个人专业迅速成长的路径。教师出于学校发展和个人发展的良好愿望，与领导加强合作，支持和拥护领导的决策与决定，积极为学校工作出谋划策，形成与领导相互理解、相互信任的工作氛围，其教育教学动力会更加充足。领导也要将自己看作教师的合作者，在具体的工作中，支持教师，理解教师，关怀教师，使教师紧紧地团结在自己周围，想学校之所想，急学校之所急，彼此为着学校的发展及学生的成长形成为着同一目标而努力共进的共同体，促进学校不断向前发展。

教师与教师之间要团结友爱，互助合作，共促专业成长。教师的日常教育教学生活主要包括解决教育教学问题，完成教育教学任务，承担教育教学责任。在学校宏远目标的感召下，教师与教师之间共建一种互相信任、互相关怀的合作环境，有利于教师形成职业归属感与认同感，产生强烈的追求心与事业心，从而促进教师积极主动地工作，并努力要求自己高效率工作，提高教育教学水平。

教师之间是否团结协作，直接影响学校各项工作的推进，自然而然也就影响学校的教育教学质量。教师之间的团结协作主要表现在三个方面：

第一，在日常教育教学工作中互帮互助。日常教育教学工作千头万绪，任何一位教师，都有可能在工作中遇到困难与烦恼，如年纪大的教师可能会突然身体不好，年纪轻的教师可能不知道如何处理教育教学紧急事件，不知道如何与家长打交道。当某位教师在工作中遇到困难与烦恼时，其他教师应主动关心他，帮他排忧解难，让他感觉集体的温暖。

第二，在重大教育教学活动中分工合作。学校开展重大教育教学活动，要想达到理想的效果，必须事前进行周密的策划，并进行合理的分工。分工的目的是为了责任明确。但是在教育教学活动过程中，在讲究教师之间分工的基础上，还必须加强教师之间的合作。比如，校园开展艺术节，班主任教师与艺术教师在艺术节中各有各的任务，班主任教师负责本班学生的节目排练与演出，艺术教师则负责学校整个学生节目演出的安排与策划。但是，班级在排练节目时，需要艺术教师进行加工与指导，艺术教师便要抽出时间对班级进行指导。这样，才能保证艺术节的顺利进行。

第三，在临时教育教学任务中主动承担。教师的日常工作任务比较繁重，但是，学校却经常会有一些突如其来的事情，需要教师完成。如迎接上级各部门的检查，教师如果因为自己工作任务重，对学校安排的事情进行推诿，或认为学校安排的事情不应该由自己负责，应该由别人负责，这样就会导致学校工作的被动。相反，教师如果在学校有临时教育教学任务时，每个人都愿意主动承担，那么，学校就会呈现一种积极向上的风貌，这种积极向上的风貌会感染每一位教师，让教师倍感置身于一个团结协作的集体中的温暖与快乐。

四、教学相长：教师与学生的合作

雅斯贝尔斯曾经说过："所谓教育，只不过是人对人主体间灵肉交流活动。"这意味着在教育过程中，教师与学生都是主体，教育就是教师主体与学生主体间的交流与合作的活动，两者之间只有平等共事，相互学习，才能实现双赢，即教学相长。这里的"教学相长"不同于《学记》中的解释——"学然后知不足，教然后知困，知不足，然后能自反也；知困，然后能自强也。"——而是在现代教育的视野中被赋予新的内涵。"教"不一定能"知困"、"自强"。如果教师缺乏职业责任感、发展动机、问题意识、研究能力等，他们就不愿或无能力查漏补缺，发现困惑，发现疑难，就会满足现状，不思进取，陷入习惯化的生存状态。教师能否"知困"，取决于"教什么"和"怎样教"。现代意义上的"教"就其目标而言，不再是让学生掌握固定不变的知识，而是培养学生的自主学习能力和创新能力；"教"的过程不是"灌输"、"独白"，而是师生交往互动的过程；"教"是建立在"乐学"基础上的激发学生情感，开启学生智慧的"乐教"；教师是主体，并在教学过程中起主导的作用。承认教师主体，并不意味着可以取代学生在学习中的主体地位。后者的主体地位必须得到教师的尊重和信任。学生的"学"是为了"不学",即学生学习的最终目标是培养问题意识和批判反思能力,获得独立生存和创造的能力。"教学相长"不仅意味着教师的发展是学生发展的前提,学生是在教师的引导和培育下,获得知识、个性、品德,促进自身的全面发展,同时也意味着教师应该向学生学习。学生不仅是教师发展的受益者,也是教师发展的一面镜子。透过这面镜子,教师可以充分认识自己的成功与不足,并由此获得成长的动力和机会,促进自身的专业自主发展。然而,人们往往忽视了这一点,仅仅把学生看成了管教的对象,在"师道尊严"的束缚下尤其如此。

其实,学生的发展对于教师的发展而言具有重要的价值,由此彰显了"教学相长"的可能性。首先,学生的成长与发展可为教师的发展提供契机。"教师存在的目的与意义主要来自学生,因此教师的专业工作中,学生是一个非常重要的因素。学生的多样性、发展性和不确定性不断地向教师提出各种挑战,这种挑战对教师来说,既是来自于学生的期望和要求,也是教师专业发展的契机。"[①] 其次,学生的成长与发展可以成为教师发展的动力源之一。对于许多教师而言,教育事业是他们毕生为之奋斗的事业,也是他们心甘情愿投入其中并不断地收获快乐和幸福的事业。教与学是一个相辅相成的过程,教师在发展学生的同时也发展了自己,而教师在发展自己的同时也有助于学生的发展。传统的"蜡烛论"教师观:"春蚕到死丝方尽,蜡烛成灰泪始干"并不适合于当代教师,因为他们相信,在付出的同时也在收获,而且是巨大的收获。"他在体验着双倍的幸福:他向学生付出的积极情感不仅使学生体验到快乐,而且学生给予他的回报也让他感受着绵延的快乐。"[②] 陶行知曾经说过:"教师的成功是创造出值得自己崇拜的人,先生之最大快乐,是创造出值得自己崇拜的学生。"徐特立也说:"教书是一种很愉快的事业。当你看到教出来的学生一批批走向生活,为社会做出贡献时,你会多么高兴呀!"这意味着学生的成长和进步是教师获得幸福和欢乐的源泉。

实现"教学相长",促进教师与学生合作的策略大致包括以下几方面:
(1) 树立正确的学生观。首先,教师要用发展的眼光看待学生,了解和研究学生。这是教师与学生合作的前提。每个学生因先天的遗传、后天的环境、教养的不同,呈现出不同的心理和行为特点,同一学生也会因为时间和环境的变化做出不同的表现。因此,教师既要研究学生的共性特征,又要了解和研究每个学生在兴趣、爱好、特长、个性和精神需要等方面的差异,帮助他

---

① 饶从满,杨秀玉,邓涛. 教师专业发展 [M]. 长春:东北师范大学出版社,2005:171.
② 饶从满,杨秀玉,邓涛. 教师专业发展 [M]. 长春:东北师范大学出版社,2005:176.

们实现最好的发展。其次，确立学生在教育中的主体地位，理解信任、尊重爱护学生。教师虽然在教育过程中起着导向作用，引领学生身心发展，但这种主导作用的有效发挥，离不开学生的主体作用。没有学生的主体参与，积极配合，两者的合作就会成为一句空话。这要求教师确立学生的主体地位，关心热爱学生。师德的本质是热爱学生，爱心是教师道德的灵魂。没有爱，就没有教育。还要求教师尊重学生的人格，平等地对待学生。北京市怀柔区第三小学提出了"四允许"、"三不"、"两承认"，即"允许学生用自己的方式理解、表达不同的意见和独到的见解，允许学生有这样、那样的错误，允许学生暂时不发表看法或随时补充修正教师的意见，允许学生激动时比比画画，甚至是离开座位不举手发言；不讥笑嘲讽学生，不恐吓学生，不强求答案的整齐划一；承认并尊重学生的差异，承认学生的发展有阶段性"。这些提法无疑是对学生人格和权利的尊重，有助于师生互动、生生互动、教学相长。再次，应认识到学生的独特性，鼓励学生发挥特长，发展个性。（2）树立新型的教学观。要改变传统的传授知识的教学观和应付考试的教学观，树立新型的教学观，体现在五个方面，即教学方式由以讲为主转向合作探究为主；教学内容由封闭转向开放；教学组织形式由单一时空转向灵活时空；教学手段由黑板粉笔转向多样化综合；教学评价由重结果评价转向多元评价。[①]（3）掌握与学生合作的技巧。如教师的倾听、教师的谈话、教师的期待、鼓励与表扬、换位思考、教师的暗示、教师的人格影响等。

第二节　合作：提升教育智慧

在学校，教师与教师之间的合作，以解决教育教学问题为核心，以尊重儿童的发展为前提。如同帕尔默在《教学勇气》一书中所说，教师与教师围绕教育教学这一伟大事物，形成教育教学共同体，在共同体的互相关心、互相磨砺中，迸发教育智慧，寻找教育的幸福感与归宿感。

一、合作：以教育教学为中心

韩愈说：师者，传道、授业、解惑也。这句话道出了自古以来为人师者的根本任务。教师，是人类文明的使者，在向下一代传播人类文明的同时，

---

① 申继亮.新世纪教师角色重塑［C］.北京：北京师范大学出版社，2006：76－77.

还肩负着培养下一代思想道德的责任。在学校，教育教学工作是充满魅力的核心事物，学校所有的人事都向这一核心事物聚集，靠拢，形成一个互相影响、互相促进的磁场，这磁场使学校汇集了教育教学的能量，推动学校快速发展。

教师一天的工作非常繁琐，备课、上课、批改作业、辅导差生、与家长交流、处理学生纠纷、组织班队活动等等。这些繁琐事物联结起来，归根到底一个目标：那就是教育教学，即教好书，育好人。教师每天身处于一系列教育教学事件中，有时会因为遇到无法解决的教育教学问题而苦恼，有时会因为发现了解决教育教学问题的方法而激动。教师的喜怒哀乐与每天的教育教学工作密不可分。教师遇到的教育教学问题需要解决，才能促进教育教学工作的进步；教师积累的方法与经验需要有人分享，这样才会有快乐感与成就感。

解决教师教育教学迷惘与困惑的根本途径，在于教师与教师之间的交流与合作。一个教师，当他（她）遇到教育教学问题时，应当主动寻求同伴的帮助。如果教师自我封闭或自以为是，会导致心灵的闭塞，找不到解决教育教学问题的根本路径，从而无所适从，甚至陷入一种自我迷失或自我纠缠之中。教师一旦被教育教学事务或问题纠缠，找不到出路，其身心便会疲惫不堪。向人求助，与人合作，首先，使教师由以自我为中心的封闭圈走向外在世界，其心灵向外在世界敞开，在外在世界寻求内心认同与自身完整，在外在世界的影响下，进一步完善与健全自我心灵和自我人格。其次，教师与教师之间经常就某一教育教学问题进行公开的交流、研讨，各自发表看法，思想与思想的交融，观点与观点的碰撞，使教师在接受别人的观点与经验的基础上，重组自我对教育问题的认知与经验，继而运用新形成的认知与经验进行教育教学，这样，教师的教育经验与智慧得到提升，教师解决教育教学问题的能力增强，教师的教育教学视野与见识也不断拓宽。

教师与教师之间的经验共享是实现教师合作的理想方法。"你有一个苹果，我有一个苹果，我们互相交流，仍然只有一个苹果；你有一种思想，我有一种思想，我们互相交流，便有了两种不同的思想。"教师与教师之间的经验共享有的基于师徒之间，有的基于教研组之间或学科之间，有的基于办公室之间，无论通过何种形式，在何种场域发生的经验共享，其最终效果是促进教师同生共长。这种经验共享还需要打开学科壁垒，打开门户之见，努力实现学科与学科之间的沟通，办公室与办公室之间的沟通，所有教师之间的相互交流与沟通，这样，学校的教育教学才成为一条奔涌不断的小溪，日日涌现清泉与活力。

　　在实际的学校生活中，有时会存在教师与教师之间非教育教学合作现象：它表现为教师与教师之间关系虽然非常密切，但是这种密切的关系不是建立在共同促进学校教育教学的基础上，而是建立在寻求个人生活趣味或一己私欲的基础上。如，有的教师每天除了上课之外，一天到晚讨论的是股市的行情，把炒股当作自己的职业，将教书当作副业；有的教师自己在外面办培训学校，将同事叫去做合伙人，学校教书育人的事情随便应付，满脑子盘算的是培训学校的生源与利润；有的教师只图生活的享受与安逸，每天上完课，便想着去逛街购物、做美容、打麻将。教师这种将自己的本职工作置之度外的做法，极大降低了教师在社会上的威信，有的被群众指责缺乏教育的良知。一个学校，如果教师之间存在着利益的合作，或者其他形式的团伙，学校的教育教学便会受到严重的影响，学校也无法得到正常发展。

　　教师与教师之间以教育教学为中心进行合作应该成为学校的常态。这种合作建立在教师为着同一目标而努力奋斗、你追我赶的基础上。是竞争中的合作，也是合作中的竞争。一个真正以教育教学为中心合作的教师团队，是同时充满合作与竞争的。合作与竞争如同一把双刃剑，要使剑光芒四射，双面都必须发挥重要作用。光有合作，没有竞争，团队内部个体的内驱力得不到充分调动，团队会因行动过于一致而受到阻碍；光有竞争，没有合作，团队便如同一盘散沙，个体的过于强大反倒削弱了集体的力量。对于教育而言，合作与竞争的作用同样不言而喻。

链接 LIAN JIE

　　木并中教师的团队精神建立在和谐竞争而又相互合作的基础之上，哪怕是同年级的一对教师夫妻也要彼此分个高低。团队精神集中表现为教育教学中的共同探讨和集思广益，无论是年级组、备课组还是教研组，无论是管理、教学还是后勤服务，都能见到这种 $1+1>2$ 精神所带来的喜人情景。在木并中，年级与年级之间、学科与学科之间、班级与班级之间的同行们不但没有成为冤家，而且成了一个团结和睦的"大家"。近几年，带来规模快速发展，一大批师范院校的毕业生走进木并中。一走上工作岗位，学校就帮他们找好了师傅，签订了"新老结队，互学共进"青蓝合同。每周的集体备课，老教师与新教师共同切磋；老教师的每堂课都对新教师开放，新教师的每节新授课，老教师都亲自"把脉"。北京市一个县的考察团负责人就曾经问一位备课组长，"你不担心同事会超过你吗？"回答是："我希望的就是他们都超过我。"问："为什么？"答："我们追求的是水涨船高，而不是水落石出。"从追求个人进步到关注学校发展，一刻也不停止攀登的脚步，在木并中已经成为广大师生自我要求的标尺。

——方国才·中国著名校长的管理智慧［M］江苏：江苏人民出版社，2008.

不管是木并茶中学，还是洋思中学、杜郎口中学，这些学校在教育教学上的成功，无一例外地折射出同样的事实：教师团队的凝聚力与向心力是学校发展的根本。而这种凝聚力与向心力反映在日常教育教学生活中，就是木并茶中学教师与教师之间既互相合作，又互相竞争，群体互帮互助，你追我赶，不断奋进，不断超越，在实现自我发展的同时，深入促进学校发展的良好氛围。合作，让教师感觉到集体的温暖与力量，产生对集体的信任感与依赖感，不知不觉中将自己的发展与集体的发展紧密联系在一起，使自己在集体的支持与感召下努力前进；竞争，让教师感觉到自己与同事的差异，感受到如果不努力，便有可能落在人后，甚至被集体淘汰的危险，这种危险，既是一种压力，又是一种动力，它促使教师在向同事学习的同时，产生超越别人、超越自我的愿望。

教师团队在合作的基础上竞争，在竞争的同时加强合作，团队内部的个体便会因互相帮助，互相追赶、互相影响而变得完美强大；教师群体也因个体之间形成的互相超越、互相完善、互相提升的状态而变得更具凝聚力与向心力。准确地处理好合作与竞争的关系，便会赢得双赢或多赢的格局。真正优秀的名师是能与人合作的名师，其在学校营造的是多赢的格局。

二、合作：指向儿童的发展

卢梭说：人是自然之子。孩童是自然之王。教育要充分尊重孩子的天性，顺其自然地促进孩子的成长。任何以扼杀孩子天性为代价的教育，都是失败的教育。孩子的天性得到了呵护与尊重，孩子才能成为心性健全、人格完整的人；孩子的天性得到发挥，孩子的个性素质与能力才会得到发展。

作为一名教师，首先要拥有一颗童心，要以孩童的眼光观察孩子，发现孩子，理解孩子，保护孩子和尊重孩子。情境教育的研究者李吉林老师认为，自己之所以能永远保持对孩子的爱心，是因为自己一直拥有一颗纯真的、孩童般的心灵。教育的本质是要让孩子按照其本来天性成长，让孩子成为他自己，而不是成为大人眼中希望成为的那种模样。

在学校，教师与教师围绕教育教学这一核心事物而团结在一起，并不意味着教师工作的最终目的就是解决教育教学问题，提高教育教学质量。教师与教师讨论任何教育教学问题，或商量任何解决教育教学问题的办法，其着眼点如果不是每个儿童的发展，那么，这些办法都会成为技术性的操作，从而沦为教育技术的工具。以技术性操作方式解决教育教学问题，虽然有可能帮助教师走出教育教学的迷惘与困惑，但是，在实际的教育教学生活中，却会看不到孩子性灵的成长。在这儿，孩子的天赋禀性被忽略；在这儿，孩子的独特人格被忽略；在这儿，孩子的个性气质被忽略；在这儿，孩子的兴趣爱好也被忽略。

教师与教师围绕教育教学进行的合作与竞争，如果只是为了某次教育教学活动能够获得好的名次，为了学生在考试中能够获得更高的分数，为了学校在某次检查中能够得到表扬，为了自己在晋职、评优中能够获得好的评价，那么，教师的教育教学行为就会异化，它将成为一种缺乏感情色彩的，功利化的教育形式。在这种教育形式下，孩子成为被动的羔羊，其生命的活力与创造力都得不到蓬勃的发展。

教师与教师讨论任何教育教学问题或组织任何教育教学活动，其最终要达到的目的是促进每个孩子的发展。注意，这里强调的是"每一个"。美国克林顿总统执政期间，制定了《不让一个孩子掉队》的教育行动计划。这充分说明每一个孩子的重要性。圣·埃克苏佩里在《小王子》一书中说：每个孩子都是一个独特的星球。教育，要让每个孩子成为他自己，而不是另外一种模样。教师任何时候，任何情境下，都要做到眼里、心里装的是每一个孩子。真正好的理想的教育是让每个孩子都得到了发展，每个孩子都健康成长。而不好的教育却是以牺牲一部分孩子的成长成全另一部分孩子的成长。教师在教育教学中需要克服的是如何努力让自己的教育教学行为不伤害某个孩子，不遗忘每一个孩子。

教师与教师要在教育教学问题的商量与讨论中，尽力发现每个孩子的秘密，并用心寻找通向每个孩子内心世界的通道。马克思·范梅南先生在《儿童的秘密》一书中说：儿童的每一个秘密都构成一个隐蔽的世界。这个隐蔽的世界期待教师去挖掘，去探索，去发现，去理解。了解孩子的隐蔽世界，事实上就是了解孩子的心理，了解孩子的所思所想，站在孩子的角度思考问题，理解并尊重孩子的选择，呵护孩子的心灵，让孩子自由快乐地成长。如果不从孩子的视角思考问题，教师就无法进入孩子的内心世界，也就无法产生相应的教育效果。

链接 LIAN JIE

（一）开学第一周，琼斯先生试图教授一年级的学生在课堂上应该怎样做。他说："当我提问时，你应该举起右手，我将会叫你回答。你们能够像我这样举起右手吗?"二十双手举起来了,但都是左手。

(二)刘易斯女士所教的四年级学生对交家庭作业越来越漫不经心,为此,她决定在班上确立一条规矩。她对全班同学说:"本周不交家庭作业的同学将不能参加野营活动。"碰巧,一位女生的妈妈在那周生病住院。这位女生因为家中出现此事以及对母亲生病的担忧,有一份家庭作业没能按时交上。刘易斯向全班同学解释说,该女生没交家庭作业是个例外,因为她妈妈病了。但是全班同学都不同意,他们说:"规则就是这么定的。她没有交作业,所以不能参加野营活动!"

(三)昆特女士教八年级的英语课。一天,刚上课时她就很兴奋地宣布:"我想告诉你们,咱们班出了一个诗人。弗兰克写了一首很美的诗,我想读给大家听听。"昆特女士朗读了那首诗,它的确很美。然而,昆特女士注意到弗兰克的脸红了,看上去非常不安。班上有些同学在窃窃私语。后来,昆特女士问弗兰克是否愿意再写一首诗去参加全市的诗歌比赛,他说再也不写了,因为他真的觉得自己在这方面并不擅长,并且也没有时间写。①

以上三则案例都没有从孩子的视角认识孩子。当琼斯举起他的右手时,学生们模仿了他的动作,但不符合他的要求。学生们没有意识到:既然教师面对着他们,教师的右手应该对着他们的左手。刘易斯课堂上的情形印证了儿童道德发展中的一个阶段。在这个阶段,儿童认为规则就是规则,没有什么借口或例外能够打破规则。昆特女士对弗兰克的称赞所引起的后果与她的初衷相悖。但是,如果她稍做思考的话,或许能意识到:公开表扬弗兰克,这就使得他被视为教师宠爱的对象,而这样的角色是许多处于青少年初期的学生所不屑或排斥的。这几则案例都提醒我们:儿童不是成人的雏形。儿童的思维方式、看待周围世界的方式以及所依据的道德和伦理规则等都与成人不同。

一个对孩子的世界有研究的教师会有意识地利用他们所了解的有关道德的、心理社会的以及认知的发展规律来做出教育教学决策。像上述案例中,一个成熟的有经验的老师会知道,在教低年级孩子动作时,教师一般是要做镜面示范的,因为低年级的孩子对左右的概念还缺乏形象的认知。教师倘若要在特殊情况下打破自己所制定的规则,是需要勇气与智慧的。教师不能以自己的权威身份,认为在学生面前,可以自己说了算,这样反而会损害自己的权威。正确的明智的处理方式是,教师要组织学生讨论,从那位女生的实

---

① 中国经济网. 教育心理学 [C] 2004.

际情况出发，在聆听她的心声的基础上，再集体商议，做出决定。而琼斯的例子说明教师对学生的个体世界与群体世界缺乏足够的了解，琼斯正好是那种内向、害羞、不喜欢出风头的孩子，而班级学生正好有一种嫉妒、排斥的群体心理特征。教师如果了解了这些，便不会贸然地做出宣读琼斯的诗的决定。

由此可见，教师与教师之间经常商量与讨论教育教学问题，其出发点是要根据对学生的了解来提供适合不同发展阶段的教学。某一种教育教学方式适合一个班级，不一定适合另一个班级；某一个教师的教育教学方式对学生很管用，另一个教师采取同样的教育教学方式，不一定能培养好学生。教师对某个阶段或某个班级的学生采用何种教育教学方式，是需要对学生的群体特征和个体特征有充分的了解。就像医生给病人看病要对症下药一样，教师要采取合适的教育教学方式，才能促进学生的发展。

孩子的世界是一个未知的、永远不能穷尽的世界。每个孩子的学习动机、学习需求、学习兴趣、学习习惯、学习能力、行为品质都不一样。教师，要创造适合每个孩子发展的教育教学方式，就要尊重个体差异，像孔子所说"因材施教。"教育教学方式的雷同会导致教育教学的重复与低效。教师要在实际的教育情境中，共同商量改进教育教学方式的策略，如一旦发现某些学生需要更具有挑战性的活动或不同的学习机会时，教师便要相应地调整教育教学方式。

所有教育教学问题的解决，都建立在教师对学生的世界全面了解的基础上。教师如果不了解每个孩子的现状，便无从对孩子采取正确的教育教学措施。教师要学会观察孩子，了解每个孩子的发展状况。教师与教师之间要加强对孩子发展情况的探讨，研究适合每个孩子发展的路径与方法。当教师的日常教育教学生活充满"孩子"的字眼，当教师研讨交流时，谈论的是孩子，而不是别的，那么，教师的教育教学才真正充满了意趣。

三、合作：提升教育的职业归宿感

马斯洛的需求层次论认为，人类有五种需求：生理上的需求，安全上的需求，情感和归属的需求，尊重的需求，自我实现的需求。"过幸福完整的教育生活"是朱永新教授的新教育团队提出的口号。对于一名教师而言，终其一生，大部分的生活过的是教育生活。教师的教育生活如何才能幸福完整呢？教师不同的职业态度，决定教师教育生活的高下。在现实生活中，有的教师将自己的职业当作一项副业，工作敷衍了事，做一天和尚撞一天钟，教师这种心不在焉的状态，自然也就谈不上教育生活的快乐；有的教师将自己的职业当作谋生的手段，一天到晚斤斤计较的是自己的报酬与待遇，学校给多少钱，便做多少事，没有报酬与待遇的事情绝对不干，教师的心灵完全物欲化，也就收获不了教育生活的成就感与幸福感；有的教师是悲观主义者或牢骚主义者，从走上工作岗位的那一天起，便埋怨自己选错了职业，每天抱怨教育工作的繁琐与辛苦，从未想过好好地沉醉到教育教学中，享受因教育教学的成功而获得的精神自足；有的教师将自己的职业当作自己的人生理想，孜孜不倦地追求，不断地实现自己在教育教学方面的价值，受到领导、家长、社会的高度认可与评价，教师在教育学生的过程中，收获了学生成长的快乐，也感觉到了教育生活的充实与幸福。

荷尔德林说：人类要诗意地栖居在大地上。这就是说，人类必须要拥有一个心灵的家园，这个家园是人类精神的生长地、发源地。教师，作为人类文明传播的使者，是人类文化的代表，更应该注重精神的修炼。教师心灵的丰润、精神的滋长，从哪里来？从自己的职业生活中来。教师要从职业生活中获得幸福感、成就感、归宿感。一个内心有追求的教师，会不断地从学校教育生活中寻求归宿感。

学校教育教学生活如何让教师获得精神的愉悦感、幸福感、归宿感呢？这就在于学校是否为教师营造一个能激发教师积极向上、团结协作的氛围。一所学校，如果教师各自为阵，甚至勾心斗角，各人头上一片天，"事不关己，高高挂起"，这样，学校无论开展什么教育教学活动，教师的积极性都调动不起来，一盘散沙是没有力量的。一个在精神上有追求的教师，在这种散兵游勇式的学校，可能被排斥或视为异类，教师只会感到孤单与寂寞，感觉现实的残酷，理想的无望以及教育生活的痛苦。身在这样的学校，教师既看不到自己的前景，也看不到学校发展的前途，自然也就无从获得职业的安全感与归宿感。有研究表明，影响教师职业归属感的主要有外在环境和内在自我两大因素，而外在环境中，其中极为重要的一点是教师是否有发展平台和提升空间。具有校内、校际、国内国际交流、学习、进修的机会，有与同行同台竞技的平台，有评优、选先的畅通渠道，有施展才能、人尽其才的条件，有职称评定、岗位晋级和提薪加薪的制度保障等等，都会极大提升教师的归属感。

现在有种教师现象值得研究——35 岁高原现象——即为什么教师在满了35 岁之后，便没有了 35 岁以前那种干劲和奋发向上的力量。原因当然很多，如教师生活重点转向家庭，要抚育子女，照顾老人；教师的职称评定完毕，再往上评职称已无指望；教师身体不如以前健康，保养身体非常重要。虽然这些原因都是导致教师工作缺乏前进动力的因素，但是，广西师大王櫹教授认为，激发教师主动追求的动力关键在于教师本身，在于教师是否有职业追求，有职业的神圣感与使命感。湖南明德中学的范秋明校长在其教育随笔中谆谆告诫学校年轻教师，从走上工作岗位的那天起，便要主动寻求做一名教师的幸福感与快乐感。一名教师，教书育人一辈子，却未从教育生活中获得幸福与快乐，那是很可悲的。

教师获得职业的归宿感，除了个人的积极追求外，其身处的学校环境也会对其产生深刻的影响。教师职业归宿感的获得，需要一个充满凝聚力与向心力、朝气蓬勃、奋发向上的集体。这个集体的每位教师都拥有高度的责任感与荣誉感，大家团结协作，开拓进取，不断地开创教育生活的新局面。身处这样的集体，教师能够找到理想的同伴，找到追求的方向，对职业产生依赖感与信任感，从职业中获得尊严与荣誉，快乐与幸福。

一个和谐、团结的学校集体，是能够源源不断地激发教师的工作热心与激情的。在木并茶中学，教师的荣誉感与进取心就来自于学校良好的竞争与合作氛围。在备课时，教师们会聚在一起讨论、交流，集思广益；在开展活动时，教师们会纷纷参与，出谋划策。但是，在各项教育教学活动竞赛中，教师与教师之间又充满了竞争。正是在这种合作中的竞争，竞争中的合作，使得木并茶中学的教师团结一致，拼搏向前。

一个合作的集体，会产生无限的动能，会创造爱、奇迹与感动。一所学校，由于教师的团结合作，短短的一个学期之内荣获省市十几项荣誉，校长在总结学校工作时流着泪说，是教师们的团结协作创造了学校的奇迹。教师们在分享学校一个学期获得的成就与荣誉过程中，深深感动，大家情不自禁地说：我们累并快乐着。

一所学校，真正促进教师主动敬业、奉献的动力不是来自于金钱。学校即使能够给教师带来高福利、高待遇，也不一定能给教师带来归宿感。学校内部有没有凝聚人心的力量，是教师在学校获得归宿感的重要因素。如果学校的教师都积极向上，这种气氛会感染其中的每一个人。集体的温暖最能打动人心，没有哪个人可以离群索居。教师只有在一个团结协作的集体中，才能找到身份认同，确认内心价值。

第三节　合作：走向团队化生存的策略

每个教师都是与众不同的个体。教师在学校工作中，要充分发挥主观能动性，展示各自的个性优势。教师在教育教学工作中，要尊重同事，要容许集体内部有不同的声音，不同的个性，要欣赏有卓越才能的人，并向他们学习，要将个人的发展前途与学校发展目标结合起来，建立学校集体与个体发展愿景，缔造优秀的教师团队。

一、以尊重为前提

心理学家认为：一个人的健康包括身体健康、心理健康及良好的社会适应。一个人能否适应社会，决定于这个人与社会的交往状态。在一个团队内，个人能否适应团队的环境，与个人对待团队的态度和团队交往的方式有关；相反，团队的人际氛围及心理环境也会影响个人与团队相处的方式。"我喜欢我所在的团队，因为我在团队受到尊重。""我喜欢我所在的团队，因为我被团队的每个成员所信任。"如果与一个觉得自己在团队中生活得很好的人谈话，我们经常会听到类似的夸奖团队的话语。人，是情感性的动物，其在团队的心理需求能否得到满足，直接影响他与团队的和谐共处。一个人在团队内，如果学会了如何尊重、信任、欣赏与爱，那么，他肯定会获得团队成员友好的人际支持环境，获得心理与情感的力量，其与团队自然会相谐相生；一个团队，如果营造了尊重、信任、欣赏与爱的人际环境，团队成员身处其间，会有宾至如归的感觉，喜欢并热爱上这个团队。

美国的布莱克和施莱德教授在研究学生学习成绩与学校人际环境的关系时，认为尊重与信任是影响学校人际环境建设继而影响学生学习成绩的重要因素。在一所充满尊重与信任的学校，学生的学习成绩明显要高一些；而在一个缺乏尊重与信任的学校，学生的学习成绩水平较低。马斯洛的需要层次论认为：人有自我尊严和自我实现的需要。而自我尊严的需要反应在人际交往中，就是每个人希望自己被人尊重。一所学校，如果领导尊重教师，教师会认为领导具有人格魅力，从内心产生对领导的尊重；一所学校，教师尊重学生，学生会认为教师具有人格魅力，从内心产生对教师的尊敬；一所学校，教师尊重家长，家长会认为教师人品较高，从而支持并敬重教师；一所学校，教师与教师之间互相尊重，团队便有了崇尚高尚的品格。

信任是团队和谐的基石。一个团队，成员与成员之间如果缺乏信任，对待任何事情，大家总是互相怀疑，互相猜忌，团队就丧失了团结的力量。这样的团队人心涣散，个人和团队也就丧失了进取心与战斗力。一所学校，领导应该充分相信每位教师，认为自己的教师能将事情做好，当领导对教师投去信任的目光，教师便会充满信心与力量；一所学校，教师应该充分相信每个学生，认为学生有学习能力，有良好的思想品质，学生会因为老师的信任而充满奋斗的欲望；一所学校，教师应该充分相信家长，认为家长能配合学校搞好家庭教育，当教师与家长相互信任，学校教育与家庭教育便形成良性循环；一所学校，教师与教师之间应该互相信任，这种信任是学校教师团队进取的源泉。

教育家第斯多惠说：每个人的内心深处都有渴盼被人欣赏、被人激励的欲望。欣赏，如同一阵春风，拂过人的心田，让人产生美好的情愫。教育是最需要欣赏的艺术。一所学校，领导欣赏教师，教师会感觉自己受重视，产生积极工作的内驱力，并萌发为学校发展贡献自己力量的愿望；一所学校，教师欣赏学生，学生的潜能会得到无限激发，自信心大幅度增强，个性得到尊重与保护；一所学校，教师欣赏家长，家长会备受鼓舞，积极发现与探索家庭教育之道，更加关注孩子的成长；一所学校，教师与教师之间互相欣赏，教师团队便会产生激励、奋进的力量。

二、建立共同愿景

圣吉·彼德在《学习型组织》一书谈到学习型组织的构建有几个关键要素，首要前提是建立共同愿景。学习型组织建设其实就是一种团队建设，一所学校想要持续不断地发展，必须有长远的规划与蓝图。这种规划与蓝图不能是长官意志或空中楼阁的幻影，应该是符合学校实际发展情况，满足全体教师心愿的发展前景。这种共同愿景真实可感，让教师对学校前途充满信心，愿意为之努力奋斗。

在一所学校内部，教师对职业的认识以及对人生价值的看法是大不相同的。有的教师将教育看作自己的谋生手段，为了谋生，只要勉强干好工作，基本令领导、同事、家长、学生满意就行了。有的教师将教育看作一门职业，认为既然是自己的职业，便应该履行职业道德规范，尽职尽责。这类教师的责任心很强，有敬业精神，工作往往受到领导、同事、家长、学生的称赞。还有的教师将教育当作自己的事业，为了干好事业，必须投入自己全部的身心，去奉献，去拼搏，让自己的生命在事业中闪光。教师对职业的认识及人生态度的差异决定着教师的工作状态。一所学校，如果建立了共同愿景，这种愿景让教师感觉学校发展的气势及未来生活的美好，教师便会因愿景的吸引力与感召力而调整自己的价值判断与认识。

共同愿景最大的优点是激发教师从事教育教学的内驱力，使教师重新发现自我，完善自我，追寻自己的价值。一个真正优秀的教师团队，在于通过共同愿景的引领，让每个教师找到教育的尊严感与价值感，使那些对教育缺乏深层次的体验与认识，缺乏教育生命体悟，还不能将满腔热忱投入到教育中的教师在群体的氛围的感染与熏陶下，认识到个人存在对集体的价值，从而产生积极向上的追求愿望。

"过幸福完整的教育生活"是新教育实验团队向实验教师提出的口号。这个口号的提出是基于对教育一种理想与诗意的追求。为了达到这种理想与诗意的状态，新教育实验发起人朱永新博士提出了"营造书香校园"、"师生共写随笔"、"构建数码社区"等六大教育行动。这些教育行动旨在唤醒教师积极的教育情怀，以生命在场的形式践行教育的真谛，通过扎实的行走，收获教育的理想与希望，感受教育生活的多姿多彩，体悟教育生活的快乐与幸福，体验自我价值与自我尊严受人尊重的自豪与骄傲。当教师发现为了团队的共同愿景，自己必须创造自己的价值时，教师便完完全全成为团队的一分子，与团队实现价值共建。

价值共建是教师个体价值与学校团队价值融为一体，它们互相影响，互相提升。只有每个教师在团队中都能找到价值与尊严，团队才会有生机与活力；只有团队拥有明确的追求目标和价值体系，教师才会产生拼搏的欲望与动力。教师的个体价值在团队中得以彰显，团队的集体价值通过教师的创造而完成；没有团队价值，教师的个体价值缺乏展示的空间；没有教师的个体价值，团队价值缺乏魅力与光彩。教师个体与团队集体的价值共建，使教师走向团队化生存。

三、鼓励多元并存

一个国家，容许多元文化的并存，国家才会显得博大精深；一个团队，也应该开创多元并存的局面，永葆团队的创新与活力。团队的多元并存体现在团队能给不同个性的成员提供充分展示其个性的空间与舞台。团队要实现核心目标与价值，绝不是以抹杀个性的声音为代价，绝不是要统一团队成员的喉舌，让团队成员说着统一的话语体系。一个真正具有生命力的团队是一个容许有不同异己声音的团队，它充分保障每个具有个性的人在团队的充分发展。有个性的人必定是有思想的人，而不同的思想，才会冲击团队固有的价值观念和思维体系，使团队不断地反思和调整策略，不断地走向卓越。

翔宇教育集团的卢志文校长的在谈到治校策略时，便强调校长应有识才之心和招才之术。校长的招才之术体现在"不拘一格选人才"。湖南经视的节目主持人吴峦个子很矮，看样子有点缺乏公众形象，但他才思敏捷，学识丰厚，经视领导"慧眼识才"，将其招募到经视这个大家庭，使吴峦的才气得到淋漓尽致的发挥，经视也因为有了这位才子的存在而增添一些灵动的创意和思想的厚度。北京市第二小学校长李烈提出了"以爱育爱"的教育理念，这一理念也体现在她对教师的态度上。学校有一位年轻的女教师，十分有才气，但个性倔强，说话很冲，经常与领导、同事发生冲突。面对这样一位影响学校和气的女教师，李烈校长并没简单地批评教育她，而是本着一颗爱才之心，像姐姐爱护妹妹一样跟她聊天，了解她的愿望与追求，给她提供上公开课、赛课的机会，让她的才气有展示的舞台；与此同时，李烈校长还跟老师们谈心，让老师们对该年轻教师抱以宽容之心，使年轻教师安心钻研教学。这位年轻教师在李烈校长的呵护下迅速成长为一位在区市有影响的骨干教师。

"海纳百川，有容乃大。"团队的多元并存体现的是团队开放的格局和包容的心态。诸多个性的存在，带来思想的碰撞，观点的交融，视野的开阔，团队因为成员不同个性、不同风格的并存，呈现出多姿多彩、活力四射的风貌。一个团队，如果容纳不下异己的声音，这个团队很难发展壮大。美国作家房龙在《宽容》一书中，论述了自基督教创建以来西方历史上各个时期基督教不同教义和流派之间的争夺与屠杀，那种血腥的场景，让房龙呼吁：人类世界应该多一些宽容。不同教义、不同流派的基督教之间应该互相宽容，彼此共生，这才是宗教信仰真正的目的。唯其如此，人类才能构建一个真正理想和谐的局面。一个团队，无论是集体，还是个人，都应该具备宽容的美德，允许与众不同的个性存在。一所学校，教师与教师之间对个性的包容，才会形成团队强大的文化力量。新东方教育集团总裁俞敏洪谈到一次选拔人才的故事：一个着装奇异、外表看似随随便便的小伙子来应聘，第一眼目睹小伙子的形象时，他心里"咯登"了一下，但在与小伙子交流一阵后，他却发现这是一个思想前卫、很有创意的小伙子，而新东方正好需要这样的人才。于是，小伙子留在了新东方。上班后，小伙子仍保持自己外在形象的本色，但新东方团队以包容的形态接纳了他。俞敏洪认为：正是因为新东方一直注重个性教师的选拔，所以新东方才会有源源不断的活水。当学校团队允许异己的声音存在，团队的每位教师便会感觉在团队内有尽情呼吸的自由和心灵舒展的快乐。允许多元并存的学校团队，让教师对团队产生信任感与归属感。

四、倡导能者为师

"三人行，必有我师。"孔子在两千多年前就指出：一个三人的团队，其中必定有我们的老师。如果我们能够怀着谦虚的态度，向身边的人学习，那么，我们的知识水平与能力便会不断增长。随着社会的日新月异，知识经济时代的到来，教师，作为塑造人类灵魂的工程师，其知识与能力水平必须不断地与时俱进，才能够跟得上时代的步伐。因此，教师必须养成爱学习的习惯。学习的途径多种多样，但是，向身边的同事学习，是教师不可忽视的学习渠道。

在学校，总是有一部分老师因为努力学习、勤于思考、敢于开拓、积极进取，从而在教育教学水平与能力上处于领先水平。学校群体如何对待这样一些优秀教师，直接决定学校群体教师教育教学的风貌。"木秀于林，风必摧之。"在某些学校，教育教学水平高超的教师不但得不到重视，还可能受到领导与教师的排挤，教师积极工作，认真钻研，反倒被同事讥讽为"傻瓜"、"不识时务"、"书呆子"等。更有甚者，有些优秀教师在学校被领导与同事孤立，看不到出路，找不到方向。教师本人因此而困惑，迷惘，继而绝望，随波逐流。

学校要倡导能者为师，为优秀教师提供学习与展示的机会，在评优、晋级、职称评定等诸多方面向优秀教师倾斜。一位优秀教师在无论干什么都论资排辈的学校是没有市场的，一个优秀教师在一所专讲人情关系的学校也是没有市场的。一所学校要想得到发展，必须形成能者上、庸者下的局面，让能干的教师有奔头，有盼头，有想头，全体教师才会有学习的榜样，追求的目标，努力的方向。

有些学校为了给教师提供学习与展示的机会，改革例会形式，有的开设"教师讲坛"，让有经验的教师在"教师讲坛"上分享教育教学经验与智慧，讲述教育故事与真情；有的在例会上设置"一周教育新闻"、"艺术欣赏"等专题，让有专长的教师充分发挥自己的专长，给全体教师做相关学科培训，开阔教师的视野，增长教师的见识。

有的学校为了激发优秀教师的工作激情与动力，制定了相关激励措施，如在校内设立"学科带头人"，建立骨干教师考核评优制度，成立"名师工作室"，制定"课题研究管理办法"，这些制度与激励措施给教师的专业成长提供了平台，使优秀教师的工作积极性得到保障。

学校拥有了名师与骨干教师，并充分保障名师与骨干教师的权益，使名师与骨干教师成为学校的领跑者与引路人，学校教师就有了前进的方向与动力，就会不断地追求教育教学的理想境界，人人争当优秀教师。

思考题：

1. 如何理解现代教育需要合力？怎样增强现代教育的合力？

2. 为什么需要家校合作？怎样进行家校合作？

3. 教师与教师之间如何加强团结与协作？

4. 对待一个学习困难的学生，教师如何让他健康成长？

5. 一个教师很有才华，但非常自负，与同事关系紧张，学校该不该重用他？

第七章
教师人格的自我发展

　　评价一名教师优秀与否有许多标准，知识渊博、善于组织教学、热爱学生、培养了著名的弟子、所带班级升学率高等等，都可以算其中之一，但都不全面。从古今中外的例子来看，无论是孔子还是蔡元培，无论是朱熹还是陶行知，无论是苏格拉底还是裴斯泰洛齐，抑或是苏霍姆林斯基，他们作为伟大的教育者，无一例外都是建立在一个基础之上——高尚的人格，是高尚的人格使他们不朽。

　　教育不同于其他任何事业，它是培养人、塑造人的伟大工程，在这个伟大工程中，"一切教育行为都应建立在教师人格的基础上。因为只有从教师人格的活的源泉中才能涌现出教育的力量，任何规章制度，任何人为的机关，无论设想得如何巧妙，都不能代替教育事业中教师人格的作用"（乌申斯基语）。

　　今天，我们同样需要教师人格作用的发挥，问题在于，我们需要怎样的教师人格？继承传统，又超越传统，树立新时代健全教师人格形象，无疑乃是当下师德建设的要义。

师者，人之模范也。

——扬　雄

典型案例
DIANXINGANLI

有位老师在介绍自己的教育经验时说：她新到一所小学当班主任，发现这个班的同学在早读时间很吵闹，而且迟到的很多。开始，她用批评干涉的方法试图改变，一周的实践证明了这种方法的徒劳。新的一周开始，当同学们走进教室时，发现班主任端坐在讲台前，不再干涉他们，而是旁若无人、声情并茂地朗读自己喜爱的作品。同学们好奇地围在老师周围一探究竟，很快，一些同学被老师朗读的作品吸引，一些同学则回到自己的座位，拿出了课本和自己喜爱的东西。一个月以后，班上再也没有迟到的学生，教室里响起的是老师和同学们共同的读书声。

点评

身教胜于言教，这是一个教育真理。案例中的老师想让孩子们变得更好，她选择采用的方式是让自己变得更好，让自己更积极、更温和、更热爱美好的事物，由此不知不觉带动孩子们的积极、热情与温和。所以，成为一名好教师的根本方法，就是积极发展自我，完善德性人格，使自己成为学生的示范。教师要为人师表，首先要塑造健康自我，即要懂生活，会工作，保持健康，还要不断完善社会人格、职业人格和心理品格，从而分别实现教师职业与社会认同的和谐、教师与学生的和谐以及教师自身身心的和谐。

第一节　教师人格的示范：身教胜于言教

我们从事的教书育人工作，育人的意义更大于教学，人格塑造的意义更大于知识的传授。我们不光是要教学生明理、求知，我们还要教学生做人，我们不光是把知识传授给学生的"教书匠"，我们还是"人类灵魂的工程师"。仅仅拥有知识和技能完成不了塑造一个人的重任，我们需要用"一个灵魂唤醒另一个灵魂"（雅斯尔贝斯语），用人格去塑造人格。毫不夸张地说，不具备高尚的人格难以成为名师，而没有健全的人格根本就无资格被称为教师。

教师的人格示范在学生人格的培养过程中起着不可替代的作用。而教师的人格示范，归根结底就是为人师表的范畴。

一、为人师表的历史内涵

人们谈到的"师表"一词并不是我们这个时代的原创，而是自古有之。天下教师的楷模孔子就曾被康熙皇帝尊称为"万世师表"。那么，这个词到底出现在哪个时期呢？"师表"在古代蕴含的意义跟当代有什么不同呢？

据有关学者考证，"师表"一词最早出现于《史记·太史公自序》："国有贤相良将，民之师表也。"这句话的意思是：国家的贤相良将，是民众的表率。在这里，我们可以捕捉到三点信息。第一，这句话中的"师表"是表率、榜样的意思，跟现代的意思较为接近。第二，它形容的对象不是教师，而是"相"和"将"，也就是官员。这说明在古代，师表不光是对教师的要求，也是对官员的要求。这主要是受西周学在官府、官师不分政策的影响。第三，只有做到了"贤"和"良"，才能成为民众的师表，"贤"针对的是才能，"良"针对的是品行。也就是说，古代为人师表主要看重"德"和"才"两部分内容，为人师表者必须德才兼备，既要做"经"师，又要做"人"师。同样的论述在汉代著作《韩诗外传》中也有体现："智如泉涌，行可以为表仪者，人师也。"宋代学者袁采在《袁氏世范》里说的"己之才学为人所尊，乃可诲人以进修之要；己之性行为人所重，乃可诲人以操履之详"，也是这个意思。①

古代为人师表的具体内涵是什么？我们认为，至少有以下几点内容：

学而不厌，知识广博。万世师表孔子在学习方面为后世作出了表率。他勤奋好学，"十有五而志于学"，"学如不及，唯恐失之"，"发愤忘食，乐而忘忧，不知老之将至"，终身都在孜孜不倦地学习，真正做到了"学而不厌"。他虚心向学，学无常师，认为"三人行必有我师焉，择其善者而从之。其不善而改之"。他有很好的学习策略，对于经典，他反复阅读，"读《易》，韦编三绝"。他学习不光是为了提高自己，更是为了促进教学，"默而识之，学而不厌，诲人不倦"。他相信勤学能补拙，即使并非天生有才，也可以通过学习成人成才，"我非生而知之者，好古，敏以求知"。他对自己终身勤奋刻苦学习非常自豪，"十室之邑，必有忠信如丘者焉，不如丘之好学也"。他通过刻苦学习，掌握了扎实的知识基础，在教学上循循善诱，做到了游刃有余。他的好学、博才不但得到了同时代人的称颂（"大哉孔子，博学而无所成名。"），也得到了后世人的敬重。

---

① 袁采. 袁氏世范［M］. 安徽：黄山书社，2007. 571.

链接 LIAN JIE

读《论语》我们可以知道，孔门弟子向孔子问了无数个问题，涉及道德、言行、文学、艺术、政治等各个领域，很多问题都问得非常有深度，有的甚至非常刁钻，而孔子都能作出很好的回答。如子贡曾经问孔子"有没有一个字能让我们终身奉行？"（有一言而可以终生行之者乎？）。这是个很难回答的问题。而孔当即答道："其恕乎？己所不欲，勿施于人。"这句话至今仍然可以作为处理国际之间、人与人之间关系的黄金法则。不光如此，孔子还能根据不同学生的特点，对同一个问题作出不同的解答。比如对于"仁"，孔子就有"里仁为美。择不处仁，焉得知"、"苟志于仁矣，无恶也"、"唯仁者能好人，能恶人"、"好仁者，无以尚之"等多种解答。如果不是靠长期勤奋学习打下全面而扎实的知识基础，孔子很难应付上千弟子提出的各种各样的问题。

全面发展。 韩愈在《师说》里提出了"术业有专攻"的观点，但他所说的专攻并不是"独"攻一门、只"攻"一门。韩愈自己思想跨儒道两家，诗文皆长。而孔子的全面发展更为后世作出了表率。孔子虽是儒者，却文武兼治，非常精通射御之术，他还将射御作为所开课程之一。同时，他对艺术也非常痴迷，论语记载，他听韶乐，可以三个月不知肉味。可以这样说，孔子就是个德智体美全面发展的典范。

熟练的从教技能。 儒家经典《学记》对教学技巧进行了详细的归类，认为"大学之法"要做到"豫"、"时"、"孙"、"摩"，"豫"即注重预防，"时"即及时施教，"孙"即循序渐进，"摩"即学习观摩；"君子之教"在于善于"晓喻"，能做到"道而弗牵，强而弗抑，开而弗达。道而弗牵则和，强而弗抑则易，开而弗达则思。和易以思，可谓善喻矣"（引导学生而不是牵着走，勉励学生而不加以抑制，启发学生而不告诉现成的结论，这样才能发挥学生的主体性，自主去学习、思考）。《学记》的这些教育思想放在当代仍不过时。中国古代教育家、教育活动家们在教学中，很多都会采用非常熟练的教学技巧。如孔子擅长启发诱导，墨子善于"强说人"，主动施教。明代致力于民间的讲学的罗洪先、韩贞等人也长于教学，能够用非常生动的方法将高深的知识教给目不识丁的市井布衣、愚夫愚妇。文载有农夫问韩贞何为"良心"。"良心"是王阳明学说里的重要概念，要向一个目不识丁的农民解释清楚并非一件容易的事情。韩贞没有直接回答他，而是要对方除去衣物。那农夫脱去了衣服，在脱裤子时止了手，说不好意思再脱下去。韩贞向他解释说，这就是"良心"。这是一次非常形象生动而又非常有效的讲学。正因为有如此通俗易懂的教学方式，所以韩贞的弟子众多，黄宗羲记载"从之游者千余"。

高尚的品格。韩愈主张"道之所存，师之所存也"。实际上，这个观点在他之前的《吕氏春秋》里就已经提到过："故师之教也，不争轻重尊卑贫富，而争於道。"宋人陈文蔚参考了韩愈的说法，阐述道："德无常师，主善为师。善之所在，师之所在也。"这些学者都将教师的德摆在非常重要的位置。《吕氏春秋》从反面谈德行对教师的重要性，提出无品之人不能为师的观点："见权亲势及有富厚者，不论其材，不察其行，驱而教之，阿而谄之，若恐弗及。"这种趋炎附势的人是没有资格为人师的。王夫之曾谈到一些为人师者"妄说"的弊病："往教之弊，终于妄说。枉己者未有能正人者。""妄说"不仅是教师学业不精的体现，更是师德不够完善的表现，这种为师者也是不称职的。容易令人忽视的是，诲人不倦也是崇高师德的有力体现。孜孜不倦地致力于教育事业，没有高尚的品格、没有强大的奉献精神是不可能做到的。

教学相长。教学相长的观点最早见于《学记》："是故学然后知不足，教然后知困。知不足然后能自反也，知困然后能自强也。故曰教学相长也。"（通过学习之后才知道自己不足的地方，通过教学之后才知道自己困惑的地方。知道自己有不足的地方，然后才能反过来要求自己；知道自己有困惑的地方，然后才能够自强。所以说，教和学是互相促进的。）教学相长给教学增添了更深的意义，在教学相长过程中，教学不光是培养学生的活动，也是教师提高自我的行为。

完善的人格。孔子因"温而厉，威而不猛，恭而安"的人格魅力博得了弟子及后世的爱戴。《吕氏春秋》列举了几种不能当教师的人，即"志气不和，取舍数变，固无恒心，若晏阴喜怒无处；言谈日易，以恣自行；失之在己，不肯自非，愎过自用，不可证移"。这里提到的无恒心、喜怒无常、言谈日易、刚愎自用，都是人格不完善的体现。

以上所举的几个方面，前面三点主要是谈学识和技能，后面四点主要涉及品行。

二、为人师表的时代意蕴

随着时代的发展，社会的进步，传统师表被赋予了新的意义。现代师表的内涵比之古代更为丰富，也更具有时代性。伦理学家罗国杰先生在其主编的《伦理学百科全书》的书中把为人师表的现代内涵概括为五个方面：言行一致、文明礼貌、语言美、仪表端庄、作风正派。[①] 罗国杰先生的观点主要是

---

① 罗国杰. 伦理学百科全书［M］. 长春：吉林人民出版社，1993，234.

从德性方面谈师表。另一种更为社会所接纳的观点是，师表的现代内涵除德性之外，还应涵盖知识、心理和技能因素，即教师应具备坚实的知识基础，高尚的道德品质，良好的身心素质，先进的教育理念，较强的生活、学习和教育技能，能够成为现代社会表率。综合各家观点，我们认为师表的时代内涵包括四个方面的内容：广博的知识，高尚的德行，健康的心理，文雅的举止和端庄的仪表。

广博的知识。知识渊博是师之所以为师的基础，也是我们教师在社会中的理想形象。学高为师，只有拥有丰富的知识储备、完善的专业知识结构，才能成"师"。要使知识更快更好地传授给学生，让学生学得快、记得牢、理解得透，需要教师旁征博引，灵活运用教学技巧，结合打比方、举例子、讲故事等多种方法，这一切都是建立在教师对所教科目有着深层次的了解且知识渊博的基础之上的。一个知识匮乏、死抠教材、照本宣科的教师不但教不好学生，也难以在学生中树立起应有的威信。知识渊博的教师更能得到学生的尊敬与崇拜，教师知识渊博并具有完善的专业知识结构，也是在为学生作榜样，鼓励学生努力学、做一名有学识的人。在信息化时代，知识渊博又体现在学习能力上，新时代教师要有跟上知识更新的脚步、不断充实和完善自己的知识结构的动力；要有在浩瀚如海洋的新知识面前臻别出信息的优劣，遴选出对自己有用的信息的能力。

高尚的德行。德高为师，教师的品行可以作为学生甚至社会的表率和榜样，高尚的品行是为人师表最重要的内容。例数中外那些被世人奉为师之楷模的教育工作者，从孔子到夸美纽斯，从裴斯泰洛齐到苏霍姆林斯基，哪个不是有着崇高的品德？哪个不是因高尚的德行至今为世人称道？在当代，我们同样可以找到很多"德师"感人至深例子。前几年被评为全国模范教师的邹有云和盘振玉，他们一个在大山深处教书育人30多年，一个扎根山区教育事业20多年，他们的故事感动了无数人，他们献身教育的高尚德行为世人树立了楷模。有人可能会说，教育家或山区教育工作者的事例没有代表性，绝大多数教师都是普普通通的人，做着普普通通的事。是的，不是每个教育工作者都可以像孔子那样弟子三千、贤者七十二，成为万世师表；不是每个教育工作者都可以像裴斯泰洛齐那样"自己活得像个乞丐"，只为"让乞丐活得像个人"；也不是每个教育工作者都需要像邹有云、盘振玉那样到大山深处去教书。但是，我们跟这些伟大的人物拥有同样的一个称号——教师。"师者，人之模范也"，拥有高尚的品德，成为世人的模范，是社会对我们的要求，也是我们所选择的职业对我们的要求。我们跟这些伟大的人物一样，从事的都是平凡的教书育人工作，我们是教给学生知识的人，我们也是培育学生德行的人，如果我们自己不拥有德行，不给学生作出表率，那我们又有什么资格去培育学生的德行？学生又怎么会接受我们的教育？我们跟这些伟大的人物一样，面对的都是学生，我们都要爱学生，都需要用自己的真心去爱护学生，用自己真情去呵护他们的心灵，而爱学生，就是我们教师职业道德最重要的体现。我们承认，不是每个人都可以成为教育家、成为伟人，我们跟那些伟大的人物还有很大的差距，但是我们的职业、我们的责任感要求我们必需向他们看齐，不断加强自我德性修养，做一名合格的教师。

健康的心理。 拥有健康心理，是教师从事正常教育教学的保证。近几年，教师心理问题受到了社会广泛关注。教师因严重的心理问题而选择结束自己生命的事情时有发生，如 2012 年 3 月，合肥某职院的一位教师因抑郁症跳楼自杀。2010 年，某高校教师因职位升迁问题自尽的事件更是在社会上引发了不小的振动，因为在别人眼里，他是一名非常优秀的教师，而且还拥有非常幸福的家庭，谁也没想到他心灵会脆弱到如此地步。教师因自身心理不健康而对学生进行过分体罚的事件——如柳州某学校教师用牙签扎学生手臂、浙江温岭幼师虐童事件等——似乎已不是什么新闻了。据有关学者研究，中学教师心理障碍和心理疾病率轻度以上者占 14.9%，中度以上占 0.51%，小学教师稍微好一些，轻度以上占 7.9%。[①] 但这个比例已经非常高了。教师的心理不健康，不光影响了自己的生活，而且还会将负面影响带到课堂上去，给教学、给学生带来了负面影响，甚至会损害学生的心理健康。当然，在生活中，常常会有不顺心的事情影响到自己的情绪，这是很正常的事。但是，我们一定要掌握一定的心理调节方法，使负面心理尽快步入正常。如果自己无法调节，可以向外求助，若比较严重的话，一定要申请暂停授课，等不健康心理调整过来后再回到课堂，千万不要把自己负面心理带到课堂中去。

文雅的举止和端庄的仪表。 仪表端庄，谈吐文雅，这是为人师表的基本表现。前苏联教育家马卡连柯说过："无论对学校教师或其他工作人员，都必须要求衣服整洁，头发和胡子都要弄得像样，鞋袜洁净，双手清洁，不随地吐痰，不抛掷烟头。"教师要以良好的外在形象美感染、熏陶学生，以文雅的谈吐感化、影响学生。着装方面，要做到造型简洁大方、款式线条流畅、色彩单纯和谐、面料质朴典雅，最重要的一点就要符合教师身份，显示出教师的威望与风度，以提高对学生的亲和力。刻意追求新奇前卫、浓妆艳抹，或者古板严肃，老气横秋都是不可取的。在谈吐方面，与学生交流时，应多一点亲切、自然、文雅，注意使用规范、健康的语言，肯定、赞许的语言，幽

---

① 王智，李西营，张大钧. 中国近 20 年心理健康研究述评 [J]. 心理科学，2010，33 (2).

默、生动的语言，决不能是低级庸俗、粗鲁污秽的语言，更不能使用尖酸刻薄侮辱性语言嘲弄辱骂学生，否则会伤害学生，留下终生挥之不去的阴影。值得一提的是，2011年末，广州市教育局颁布了《广州市教师职业道德规范读本》，读本对教师的言行举止、着装都进行了相当严格地规定，读本里包括这样一些准则："在办公室里不要摆家属的照片……"、"适当的修饰眉毛很重要，但不必剃光了再涂得黑黑的"、"全身上下不超过三种颜色"以及袜子的长度要够长等等。此读本在社会上引发了广泛争议。我们认为，规范教师的言行是应该的，但不能矫枉过正，一味的大一统会显得刻板。毕竟这是个追求个性化的时代，多样化才能彰显活力，有个性、有活力的教师更受学生的欢迎。

链接 LIAN JIE

当今大儒唐君毅先生，一生教学著述不辍。从唐先生1932年32岁于南京中央大学哲学系毕业后即任助教算起，直至1978年2月逝世前仍教学不辍，前后46年。唐先生一生的学问是发自生命性情之不容己之情，他对学生的关爱、期盼成才、对后学的提携，以至在讲课时的忘我投入，皆可见其仁者情怀的自然流露。

新亚书院早年的学生，多是1949年后自大陆来港的青年，大部分都是孤身在外，唐先生在节日，尤其是每年农历除夕，便邀请他们到家中吃团圆饭，使他们在节日也多少有家的温暖。新亚书院的学生增多后，便只好轮番每年邀请不同系的学生。叫对于外来留学生，如日本留学生，唐先生每年总有一两次在自己家里招待他们。日本留学生高木桂藏在东京悼念唐先生时，说出自己的感受："唐先生为人非常温厚，予我真正的照料。"

学生林秉权，因由英文系转哲社系，只两年便毕业考试，唐先生恐他程度不够，会成绩不好，也影响了新亚参加中文大学第一届学位试哲学考生的水平，所以请他不要急于参加毕业考试，在校多留一两年，以进修学问。林当时以为唐先生只顾学校声誉而牺牲了他毕业的利益，出言不逊，也着实使唐先生生气。后来他还是考了试毕了业，一天遇到唐先生，唐先生仍是对他毕业后的打算垂询甚详。林同学当时告知唐先生准备在出洋留学前找工作，赚点生活费和路费。唐先生便会同唐师母，随即陪他到当时设在弥敦道恒生银行大厦的中文大学办事处，见当时的中大教务长，为他觅得一份在新亚哲社系办公的文职。可见，唐先生仁者心怀，对学生与晚辈都加以鼓励和扶掖，希望他们都能卓然自立。

——刘国强，由儒家圣贤典范看教师人格 [J] 中国德育，2007.（9）.（节选）

三、为人师表的必要性

苏联教育家苏霍姆林斯基说："学校好比一种精致的乐器，它奏出一种人的和谐的旋律，使之影响每一个学生的心灵——但要奏出这样的旋律，必须把乐器音调准。而这种器乐是靠教师、教育者的人格来调音的。"古今中外对师表的呼唤是一致的。而在我国强调依法治国和以德治国相结合、加强公民思想道德教育的时代，对教师为人师表的呼唤，比任何时代都强烈。

从我们教师自身来说，必须要做到为人师表，有以下几点理由。

为人师表是师之所以为师的前提。著名教育家陶行知曾说过："要学生做的事，教职员躬亲共做；要学生学的知识，教职员躬亲共学；要学生守的规则，教职员躬亲共守。"也就是说，教师要做学生的表率。我们在前文也论述过，教师的主要任务是教书和育人，也就是知识传授和道德培养。要完成这一任务，教师必须在知识上拥有较高的权威，在德行上成为世人的楷模。而这两个要求，也正是为人师表的最基本的要求。所以，我们才可以断言，为人师表，就是师之所以为师的前提。

以身示范是教学的必要手段。我们的教育主要是通过两个基本的手段，言传和身教。平时，我们关注的更多的是言传，因为我们平时讲课、跟学生谈心采取的都是言传的形式，所以有意无意会忽视身教的作用。常言道，身教重于言教。枯燥无味的说教、灌输往往会适得其反，尤其是面对叛逆性格较为明显的学生更是如此，这应该是作为教师的我们都深有体会的。而以身示范却能给学生最直接的刺激，为他们提供学习的榜样，达到很好的教育效果。"身教重于言教"也是有一定的科学根据的：人摄取的外界信息以视觉为最多，占信息总量的83％，而听觉信息仅占11％。也就是说，也许我们在课堂上讲八次才能达到示范一次的效果。我们都知道，体操教练在教授动作的时候，如果只是凭嘴说，即使把动作要领讲上一百遍，学生未必能掌握好。只有在结合教练标准化的动作示范后，学生们才能真正学好。身教在道德培育方面显得尤其重要。心理学家班杜拉用实验证明了，儿童道德行为的源自对大人的模仿。与学生朝夕相处的我们，在无意中就已成了学生模仿的对象。所以在教学过程中，我们要充分利用到身教的作用。例如教育学生不要乱丢果皮纸屑，自己如果做到了不但要把垃圾扔在垃圾桶里，还要把学生乱丢的垃圾拣起来一并扔进垃圾桶里，给在场学生的教育意义远大于说上一百遍"要讲文明讲卫生"的口号。

为人师表也是社会对教师的要求。做到为人师表，教师不光要对学生作出表率，还要对社会作出表率。这一观点我们在本章第一节时略有述及。一方面，无论是在我国还是在西方，师表自古以来对社会的发展和稳定起着重要影响。西周时，政教合一，学在官府，官师一体，官就是师，师就是官。官师的表率起着社会教化的作用。春秋时期，随着中央政权的衰弱，学术开始下移，私学应运而兴。从事传道授业工作的个体要招揽学生，除了在学术思想上有吸引力外，在德行上也要努力作出表率，他们的言行客观上为提高民众素质、矫正民风、维护社会稳定作出了贡献。其中杰出代表就是孔子。明代中后期兴起的私学——讲会也起到过类似的效果，如尊奉王阳明学说的王学讲会。在西方，中世纪时教会垄断教育，牧师和神父承担教书育人工作，这些教会之师的表率有着巩固教会统治的作用。另一方面，当今社会虽然与古代社会大不相同，但师表依然在当代起着广播社会学识、树立道德标杆的作用。可以肯定的是，当今世界最顶尖的科技和最前沿的学术思想大多集中在高校，掌握在教师手里。二战以后，作家很大一部分是教师出身，很多媒体的专栏撰稿人也是由教师兼职。也就是说，教师掌握了当代世界学识的制高点。在道德方面，社会也是以教师为楷模，将教师的表率作为稳定社会的重要途径之一，同时，个人也往往以从师为进学砺德的重要手段，是故教师在道德上所犯在错误在社会上引发的震动往往会高于其他职业。

第二节　教师生活方式:塑造健康自我

教师的人格示范，不仅仅是道德意义上的，更是生活方式层面上的，即教师需要以自身积极健康的生活姿态引领学生，促进学生积极生活方式的养成。在某种意义上，没有教师自身健康的生活方式作基础，就没有健康的教育生活本身。

一、会生活的教师更会育人

一般来说，只有会生活、爱生活的人才能更好地工作，教师也不应该排除在外。然而当今社会却有个不好的现象——喜欢把教师职业抬上神坛。"春蚕至死丝方尽，蜡炬成灰泪始干"这句本来是写爱情的诗，不知从什么时候起，竟屡屡用来形容我们教师，春蚕、蜡烛成了我们的代名词。教师的精神也被简单地概括成"燃烧了自我，照亮了他人"。在一些艺术作品中，或者是小学生所写的作文里，常常有这样一些描写：夜深人静，大家都睡了，唯有老师的窗前明亮，老师还在改作业、备课；老师病了，为了不耽误学生学习，依然托着病体来上课，嘶哑的喉咙不但不影响教学效果，还增加了学生对教师的崇拜之情；为了帮学生补课，老师自己的孩子或其亲人病了都没时间去管……在这种观念下，教师变成了一群不食人间烟火、只会工作不会生活的另类。其实，教师也应该拥有自己的正常生活。

教师应该拥有自己的家庭生活。教师职业不同于其他职业，我们的工作无论在时间上还是空间上都具有不断延伸的性质，我们的工作时空和责任常常会被无限制地扩大，辐射到了生活的各个角落。比如下班后还要找学生谈话、做家访或者接受家长的来访、处理上班期间未处理完的事情、改未改完的作业等等，这些都是我们每天都会遇到的事情，都是我们教师工作的组成部分。但不能因此就说我们不能拥有自己的家庭生活。事实上，很多事业有所成的人都得益于家庭的支持，拥有幸福的家庭生活不仅能够让我们心情愉悦，还能让我们以更积极的态度、更高的热情投入到教书育人中去。这种愉悦的情绪和工作的热情很容易被带到课堂上，进而影响到学生的情绪，影响到他们的学习甚至成长。那些对家庭生活漠不关心的教师，非但得不到来自家庭生活的乐趣，长此以往，必定会影响到家庭的和睦，给自己的工作起到负面作用。

教师应该拥有自己的兴趣爱好。有着广泛兴趣爱好的人往往都是热爱生活的人。作为一名教师，教书育人是我们的天职，但工作并不是我们的全部。我们在要求学生全面发展的时候，自己也可以做一个爱好广泛、全面发展的人。业余时间我们也可以去打球、去跳舞、去旅游、去欣赏文艺作品……培养自己的兴趣爱好不仅丰富了自己的业余生活，还可以培养自己积极向上的生活态度，发展自己的个性，完善自己的人格。这些素质对做好教育工作是非常重要的。教师的全面发展、兴趣广泛可以为学生作表率，鼓励他们也去多方面发展自己的兴趣爱好，做一个全面发展的人，做一个懂得生活、热爱生活的人。有关调查显示，那些有广泛的兴趣爱好、有个性的教师给学生的印象最深，学生受其影响最大。

教师应该养成健康的生活方式。学会生活最重要的一点就是养成健康的生活方式。养成健康的生活方式是高质量生活的重要内容，既是对自己的人生负责，也是促使自己高效率工作的一种手段，同时还是从事教书育人工作的必需。从事教书育人工作，我们的精神面貌、风格体态甚至一言一行都或多或少地会对学生产生一定的影响。而好的精神面貌来自于拥有健康的体魄和豁达的心胸，这两者都取决于健康的生活方式。

高质量的生活，是做好工作的有力支撑。据俄罗斯《共青团真理报》报道，普京总统工作繁忙，哪怕是在休假期间，也要接见政府官员，会见外国客人，进行电话交谈，但他非常重视业余生活，忙里偷闲，休息，锻炼，安排得丰富合理，调剂得有滋有味。在业余时间，普京喜欢读历史和资料性著作，看经济杂志，他的书柜上有佐尔、德拉伊泽尔的著作，据说最喜欢看萨尔德科夫·谢德林的小说；普京总统好像是个"夜猫子"，睡得较晚，早上想多睡一会儿也很难做到，他通常在 7 点半起床（俄罗斯人早上 9 点开始上班），做运动，练一套柔道，游泳（2 公里）；普京喜欢游泳，夏天在索契休假时就在黑海里，冬天则在放入海水的游泳池内游泳，主要是蝶泳和蛙泳。去年夏天，普京又掌握了一项新的水上运动：潜水——当然，是在战斗蛙人严密护卫下进行的；普京还爱滑雪，他想尝试一切运动，包括跳伞，他在间谍学校里受过跳伞训练，但不是特别喜欢这项运动；普京爱划船，驾船，在莫斯科他没有亲自驾过船，但在其他地方，他经常会坐到驾驶座上，当然，旁边还是要有警卫保护，而且不能像以前喜欢的那样高速行驶。普京健康的生活方式让他能以充沛的精力和热情面对紧张的工作。

二、工作让生活富有价值

也许在某些时候，我们会这样问自己：我们教书育人是为了什么？是为了生存？是为了养家糊口？或者，更为简单的目的，为了享受其他职业所没有的一年三个月的假期？这些答案都有道理，都可以成为我们从事教书育人工作的目的，但绝不是唯一目的，更不是终极目的。人生是一个不断追求幸福完满、不断实现自我价值的过程。把教师职业当作一种生存手段的时候，它就只是我们实现自我价值的一种物质基础；只有把教书育人工作当作生活的组成部分，当作是提升自我、完善自我的一种方式的时候，它才能真正成为我们人生理想的一部分。

教书育人工作是一种不断完善自我的生活方式。有人认为，教师的工作不过是备课、上课、改作业，教授一些现成的东西，不断地机械重复，对自身的发展毫无意义可言。其实不然，在教书育人过程中我们同样可以提高自我。在不断改革教学手段和寻求更好更有效的教学方法的过程中，我们培养了自己的创造能力；我们每天面对的学生，是一个个有着不同背景且性格迥异的个体，无论他们如何地不喜欢与人交往，我们都必须去主动与他们打交道、谈心，在这一过程中我们锻炼了自己的人际交往能力；在具体的教学中，我们必须在四十五分钟里流利、清晰、细致地讲完课时内容，无论学生在课堂上提出多么不合理的问题，我们都要能迅速作出令他们满意的解答，在这一过程中，我们锻炼了自己的口才……教书育人工作绝不是毫无意义、毫无创新的重复，而是一门艺术。我们在这一过程中不仅培育了学生，服务了社会，也完善了自己。有个典型的事例是，我国著名物理化学家、前中科院院长卢嘉锡 30 年代时曾兼任某中学的数学教师，有一次一位学生拿了一道看似容易但一时又解不开的题向他请教。这道题有一定的难度，卢嘉锡在图书馆翻阅了众多中外杂志和有关参考资料后，才在最新出版的一本外国杂志上找到这道题的答案。这是该杂志的悬赏题目，是一项最新的研究成果。卢家锡在为学生解答这个问题的过程中，自己也得到了提高。

教书育人工作是一种更有价值的生活方式。从人与动物相区别的层面上来说，人的本质在于社会劳动，故工作最能体现人的本质特征。教书育人体现了我们两方面的价值。首先它为我们的生活提供了物质来源，满足了我们的生存需要，体现了个人价值；另一方面，我们通过教书育人为社会培养了人才，服务了社会，体现了社会价值。在这两种价值的统一中，教书育人工作升华了我们生活的意义，提升了我们的生活价值。

教书育人工作是一种极具幸福感的生活方式。孟子有言："择天下英才教育之，三乐也！"作为教师，我们的很多乐趣都来自于教书育人。当通过自己的努力让学生掌握了最难的那一个知识点的时候，当看到犯错的学生终于认识到自己的错误并改过了的时候，当看到基础差的学生终于取得了进步的时候，当看到一个个懵懂的孩子在自己几年的教育下终于成长为知书达礼的"大人"的时候，当教师节来临时我们收到了来自学生、家长和社会送来的真挚的祝福的时候，我们所获得的幸福体验是其他任何职业都体会不到的。这种幸福体验不仅存在于具体的教学当中，也存在于生活中；不仅影响到自己的工作兴趣，也影响到我们的生活情绪；不仅让我们以更大的热情投入到工作中，也让我们更幸福地享受生活；不仅仅只是一种愉悦情绪的体验，更是自我效能感的实现。

三、以健康自我融入职业生活

工作与生活并不是相冲突的，而是可以相互促进、相互交融的两个客体。工作与生活相互促进的切合点就是把健康自我融入职业生活。

在现实生活中，教师职业更多的是社会外在规范强加的结果，教师成为教学的工具，教学成为一种纯粹的义务和责任。这样的教学只是社会的需要、谋生的工具，而不是教师自己幸福的源泉。因为幸福是行为主体的内在体验，只有与人的内在情感体验相联系的活动才具有坚实的基础和永恒的动力。我们只有从教育实践中真实地体验教师职业的幸福，把教师职业与教育人生统一起来，把健康自我融入职业生活，才能在追求教师职业人生的卓越的同时创造教育人生的幸福。

以健康融入职业生活最重要的一点是要养成健康的生活习惯。世界卫生组织把"合理饮食、戒烟限酒、适当运动、心理平衡"称之为"健康基石"，以下是对这四句话的简单阐释。

合理饮食。合理饮食，简而言之就是一日三餐所提供的营养必须满足人体的生长、发育和各种生理、体力活动的需要。这是关系到个人健康的关键因素。李时珍说过："饮食者，人之命脉也。"一般而言，现代人的饮食结构问题不在于营养不够，而在于营养过剩，故合理搭配各种食物显得尤其重要。

戒烟限酒是养生的一项重要内容。作为教师更是要如此。吸烟的害处世人皆知，因长期熬夜或者工作压力大的人而用烟来提神的行为是不可取的。适量饮酒对身体有好处，但是酗酒却对身体伤害极大，不仅伤胃伤肝，而且对人的大脑有伤害。教师吸烟醉酒不光会影响到正常的教学，还会对学生作出不好的示范。

生命在于运动。教师从事的是脑力活动，教学工作也比较繁重，是故很多教师都会忽视身体锻炼。实际上，健康的体魄、充沛的精力是做好工作的重要前提，两者均来自经常的锻炼。"身体是革命的本钱"，再忙也不要忽视了对身体的锻炼。工作以牺牲身体健康为代价是得不偿失的行为。

心理平衡。教师在心理平衡方面，除了要树立"捧着一颗心来，不带半根草去"教育精神外，还应有豁达的心胸，不冷眼看世界，不斤斤计较，不为虚名浮利伤脑筋，切记知足者常乐。

除以上几点外，养成有规律的作息时间也很重要，少熬夜、三餐按时，为了工作废寝忘食不一定是可取的，有的时候提高工作效率比延长工作时间更加值得人钦佩。

链接 LIAN JIE

国外流行的健康生活习惯

合理饮食。俄罗斯研究人员认为，肉制品的蛋白质会加重某些病症。所以说，在某些情况下少吃肉或不吃肉是保证身体健康的决定性因素。

饭后稍卧。每次进食后全身的血液多流进消化器官以帮助消化。饭后稍卧对消化和血液循环有益，对健康也有益。

挺胸抬头。美国密苏里州大学的医生说："抬起头来将会令你外表年轻一些，而且可以减少患病机会。"当你抬头挺直腰时，胸腔会挺起，肺活量可增加20％到50％，一个人获得较多氧气供应时，身体就不易疲倦。同时，抬头也会减轻腰骨痛。

雨中漫步。欧美一些国家越来越多的人喜欢冒着霏霏细雨，到户外逛街散步。雨落大地可洗涤尘埃、净化空气。雨前残阳照射及细雨初降时所产生的负离子，素有"空气维生素"之称，可营养神经，调整血压。

适当日晒。美国纽约州精神病学会专家说，阳光是一种天然的兴奋剂。最好的提神方法是在晨曦中做 30 分钟的散步或慢跑。因为这可以使身体贮存大量的维生素 D，有助于维护骨骼和牙齿的强健。

骑自行车。英国医学协会的一份调查报告说，骑自行车可以使那些患神经官能症和身体过胖的人变成身心健康的人。

——董小荣：《国外流行的健康生活习惯》，http：//www. jxdaily. net. cn/《嘉兴日报》

第三节　教师人格的自我完善： 心理品格的完善

教师的传统威信很大一程度上是建立在拥有丰富的知识储备基础之上的。虽不能说每位教师都能博学多才，但"术业有专攻"，教师至少在自己所授课的领域应该称得上专家。然而在信息化时代，知识的更新速度快，学生获取信息的渠道多，我们的知识权威受到了挑战。威望是由真、善、美三者组成的一个综合体，当"真"因素开始弱化时，我们必需要在"善"和"美"，也就是在人格上作出相应补偿。

一、社会人格的完善：教师职业与社会认同的和谐

心理学界对人格的定义比较多，不同的心理流派、不同的学者对人格的定义有着不同的阐述，我们比较赞同的一种观点是：人格是"构成一个人的思想、情感及行为的特有统合模式，这个独特模式包含了一个人区别于他人的稳定而统一的心理品质"，人格的结构比较复杂，主要包括气质、性格、认知风格、自我调控等方面[①]。教师人格指的是教师群体共有的心理特征，它是教师在教育活动中表现出的气质、性格、认知风格和行为模式等。

人格是个历史性、社会性的范畴。教师人格必须把握其社会性特征。我们认为，创新品质、自由人格、合作精神是教师人格必须具备的社会性特征。

创新品质。 创新品质是当今时代的要求。随着信息技术的高速发展，全

---

① 彭聃龄. 普通心理学 [M]. 北京：北京师范大学出版社. 2001，5.

球化的进一步推进，国与国之间的竞争日趋激烈。激烈的国际竞争归根结底是科技和人才的竞争。而科技的竞争，实际上就是科技创新的竞争；人才的竞争，实际上就是创新人才的竞争。二战后，美国的综合国力迅速增强，在冷战结束后成为唯一的超级大国，其科学技术傲视全球，遥遥领先其他国家。科技实力雄厚与美国超强的科技创新能力有关。美国拥有微软、英特尔、苹果、谷歌等高科技公司和雅虎、推特、脸谱等强大的网络公司，它们的创新每天都在改变着世界的面貌。这些公司的崛起，又基于美国庞大的创新人才群体。截至 2011 年，美国共有 333 人获诺贝尔奖，几乎是其他所有国家的总和。一个国家、一个民族没有创新精神，只会处于落后地位。众所周知，现在风靡全球的苹果手机，绝大部分原件产自中国台湾的富士康公司，一台苹果手机售价四五千元人民币，而富士康只拿到区区七十元人民币不到。科技创新的价值可见一斑。作为教师，同样也需要具备创新品格，只有具备创新品质，才能不断创新教学方式方法，做好教学；才能不断提高研究能力，具备更好的科学素养；才能更好地完成教书育人工作，培养具有批判意识、创新能力的人才。

自由人格。自由和民主是世界人民共同追求的普世价值，自由是促进人类进步的最伟大的源动力之一，自由的灵魂是独立人格的本质属性。坚持自由人格，就是要摧毁各种根深蒂固的不平等观念、依附和遵从于权威观念、弱化个人主体意识观念和矮化自我人格观念，充分显示个体对自身人格的自主性、能动性和创造性，进而成为自由的人。作为现代社会的一员，追求自由的人格，是我们教师实现自我的重要途径，用自己的自由人格去感化受教育者，为社会培养自由、独立的人，是时代交给我们的神圣使命。

合作精神。常有人说："一个中国人是条龙，一群中国人是条虫。"此话虽然夸张，却反映了我们合作精神缺乏的现实。历来，我们都是对合作精神强调得少，对个人英雄主义强调得多。千里走单骑、独捣虎穴、独擒贼首、单枪匹马战十万大军是我们反复传颂的主题。实际上，合作精神比单干更具时代意义。从人类的本质来看，人是群体性动物，在原始社会，合作是原始人战胜猛兽以获得生存的必然选择。从时代背景来看，二战特别是冷战以后，国与国之间的关系开始由对抗逐渐走向合作，各种合作形式层出不穷。有双方合作，如中俄战略伙伴关系的建立；有地区性合作，如欧盟、亚太经合组织；有全球性合作，如货币基金组织、联合国。加强合作是历史发展的潮流。在我们身边，合作也无处不在，经商有商业伙伴，科研有科研团队，办学有校际合作，教学有教研组，课堂上我们与学生之间也需要合作，否则教学无法继续。

二、职业人格的完善：教师与学生关系中的和谐

我们从事的教书育人工作，育人的意义更大于教学，人格塑造的意义更大于知识的传授。我们不光是要教学生明理、求知，我们还要教学生做人，我们不光是把知识传授给学生的"教书匠"，我们还是"人类灵魂的工程师"。仅仅拥有知识和技能是完成不了塑造一个人的重任的，我们需要用"一个灵魂唤醒另一个灵魂"（雅斯尔贝斯语），用人格去塑造人格。毫不夸张地说，不具备高尚的人格难以成为名师，而没有健全的人格根本就无资格被称为教师。教师的人格示范在学生人格的培养过程中起着不可替代的作用。

从教师职业角度来讲，我们认为教师人格可分为三个层面：

经师人格。所谓经师人格，就是教师在从事教学工作时所必须的人格。教学是教师最重要的任务之一，也是教师最基本的工作之一。俗话说，巧妇难为无米之炊，做好教学工作，养成经师人格，首先需要拥有扎实的知识储备。特别是在知识日新月异、更新极快的时代，我们更是要有着强烈的求知欲，牢固树立终身教育理念，通过学而不厌的态度，储备广博的知识。其次，养成经师人格，还要掌握熟练的教学技巧。拥有再丰富的知识，没有好教学技巧，也很难将其传授出去。美国著名教育家杜威学跨哲学、教育学、心理学三界，一生著作等身，但他的课非常晦涩，很难说他的学生对他思想的理解有多少是来自于他的授课，又有多少是来自于自学。杜威面对的是美国顶极大学的学生，尚且如此，若我们在中小学课堂上不善于运用各种技巧、循循善诱的话，就更难以实现预期的教学效果。再次，经师人格还包括良好的沟通能力。好的教学很大程度上是一种对话活动，这就要求教师要掌握较强的沟通能力，努力做到与学生的无障碍交流。

人师人格。人师人格主要是指作为教师必须具备的最基本的人格素养，包括广泛的兴趣、开朗的性格、坚强的意志、健康的情绪。有关调查显示，各种不良心理、尤其是职业倦怠是很多教师面对的顽疾。2005年教师节前夕，中国教师职业压力和心理健康调查发布结果：82.2%的被调查教师感觉压力大，近30%的被调查教师存在严重的工作倦怠，近90%存在一定的工作倦怠，超过60%的被调查教师对工作不满意。2006年，可锐职业顾问调研中心对北京、上海、广州、深圳四地共600名教师进行了一项问卷调查，结果同样令人触目惊心：认为自身存在比较严重的职业倦怠的教师占27%，"有一些"的占36%，"偶尔倦怠"的为37%。职业倦怠所带来的消极情绪很容易会被教师带到教育教学中去，它会使我们消极地对待教学，备课敷衍了事，上课无精打采，教学照本宣科，对学生无感情，甚至把学生当作发泄对象。

这些行为都会严重地影响到我们的教学质量。应对职业倦怠，需要我们适时调整自己的期望目标，用较为合理的方式宣泄自己的不良情绪（如培养广泛的兴趣爱好、多参加体育锻炼），培养开朗的性格，形成坚强的意志，每天都能保持健康的情绪，使自己的人格更有魅力。教育活动能否达到很好的教育效果，受教育者对教育者的认同起着很重要的作用。教师具有人格魅力，其教育活动更容易达到效果。

良师人格。良师人格，就是作为一名优秀的教师应该具备的人格。优秀的教师，必定具备仁者之心，爱学生，关心学生；必定有高度的责任感，对学生、对社会、对教育事业负好责；必定能做到公正，心无偏颇，有教无类；必定宽容，能够包容学生的缺点和错误，哪怕是调皮捣蛋学生对教师做出的不敬行为；必定有较强的自律能力，道德高尚，为学生、社会之楷模。良师人格，社会对教师的期望人格，每一位教师，应该也以此为准绳，努力完善自身人格。

链接 LIAN JIE

荣格讲述过一个小女孩的故事。这个小女孩曾几个月因低烧不退而不能上学，可又找不到发烧的原因。她的父母感情不睦，希望离婚，但又下不了决心，他们深信孩子对此一无所知，因此不会以任何方式让她痛苦。然而，孩子的几个梦却显示，她对家里的处境已经有所意识，她说，每次爸爸一出门（因公出差），她就害怕他再也不会回来了。她还发现，这时候妈妈反而有些快乐，这对夫妇终于明白，是他们听任自己的问题悬而未决使孩子受了苦，他们应当要么和睦相处，要么分开。他们选择了分开，并对孩子解释说，他们俩并不是彻底分开，只是将要各有一套住房。尽管这种安排远非理想，但是孩子却从恐惧与朦朦胧胧的直觉中解放出来了。

荣格声称，一个稳定的家庭里的成员会以惊人的方式显示出一些类似的反映。当一位家庭成员重复另一位成员的意见，或者表达全家共同的兴趣或厌恶时，这种一致性尤为明显。荣格认为这是父母与孩子之间无意识的相互影响尤其是父母对孩子无意识影响的结果；父母的人格会在孩子的性格形成方面产生出比任何说教都要巨大的效果，这就是所谓的"言传不如身教"。

"言传不如身教"，这并非一种新思想，它是现代水平的认识对古老智慧的进一步证实。为人父母者，尤其是那些认为自己的孩子"适应不良"的父母，应当深入反省自己生活的各个方面并作相应的调整。荣格认为，未曾认识到的影响要比已认识到的影响可能要大得多。

儿童进入教育机构后，教师替代了家长的职能，儿童处于教师的人格影响之中，这种相互关系要比一切教育手段都重要。如果教师与儿童的关系处理不当，儿童的学习能力就会不断受到束缚。教师如果希望自己实现教书育人的天职，希望帮助儿童成长为身心健康、全面发展的人，那么他必须有一个健全的人格。任何说教，任何原则，任何高明的技巧，任何机械的帮助都无法替代健全的高尚的人格。正因为如此，教师应当加强修养、不断认识自己，应当避免把自己的不良情绪投射在他们负有责任的受教育者身上。

——刘晓东. 儿童教育新论［M］南京：江苏教育出版社，2008. 133—134 页

三、心理品格的完善：教师自身身心的和谐

在上文中我们提到，教师人格有很多方面，各方面都有着不同的要求。面对人格要求的多面性，教师一定要做好协调，实现自身身心的和谐。

要做到理性人格与情感人格的统一。理性情感是知识方面的，即真、知。情感人格是指情、意、善、美四个方面。在这个知识多得只能用"爆炸"来形容的时代，知识的更新搭上了高速列车，日新月异，更迭速度超出了任何人的想象。我们面对的学生再也不是只能从教师、书本上获得知识的懵懂小孩，而是拥有多种信息获取渠道的"信息时代公民"，他们可以很容易而且非常迅速地从互联网、电视、报纸、收音机甚至电子游戏中掌握一些最新的信息。在信息化时代，我们传统的"知识化身"的地位开始动摇。当教师垄断知识的"霸权"开始受到挑战时，教师一方面要不断学习，不断充电，以便把握时代的脉搏，掌握最新的知识，另一方面，还需要开发其他资源来增大自身感染力、影响力、吸引力。当真、知的色彩变淡时，我们就应该进一步挖掘情、意、善、美，发挥情感人格魅力在教育活动中的力量，努力做到理性人格与情感人格的统一。

要做到理想人格与现实人格的统一。从古至今，教师职业都会带上理想的光环。无论是在正式的宣传中还是在人们的心目中，教师常常会与"知识的化身"、"道德的楷模"和"人格的榜样"这些概念划上等号。我们最初走向教师岗位时往往也会带着一些理想化的观念，园丁、蜡烛、春蚕、人梯这些带着崇高意义的比喻会放在我们头上。一名教师道德的沦丧在社会上引起的反响程度远大于其他职业。"学高为师，身正为范"、"学为人师，行为世范"等都是我们教师耳熟能详的一些句子，这不仅仅是社会对教师职业的尊敬，同时也是对我们的一种期望，一种要求。从现实意义上来说，教师首先是作为普通人存在的，都是有缺点的个体，即使通过终身不断地努力也不可能达到尽善尽美的人格状态。伟大的教育家孔子虽被后世尊为"圣人"、"至

圣先师"，仍然有不完美的地方，更何况我们普通教师呢？在社会的完美期待与我们人格不完美的冲突中，我们被抛在一个尴尬的夹缝中。日本教育家小原国芳认为，教师是没有物质实惠的神圣事业，在理想层面上我们应该是这样。在现实层面上，我们首先是作为一个人存在于世界上，然后才是教师。我们并非不食人间烟火，我们也有七情六欲，我们也有物质需要，我们也渴望有好的发展空间，我们也期望自己的劳动能得到社会更多的认可。我们敬业，但我们又不可能为了"业"而牺牲全部其他的东西。

理想人格与现实人格最好的切合点，就是为人师表。为人师表是教师理想人格在现实中的体现，是具有现实可操作性的理想人格，它促使教师严格要求自己，在仪表、言语、体态等多个方面都力求做到符合教师身份，做到学生的良师益友；指导教师正确协调各方面的利益，合理处理社会需求与个人需要、学生发展与自我发展、教育生活与家庭生活等方面的关系；激励教师积极主动、高质量地完成教育任务，为社会培养优秀的人才。在践行师表过程中，不断由现实人格朝着理想人格迈进。

思考题：

1. 比较为人师表的历史内涵与时代意蕴的异同。

2. 请谈谈你对教师职业倦怠的看法，并就教师如何克服职业倦怠提出你的设想。

3. 请结合自身实际，谈谈如何做到教师理想人格与现实人格的统一。

第八章
教师职业人生的完整与幸福

　　师德不仅是教师职业行为的基本规范，更是作为道德实践主体的教师的一种职业品性。作为一种内在的职业品性，师德修养首先是与教育活动紧密相连的一种利己而利人的心灵活动——由心灵活动品质的提升而提升教师自身生命的质量，继而提升教育行为的品质，提升教育的质量。全部的心灵活动表现为一种对教育实践活动过程及结果的理解、领悟，以及由此产生（或伴生）的态度、情感体验和价值观：随着对教育实践活动的理解和领悟的加深，教师会深入对教育活动意义的把握，并将教育活动的意义与自身生命的价值融合在一起，从教师职业中获得生命的充实、和谐、完满的生命状态，享受职业之乐。这种心灵活动的基本路径是敬业——悟业——乐业，"敬业"是师德修养的起点，"悟业"是师德修养的根本，"乐业"是师德修养的归宿，也即敬业、悟业最终表现为乐业。

　　乐业的过程又体现为三大关键词：欣赏、创造和自我提升。即欣赏学生生命的发展，欣赏教育活动对学生的促进，进而欣赏自己的教育人生，使职业成为一种享受，并在享受中创造自己的教育行动，进而创造自己的教育人生，并在欣赏与创造中获得生命意义和生命境界的自我提升，最终使教师走向职业人生的完整与幸福。

凡一件职业，总有许多层累、曲折，倘能身入其中，看它变化、进展的状态，最为亲切有味。

——梁启超：《敬业与乐业》

典型案例
DIANXINGANLI

一位教师的职业感受摘录：

我是一名人民教师。曾经的我也为这样的职业骄傲自豪过；曾经的我站在讲台上也是那样地从容与自信；曾经的我也是怀着一颗炽热的心去对待每一名学生；曾经的我认为，我对教书怀有一种激情，一种热爱，一份耐心，我相信能一直成为学生热爱的好老师。但现在，我却发现错了，却不知错在哪里。

过去的点点滴滴却像泉水一样流过我的每一根血管，在轻轻敲着键盘的同时变成了忧伤的文字。我清楚地记得，有一名坐在教室中间的女生没有认真地抄笔记，而是专心致志地织着一个围巾，快要下课时我才发现，一时愕然，不知该用什么语言去批评她。以前一批评到她，她就蛮不讲理地跟我顶嘴，扰得整个课堂乱了套。正想着，流动的空气把悦耳的铃声传到了教室。教室一下骚动起来，学生们兴奋地奔向食堂，织围巾的女生也一瞬间消失在我的视线里。这件事情留下的只有我的回忆与叹息。

现在的学生喜欢看电影，全体学生一次次强烈要求，最后我招架不住，勉强答应了他们看电影的要求。那天正好要交作业。以前的作业只有一大部分同学能交上来，而那天差不多所有的都交了。我走到一名不是很听话的学生面前，表扬他交了作业，他对我说："这是张门票，看电影的门票。"我惊讶地说不出话来。突然之间我觉得心好凉，尽管这是一个夏天。我真想对他说："孩子，你现在要争取得到的门票是明年进大学的门票，那是你父母的期望啊！在你一生中你可以看无数场电影，但青春只有一次，错过了，再也不会回来。"又是再熟悉不过的音乐把我从沉思中拉了回来，而这名学生又蒙着头大睡起来。为了能够看电影，才交一次作业，我想起来觉得可笑，又不禁为自己为他们的父母感到心酸。他们的父母此时可能还在烈日炎炎下辛苦地在田里劳动，他们的父母此时可能还在一个陌生的城市里奔波。孩子，你们能理解父母吗？他们最希望的是你们能够在学校学到很多知识，将来有更好的生活，而不是像他们一样。学生连他们亲爱的父母都不能理解，更何况他们的老师呢？

这样的次数不是一次两次，经历多了，也就习惯了。但突然发现自己再也快乐不起来，再也轻松不起来，心里压着的是失望，是无尽的伤感。这个时候，难免会怀疑自己选错了。我已经无法找到从前的自我，那个怀着满腔热血的我，教书育人应该是快乐的，而我却好像掉进了一个黑黑的洞里，努力着想要爬起来，却全身没有力气，挣扎了很久，已经身心疲惫。还有的教师（高校教师和重点学校教师除外）拿最少的钱任劳任怨地工作，可骂名最多，社会地位最低，教师既不是物质上的富有者，现在连精神上正常的名誉都得不到，教师没有一点光荣感。农民工都能得到社会的同情，可教师呢，除了骂声还是骂声。我只能对自己说，如果有来生，下辈子我不想再做老师。如果能有机会，我真想跳出来。突然想起一句话：围在里面的人想出来，在外边的人想进去。肯定还会有很多人会走上教书育人这条人生路的，他们也会和我一样，在初登讲台的时候，心中装着的是激情，是梦想，后来的故事却不知道是否和我一样。

点评

案例中的教师是一位极其认真负责的老师，却过得并不幸福。因为她敬业，但并不乐业，其原因是她将教育事业看成一项教学生成才的手段，而不是教师与学生共历生命成长、共同创造生命意义的过程。事实上，每位教师都需要在真实复杂的教育生活中经历生命成长，在成长中发现自我，提高专业技能，并在敞开与交往中实现职业生命的完整。这就需要教师学会欣赏学生，学会欣赏教育生活，并学会在面对学生生命世界的丰富性和不确定性时进行创造。教师乐业的根本是生命境界的提升，教师要在师德修养中，发现心灵自我，努力过爱与创造的生活，在成就学生中走向人生完满。

第一节　乐业：促进教师专业发展

各行各业大凡有成就的人都不是"逼"出来的，其工作动力主要来源于工作乐趣以及由此产生的工作热情。教育更是如此。一名优秀的教师，首先必须是一名能从教师职业中感受快乐并且创造快乐的教师。对教师职业的内在兴趣乃是教师专业发展的基础。乐业，即以业为"乐"，乐就是享受、快乐，即能够享受职业生活，从中获得人生的快乐。乐业指向的并不只是职业本身，而是教师自身的生命状态。乐业的根本乃是一种生命境界的提升。如果一个教师在从事教育工作时，能深深地感受到"教育活动对教师来说不仅仅是一种谋生手段，更重要的是它是他们的精神生命赖以生存发展的存在方式"，能够"把他所从事的劳动看作是发挥个人才能的形式，是他参与历史创造的形式，以至个人达到自我完善的境界"，那么他的职业情感将不断走向深化，并将获得专业知识、技能发展的内在动力，更重要的是，其专业发展的品质也将大大提升。

一、乐业是对教师职业生活的自我发现

乐业作为一种职业体验，即从教育这种职业中获得人生的乐趣。梁启超在《敬业与乐业》一文中认为："敬业即是责任心，乐业即是趣味。"教师的职业趣味主要来源于：学生的成长；教育教学活动本身的乐趣。教师正是在学生的成长中，在教育教学活动本身的乐趣中，实现着自身成长，并在成长中发现着自我。

1. 从学生的成长中发现自我。没有比教师职业更能体现人与人（学生）之间的精神交往性质了。一方面，教师通过与学生的交往，可以洞见到人性中的"深度自然"，体悟到大自然体现在人身上的最伟大的秩序和奥秘，还原和唤醒自己身上被某些社会秩序、规则，乃至偏见遮蔽的生命的本色，从而更深刻地发现人和自我；另一方面，教师可以从学生的发展身上或多或少地看到自己的影子，反观和发现自己的人格、气质、旨趣、能力等。

2. 从教育教学活动本身中发现自我。教育教学活动内在的包含两层含义，一是教师与学生的精神交往，二是与以知识为载体的人类文化和以文化为载体的人类的精神世界进行交往。在这种交往中，教师使个人的精神河流融入到人类共通的精神河流中，在不断的精神成人中汲取人类文化的精神养料，成就自我、发现自我。

正是在职业趣味的引导下，教师以积极的心态投入教育工作，在教育活动中会加深对教育的认识与理解，在认识与理解中把握教育活动对社会、他人和自身的意义，在对教育意义的把握与追寻中找到自身的生活价值和生命意义。

随着这种认识与理解不断加深，教师的职业兴趣会上升为一种稳固的职业信念。在职业信念的驱动下，教师实现其职业理想的愿望和追求会更加坚定。教师的职业理想是教师对自我职业生涯的整体规划与追求。这种职业理想使教师对自己的职业有明确的远景规划和奋斗目标，是教师前进的动力。教师在职业理想的驱动下，反过来会使职业兴趣更加稳固，会对未能产生直接兴趣的教育活动或者教育要求产生间接的兴趣，从而抱着一种积极的心态

去从事教育工作，促进教师教育实践中的创造潜能的激发与教师生命状态的充实。

二、乐业促进教师专业知识技能的发展

教师专业化包括教师个体的专业化和教师职业的专业化。教师个体专业化应具备两个基本条件：（1）教师首先是一个终身的学习者，因为"专业"资格不仅需要获得，更需要"维持"；（2）教师还应成为一个研究者、教育实践的反思者，因为教师的教育教学实践知识和经验，是任何理论代替不了的，对实践的反思与研究，是教师专业不可替代的最鲜明标志。

专业化的教师必须具备专业知识。教师的专业知识一般包括三大块，一是通识性知识，即主要提升教师整体素养的知识；二是学科知识，即具有学科特点的各科知识；三是教育科学知识，即促进教师提高教育教学水平的知识。以往的教师似乎精通"教什么"及"怎样教"的专业知识，就可以在此基础上发展专业能力，胜任教师职务。今天的教师还必须具备开阔的视野和开放的知识结构，这种综合的知识结构包括：了解国际上教育发展的新动态，了解学科发展的新趋势，了解现代化的教育教学理念，掌握现代教育技术，将信息技术与课程整合，与教学结合，并且在教育教学中有效运用等。教师要获得这种专业知识，最重要的是培养终身学习的能力，成为学习型教师。只有真正乐业的人，才会不满足于做一个经验型教师，才会从内心深处激发学习的欲望，努力成为一名学习型教师。

学习是一个渐进的过程，靠的是日积月累。教师要成为学习型教师，除具有学习意识外，必须怀着一种对教育的由衷热爱，在繁重的工作之余，乐于挤时间广泛地学习理论知识和其他一切有益于教育教学的知识，并在学习中寻找到积极思考的乐趣。

学习是文火慢功，往往不会立竿见影，尤其是理论学习，一时间不可能立刻改变你的教育行为，提升你的教学水平。余文林在《专业人员如何促进校本教研》中讲到："要知道，理论的价值不单在于操作，理论更重要的价值可以用三句话来概括：精神和气质的熏陶，智慧和思维的启迪，思想和理念的升华"，"所以学习理论不能急功近利"。只有真正乐于教育本身的人，才能静下心来潜心于学习，深刻领悟到条块知识背后"精神和气质的熏陶，智慧和思维的启迪，思想和理念的升华"，才不会为应付上级检查而学习，为评优质课而临阵磨枪式地查资料，为评职称写论文而读书。

学习，特别是理论学习，难免枯燥，但一旦找到了读书的门径，能自己选择性地阅读，并融入到自己的实践经验之中，使学习成为自我职业人生境

界的不断敞开，学习就会变得快乐和充实。反过来，缺少了学习和钻研，直接导致信息和技能的匮乏，不能形成坚定的教育信念和有效的教育技能，从而使自己感到无效能，缺乏进取心，更谈不到创造性地工作，只感到教师工作的平淡和重复，琐碎和无聊，于是得过且过，一直丧失教师职业人生的乐趣，难免厌教情绪的蔓延。这对教师职业人生的发展是致命的伤害。

专业化的教师还必须具备专业能力。专业能力，指的是来自教学实践的能力和经验。教师在实践中积累的经验，也可称之为实践性知识，它以经验形态存在着。实践性知识如果不加以反思和研究，即便经验的范围和内容扩大，也将永远停留在既有经验层次。因此教师专业能力的提高，有赖于对既有实践能力和经验的反思、研究。一个乐业的人，会对自己的课堂教学行为和日常教育行为不断"琢磨"和改进，并在这种琢磨和改进中体验到一种乐趣。在学习型教师的基础上，他将从一名经验型教师向研究型、思想型、专家型教师转变。

链接 LIANJIE

做思想者型的教师[①]

人做事，总有自己为什么这样做的想法，人活在自己的想法和做法中。

有些教师太忙了，忙得几乎没有了自己的想法。当自己的想法越来越少时，教师就变成了一个"行者"，变成一个按照别人的生活方式过日子的人。等要退休了，教师才发现自己为别人活了一辈子。

有的教师也很忙，没有不忙的教师，人们都在忙。如果教师忙里偷闲，抽空坐下来，思考自己除了这样做教师，还可以怎样做并做得更好，这样的教师就成为一个反思型教学者，成为一个思想者，成为一个有思想的人。

有思想的教师从不轻易打发教育中发生的问题，从来不轻易干扰学生的自由生活和自主学习。

有思想的教师总是为自己保留一份"想方设法"地解决问题的心情；有了这份心情，教师就会尽可能地保护、尊重孩子的自由选择和主动发展空间，比如孩子玩"陀螺"或者掷"纸飞机"。

不仅行动，而且思考，这是好老师。

如果将自己怎样行动、怎样思想的故事说给他（她）的邻居听，写给他（她）

---

① 刘良华·做思想者型的教师·人民教育，2003（15）（16）.

的同伴看，这是快乐的老师。

快乐的人，总是让别人分享自己的快乐。

快乐的教师到了要退休的年龄，他（她）会发现是为自己活了一辈子。

三、乐业促进教师职业生活的完整

教师的职业生活，不仅是技能的完善与成熟，更是生命的成长。生命的成长，需要不断与外界取得精神的联系，不断在与学生的交往中走向精神的丰盈。这种精神联系的取得，必须靠教师个体生命的全身心投入和整体浸润。

1. 教师的职业生活：在向世界的敞开中走向完整。个体的生命天生是不完备，有所亏欠，无法自足的。因此要使个体的生命走向完美，就应当使个体的生命向世界敞开。教师在从事教育教学活动的过程中，不断地使自己的生命世界向学生的精神世界敞开，向人类的精神文化世界敞开，在这种敞开中使总是有所亏欠的个体生命和更大的世界相联系，使个体不完备的世界，得以不断走向完满。

2. 教师的职业生活：在自愿自觉中走向完整。乐业使教师的教书育人本着自己的本心出发，使教师的师德遵从成为一种自觉自愿的愉快行为，而不再仅仅出于一种社会责任、良知和理性自觉。这意味着教师从个人生命出发积极认同于教师职业，能发自内心地将教师之爱与智慧投入教师职业生涯之中，并享受教师职业带给教师人生的欢乐与意义，使教师专业成长成为教师人生的自觉。教师的乐业以敬业和悟业为基础，又反过来，由于教师能从职业生涯中找到生命的乐趣而进一步增进了教师的敬业与对职业的领悟，由此而造就教师圆融的职业人生。在这种圆融中，教师将充分地享受到自身生活的幸福与职业人生的完满。

3. 教师的职业生活：在成就学生中成就自身的完整。好的教师的"好"，因学生的"好"而体现，是学生的"好"，成就了教师的"好"，同样的，是学生的完美，成就了教师职业人生的完美。乐业的教师由于能以一种积极的态度从事教育工作，能更深地认识和理解教育活动，把握教育活动过程和结果的意义，因而在同等的专业水平下，他们会用自己的生命去从事教育，用生命点燃生命，用生命启发生命，用人格感染人格。因而学生所获得的，将不仅仅是知识与能力；学生学习的过程将不仅仅是发展的过程，同时也是享受、感悟生命，欣赏生活的过程。如此促成学生生命发展的完美，在学生的这种完美的发展中，成就教师自身职业生活的完美。

第二节 以欣赏、创造促进教师自我提升

教师的自我提升不仅指专业知识和技能的提升，也指专业品质的提升，更指生命意义、生命质量和生命境界的提升。提升的前提是欣赏：欣赏学生，在欣赏中实现教师与学生生命世界的融合；欣赏师生共同参与的教学生活，并在欣赏中实现教师职业与生命的融合。提升的本质是创造，即在教师职业与生命融合，教师与学生生命世界融合的基础上，师生共同在无限敞开的自然、历史、社会文化空间内共同开启新的生命空间，实现自我创新。

一、欣赏学生，走向与学生生命世界的融合

欣赏学生，不仅应欣赏向外显现，能够量化的行为和结果，比如勤奋的学习行为，优异的成绩，而且应欣赏那些不能量化，一纸试卷无法考量的素质，比如好奇心，同情心，博大的胸怀，更应欣赏学生整全的生命世界，特别是作为儿童世界而存在的生命的整全性。这意味着我们不仅应欣赏学生在成长中表现出来的有序性，而且应欣赏那些在成长中表现出来的无序性、欣赏他们的稚嫩，以及那些与我们预期的教育目标似乎不相干的，无法用常规教学过程来框定的鲜活愿望的表达，欣赏他们成长中的全部。这意味着我们应站在儿童的视角欣赏儿童世界，尽可能地用我们心中美好人性的敞开来抵挡承认世界的过早侵袭和成人化的揠苗助长，做儿童世界的保护者，让儿童世界尽可能地保有儿童世界的本色。在教育教学活动中，这种保护集中体现在保护那些似乎不合时宜，与教学目标和进程不相符合的儿童的新奇感、有点小调皮的愿望、带有几分稚嫩的观点、新奇的想法……面对这些，我们往往会感觉到一种焦虑，这种焦虑更多地来于学生的种种行为表现与我们的期许不相吻合，我们称这种与我们的期许不相吻合的行为为幼稚、不成熟、调皮、捣蛋、犯错、违纪等。其实，在很多时候，这些都不是学生的错，而错在我们一味地站在成人世界的立场上考虑问题。只有转换视角，站在儿童的视角上，我们才能欣赏学生在成长过程中出现的种种问题，让儿童因为未完成而显示出来的所谓幼稚呈现出一种"童年之美，不再是教育者焦虑的问题或缺陷"。在教学中，不妨停一停，或者放慢脚步，蹲下身来，侧过耳朵，认真地倾听这种非程式化的，非预设的声音。打破预设的教学程式，实际上就是打破预设的生命程式和走向，触摸那些有限的设计所无法框定的生命因子，

拥抱整个的生命世界。当然这需要"教学勇气"。

《窗边的小豆豆》里的小豆豆小时候是一个调皮捣蛋的小女孩，她有一个不好的习惯，就是上厕所总喜欢往下看，一次上厕所时，因为往下看，把自己最心爱的钱包掉了进去。不管三七二十一，小豆豆拿起勺子就开始掏粪，发誓要找到自己的钱包。上课铃响了也不管不顾地继续掏下去。小豆豆的这种不好习惯当然是要改变的，问题是以什么样的方式来让她自己去改变。一种方式是跑上前去马上制止："你在干什么呀，太危险了！""你没听到上课铃声吗？"这可能是我们许多老师采取的方式，肯定没有教育效果。校长则采取了一种站在小豆豆立场上的方式，当校长路过，看到小豆豆在掏粪，只是问了一下，就走开了，并没有责怪也没有制止。当小豆豆将掏出来的粪便堆成一座小山时，校长仍旧没有责怪她，相反，却把脸靠近小豆豆的面颊，以朋友般的口气说：干完了要把它们都送回原处哦。结果自然是钱包没有找到，小豆豆却改掉了自己上厕所爱往下看的毛病。校长不仅以欣赏的姿态，让小豆豆改变了自己的坏毛病，而且，他一定再一次发现和经历了自己的童年生活。

教师越欣赏学生，就越能从"间接的"、"隐藏的"教育结果或教育影响中感受到自身的劳动价值和生命价值在其中得到了衍生和体现。他会在教育过程中意识到，学生走出校园，"教师的身体可以退出教育过程，精神却永远融入了学生的心灵，滋润着学生的未来生活，他是无法完全从学生那里引退出去的。""在这里，学生的一举一动都反映着教师的影子，学生的生命就是教师的生命，学生的成败深切地牵动着教师的心灵。"[①] 学生的成长就是教师生命的增殖。

二、欣赏教育生活，实现教师职业与自身生命的融合

学生的生命世界更多地在师生双边的教育教学活动中呈现和敞开，欣赏学生的生命世界，自然还应欣赏这种师生共同参与的教育教学活动。

迟艳杰在《教学意味着"生活"》一文中指出："教学不仅仅是学生获得美好生活的途径或手段，也不仅仅是教师谋生的手段，而且，它本身就是学生与教师的一种生活。"当教师"在他努力开启学生的心灵和智慧时，也就是在追求自己有意义的人生。"在开启心智与追求自己有意义的人生之间，有一个纽带，那就是欣赏学生在教学过程中心智和生命的发展。

同样是上课，如果教师是为上课而上课，教师的心就只是在机械地等待，

---

① 刘次林. 幸福教育论［M］. 北京：人民教育出版社，2003：207.

等待学生的回答，等待结果与预设答案的契合。如果我们是以欣赏的姿态进入课堂，上课的同时也在享受上课，我们就能在课堂上尽可能地放松自己，和学生情情相融、心心相印，自然地敞开自己的生命，让生命中的每一个细胞、每一寸肌肤去感受、去触摸、去体认课堂，就可能会产生生命的高峰体验，甚至在课堂上率性而为，和学生一起欢笑、一起流泪、一起沉思、一起震撼。于是，我们就是课、课就是我们，我们和学生一起全然进入一种人课合一的境界。这种境界就是深深的职业幸福感。

同样是备、教、批、改、辅等常规教学工作，出于一种外在规范的驱动，纯粹是为了完成任务和履行某种职责的教师，往往会感觉到这些琐细的工作了无生趣，久而久之会产生职业倦怠。而如果饱含热情和志趣，以一种欣赏的姿态从事这些工作，教师才能在备课时将教材变成其内在素质，在批改作业时充满着对学生真实而鲜活的关怀与期待，他所从事的看似枯燥的工作才会充满生命和意义，才能在成就学生的同时扩展自我，提升自我。

在这个时候，教师会感觉到他的工作过程和他的人生价值实现的过程得到了圆满的融合。他会在这种融合的过程中体会到一种人生的意义和价值，并由此更加发自内心地投入到所从事的工作中去，实现职业活动与人生活动、生命活动的合一。

链接 ①

在教学中，在师生的幸福交融中，双方形成一种直觉的关系，台上的疯疯癫癫，台下的如痴如醉，整个教育超越了理性的古板和语言对意义的分割，形成了一种强有力的情感场和完整的体验。这是一种知情统一，身心统一，个人与群体统一的体验状态。当然这种体验状态既可以是以感性情感为主的"热情奔放"场面，也可以是以理性为主的"条理"、"系统"、"缜密"、"深沉"的理智情感。情感体验的教育方式激发了对知识、对学生或对教师的爱，丰富了师生间的理解，弥补了因语言表达造成的意义缺失，使教育产生出事半功倍的神效。教师忘掉了自己的角色，心无旁骛，意到情随，完全沉浸在心行合一的迷狂状态，举手投足、一言一行都处理得恰如其分，对一切问题都驾轻就熟，对任何变化都应付自如，把一切技能都发挥得淋漓尽致却又浑然不觉。

---

① 刘次林. 幸福教育论 [M]. 北京：人民教育出版社，2003.

三、在欣赏与创造中成就美好教育人生

正是欣赏，使教师得以走进学生的生命世界，用心灵的眼睛"看到"学生生命世界的丰富性和不确定性；正是欣赏，使教师得以用心灵走进其职业生活，洞见教育生活幽微的内在理路。作为一名教师，只有在面对学生生命世界的丰富性和不确定性，进入教育生活幽微的内在理路时，其教育人生的创造性，才不仅成为一种必须，而且成为一种可能。

1. 美好教育人生的创造：基于学生生命世界的丰富性和不确定性

每一个具体的儿童都是生动和丰富的，对于教师而言，任何学生生命世界的细腻走向都具有不可预见性，这意味着学生每天都是新的，这将使师生共同的教育生活具有生生不息的流动性和生成性。这意味着教育活动没有任何固定的技术路线和程式可言。教师只有基于学生生命世界的丰富性和不确定性，从中发现出新来，才能使每天的劳动不至于成为单调重复的简单劳作，才会用心思考每天都必须面对的新世界，借鉴既有经验，又不拘泥于既有经验，从而创造性地开展教育教学工作。

2. 美好教育人生的创造：在生命的敞开中开启生命的无限可能性

每一个具体的儿童又都是未完成的生命个体，作为未完成的个体生命，其成长必然有赖于自身生命向外的敞开，敞开的维度有三：一是自然的维度，二是历史文化的维度，三是社会生活的维度。作为受教育的儿童，其生命向外敞开的重要承载点是课程教材。课程教材的某一个单元或章节，作为无限丰富的自然、历史文化、社会生活资源的截取面，一方面有其相对独立的内在秩序和体系，另一方面，又与无限丰富的自然、历史文化、社会生活资源保持着天然联系。儿童正是以进入课程教材内在秩序和体系的方式，才得以走进与自然、历史文化、社会生活相连的通道中，使自己的生命得以向外拓展，向深开掘，向上提升。

课程教材的内在秩序和体系并非以显明的方式存在于课程教材中，教师只有以欣赏的姿态面对教学过程中的备课行为，才能洞见课程教材的内在秩序和体系，并敏锐地觉察到这种内在秩序与无限丰富的自然、历史文化、社会生活的内在联系。当教师以欣赏的心态由教材的字义表面进入教材的内里，继而由教材内里向外敞开的通道进入更广阔的自然、历史文化、社会生活世界时，教材里隐藏的人类心智，以及由此展开的广阔的自然、历史文化、社会生活世界得以从物化状态流转为鲜活的生命状态，展开与教师的心灵对话。在这种对话中，教材的内容得以拓展：一方面，教材内容融入自然、历史文化、社会生活世界中的新元素；另一方面，教师的心智特别是人格力量以个

性化的方式加注到教材中去。不仅如此，教师在备课中还与学生潜在的生命状态进行着预想式的对话。在对话中，教材的内在秩序和呈现方式得以与预想的学生心理秩序相适应，使教材的呈现方式、内容等得以重组或改造，以教案的形式体现出来。由此备课的过程实质上是教师自主进行课程再开发，再设计的过程，在这种再开发，再设计中，教师的教育人生得以创造。

而当教师以欣赏的心态走进课堂时，学生也加入这种对话中去。由此教学过程的实质是教师，教材、自然、历史文化、社会生活世界，学生之间多向对话的过程。在对话过程中，随着学生潜在的生活经验、潜在的心灵秩序不断地转化为现实的存在，教师预设的教学流程将不断地被修正，课堂教学资源得以不断创造性地生成，正是这样的修正和生成，使教师的教育人生得以进一步被创造。

更重要的是，在教师的引导中，不仅学生在教师那里汲取到生命的甘露，教师也从学生那里汲取心灵的养料。不仅儿童的生命世界得以向外拓展，向深开掘，向上提升，教师自身的生命世界也同样得以向外拓展，向深开掘，向上提升。生命世界的向外拓展，向深开掘，向上提升，是一种最深刻的创造性人生的体现。

第三节　师德修养：走向教师人生的完整与幸福

人生来就是不懈地追求幸福的，这是颠扑不灭的真理。幸福首先应是心灵得到满足的积极的心理感受。幸福还是主观心理体验与客观伦理规定的统一："主观感受"决定一个人是否有幸福；"伦理规定"决定一个人的幸福是否正当和有意义。幸福也是一种追求的状态：一方面向内指向心灵本身，在生命的内在开掘中加深对生命的理解与感悟，在理解中加深对幸福的主观感受。另一方面向外指向他人、国家、社会和宇宙自然，以走向他者的形式不断获得生命的整全性，以使幸福感受受到全面人性的指导，获得幸福的伦理正当性。

指向心灵内部的幸福，需要我们过一种内在的心灵生活，去掉各种外在力量对心灵的牵扯和遮蔽；指向外部世界的幸福，需要我们过一种有爱的生活——唯有爱，才使教师与外界保持一种内在的生命联系，而非物质联系；而不管是指向心灵内部的幸福体验，还是指向外部世界的幸福追求，都需要我们过一种创造的生活——创造是人的内在需求；而生命与外界的联系，需要我们在对外界的创造性把握中通过创造对方而创造自己，通过欣赏被创造者而欣赏自身。

一、加强师德修养，促进教师心灵的自我发现

自我发现，意味着过一种内在的精神生活。物质欲望的膨胀只会遮蔽精神的自我，使我们丧失对幸福生活的感受力——物质的充裕只能满足身体的感官需要，带来的是一时的快乐，而真正的幸福是高层次的精神需求得到满足时的高峰体验，并不必然基于丰盈的物质享乐。我们在物质上也许是清贫乃至清苦的，但在精神上，却是富有的。对教师而言，学生的成长与进步，就是他们辛勤劳动的最好回报，学生的成长与进步，显明着教师自身的人格和力量，也是他们全部付出的价值所在，正是在这种自我力量和价值的发现中，教师感受到一种最大的快乐与幸福。关于此，日本著名教育家小原国芳曾一针见血地指出，教育是没有物质实惠的神圣事业。有物质欲望的人，压根儿就不能成为教育者，他说："我们现在无论如何也要……从浅薄的唯物论、物质主义、现实主义转向真正的自我实现生活，转向第一义的生活，以求再生"。

自我发现，意味着一种自我认同。这种自我认同将使教师从种种外在的功利性评价中超脱出来，从那些琐碎的得失中摆脱出来，不去纠缠于那些以牺牲学生的长远发展，自我的深层次发展为代价的荣誉和名利。这样我们将会减少许多烦恼。这种自我认同还意味着并非将种种正当的外在规范、要求、知识和技能看作是一种对生命的羁绊，而是内化为一种教养。这样才不至于使自我遭受压抑，从而才能在自由的生命舒展中体验到一种真正的幸福。

自我发现，意味着心灵感受力的提升。一个心灵感受能力强的人，不会感叹生活的平淡无奇，反能让其变得引人入胜，并以此为乐、热爱生活；一个心灵感受能力强的人，具有健全的主体意识和合理的内在尺度，能自主地把握自己的人生幸福；一个心灵感受能力强的人，还能从外在的生活中发现滋养心灵的力量，善于发现、创造、享受各种生活境遇中蕴含的意义和幸福。

二、认真践行师德，努力过一种爱与创造的生活

教师人生的完整与幸福，意味着以过内在生活为起点，通过走向学生、国家、社会、宇宙自然的方式，扩大自我，超越自我，获得更深广的幸福体验。但如果当教师面对学生，如同面对一台台机器时，当教师面对内蕴着丰富的自然、人生、社会生活世界的教材时，只看到僵死的知识和枯燥的概念

时，教师与外在世界的联系将被异化为一种物质联系。唯有爱，才使这种联系成为一种生命联系和精神交往。

过一种有爱的生活，核心是爱学生。教师只有以爱的热情施教，才能给学生的心灵以深远的影响。小原国芳说得好："教师的行为必须在精神上具有根本冲动，才能帮助并教育弟子成为名人。"这精神上的根本冲动，就是爱。有了爱的引导，我们对待学生时，就不会有偏差，就能与之平等交流，和谐共进。投之以桃，报之以李，当学生感受到你对他的爱时，他也会以同样的方式来回报你，你就能在师生交往之中获得幸福的回报。

过一种有爱的生活，还应与学生一道，去爱生活、爱知识、爱真理；爱他人，爱国家、爱社会、爱宇宙自然。这种爱，使枯燥的书本知识不再是僵硬的概念，不再是一种心与物的机械联系，而是鲜活为一种流淌着的生命之间的联系：生命的智慧和情感从先哲那里流淌过来，从更深广的历史文化、宇宙自然中流淌过来，流向自我，又从自我流向学生的心灵，流向更深广的生命的存在，流向更广阔的日常生活、家庭生活和社会生活中去。

人的幸福总是同人的创造紧密联系在一起的。创造是人的一种天性，也是人获得幸福、享受幸福的主要源泉。教师的幸福在于常常体验着自身生命创造的喜悦和收获。教师每天用自己的智慧创造着课程。教师每天在创造着一个个生动活泼的教育场景。他时而是出色的导演；时而是巧嘴的导游；时而是交响乐团的指挥家。教师的才华在课堂上可以发挥得波涛起伏、淋漓尽致，他是多么快意和尽兴！教师每天在创造着教育的艺术和技巧。面对每一个富有个性的孩子，他巧妙地施展因材施教的艺术，或与之共舞，或娓娓谈心；面对着千姿百态的教育场景，他设计着一个个与内在生命相互契合的策略。

教师在创造中体验幸福，更多地体现在学生身上。教师所体验的最大幸福是在创造着一个个健康、活泼、智慧的新人，他使自卑的心灵自信起来，他使懦弱的体魄强壮起来，他使狭隘的心胸开阔起来，他使迷茫的眼睛光明起来。他让愚昧走向智慧，他让弱小走向强大。

教师职业是一个创造性的职业。"年年岁岁花相似，岁岁年年人不同"，教师的劳动对象是千千万万活生生的发展中的人，为此，教师须有与时俱进的精神，要有不断创新的能力。苏霍姆林斯基曾这样描述教师的日常工作："就其本来的基础来说，教师的劳动就是一种真正的创造性劳动。"事实也是如此，教师每天都在创造着，教师的职业幸福就融会在每天的创造性的职业生活中。对一个有创造激情的教师来说，每一天的教育生活都是新的，每一个受教育的青年和儿童都是自己研究和进行创造性工作的对象。这当中有无穷的生命成长与生命灵动的奥秘，有无穷的技巧、机智和智慧，有各种各样的联系和规律，它犹如一个博大的世界，是那样的深邃、浩渺，又是那样的迷人。教师职业就是这样一种创造性的、体验幸福的职业。

如果我们故步自封，墨守成规，就很难适应时代的要求，也永远体会不到教师职业生涯的真正幸福。一个具有正确的职业幸福观的教师，就要不断地去创造，不断地去打破常规，与传统和自己挑战。一个具有创新品质与能力的教师，他始终与创新共舞，始终与幸福为伴。

三、成就学生与自我：走向教师人生的完美与幸福

"教师的职业境界有四个层次，一是把教育看成是社会对教师角色的规范，要求；二是把教育看作是出于职业责任的活动；三是出于职业良心；四是把教育活动当做幸福体验。"[①]

把教育活动当作幸福体验的教师，对他们而言教育的过程就是体验自己生命的过程，他们不断地探索，不断地体验，不断地发现，把教育事业融进了自己的生命里！这意味着教育育人的过程就是不断去探求生命的本源，探求人生的究竟，探求自我和他人生命意义的过程——在教育活动中，教师经由人类文明的积累，让自己的生命之河，汇入到人类共通的精神河流之中，使自己的人生，与人类社会，与完美的宇宙自然联系在一起，从欠缺走向完满，由小我走向大我，走向人生的完美与幸福。

这种探求不仅是教师与人类文明交融相汇的过程，同时也以"在场化"的方式不断实现着教师生命与学生生命的交汇，在这种交汇中，教师会感觉到自己的生命在孩子们身上得以延续，教师成就了学生，也成就了自我，从而做到自我实现与学生成长的完美统一。

正是在这种统一中，教师的人生得以不断走向完美与幸福。也正是在这种统一中，师生双方都享受着幸福的教育，享受幸福教育的过程，就是享受生命的过程，享受生活本身的过程。在这种享受中，教师不再关注种种外在的回报，而是关注生活和心灵本身所带来的种种幸福的体验："在幸福的教育中教师不会想到这课讲完之后有多少酬金，也不是为了让学生、国家、社会对自己有好印象。学生在幸福之中也不会去计较成绩将因此得到多大的提高，或专心学习将是否获得教师好评。在幸福的教育中，教育本身就是创造幸福和享受幸福的有机统一，它把师生从世俗的教育评价中摆脱出来。教育行为

---

① 刘次林. 幸福教育论［M］. 北京：人民教育出版社，2003：212.

本身就是教育的乐趣和动力，就是对教育的最圆满的评价"①。

"对于幸福教育的教师来说，教育不是牺牲，而是享受，不是重复，而是创造，不是谋生的手段，而是生活本身。"② 学生的每一个亲切的微笑，每一个微小的进步，都向他传递一种幸福的感觉。也正是在这种幸福的感觉中，教师平凡的工作中才会常常伴随着热情和激动，伴随着温馨和诗意；教师才能在课堂上词采飞扬、诗情洋溢时，感到激动和兴奋；教师才能从平凡而琐细的生活中感受到生活的情趣。

思考题：

1. 不妨思考最简单的问题，你从事教育职业的目的是什么？你的工作状态怎样？试着省思自己的工作目的和工作状态；

2. 就你的实际工作经历，选取一个片段写一教育叙事，不管这工作片段是枯燥的、还是充满趣味的，都请在叙事后写写反思。

---

① 刘次林. 幸福教育论［M］. 北京：人民教育出版社，2003：212.
② 刘次林. 幸福教育论［M］. 北京：人民教育出版社，2003：212.

参考文献

第一章

孔子. 论语. 中华书局，第 3 版，2009.

古希腊. 色诺芬著，吴永泉译. 回忆苏格拉底. 商务印书馆，1984.

古希腊. 柏拉图. 郭斌和、张竹明译. 理想国. 商务印书馆，1986.

马克思恩格斯文集第四卷. 人民出版社，2009 年.

苏霍姆林斯基. 苏霍姆林斯基选集.（五卷本）. 教育科学出版社. 2001.

［日］小原国芳. 小原国芳教育论著选：下卷. 人民教育出版社，1993.

［德］雅斯贝尔斯. 什么是教育. 生活. 读书. 新知三联书店，1991.

［美］弗洛姆著，孙依依译. 为自己的人. 三联书店，1988.

［法］涂尔干. 职业伦理与公民道德. 渠东、付德根，译. 上海人民出版社，2006.

第二章

陶行知. 陶行知教育文选. 教育科学出版社，1981.

夏夷. 梁启超讲演录. 河北人民出版社，2004.

叶澜. 教师角色与教师发展新探. 教育科学出版社，2001.

李晶. 有效教师. 辽宁师范大学出版社，2006.

王建平等译. 教师新概念. 中国轻工业出版社，2002.

第三章

［意］艾德蒙多·德·亚米契斯. 爱的教育. 北京大学出版社，2004.

冯建军著. 生命与教育. 教育科学出版社，2004.

胡向荣. 师爱论. 湖南大学出版社，2004.

张宏老师"教师职业道德规范解读"第三讲：关爱学生（网络视频）.

联合国. 儿童权利公约.

第四章

联合国教科文组织国际教育发展委员会编著：学会生存：教育世界的今天和明天. 教育科学出版社，1996.

联合国教科文组织总部中文科译. 教育——财富蕴藏其中. 教育科学出版社，1996.

马克斯·范梅南著，李树英译. 教学机智——教育智慧的意蕴. 教育科学出版社，2001.

叶澜等著. 教师角色与教师发展新探. 教育科学出版社，2001.

檀传宝. 教师伦理学专题：教育伦理范畴研究. 北京师范大学大学出版社，2010.

刘铁芳. 给教育一点形上的关怀——刘铁芳教育讲演录. 华东师范大学出版社，2007.

铁皮鼓. 新教育实验教师专业阅读项目用书：构筑合宜的大脑. 天津教育出版社，2009.

李帆. "新"老师王春易，载. 人民教育. 2011（17）.

第五章

叶澜等. 教师角色与教师发展新探. 教育科学出版社，2001.

冯增俊. 教育创新与民族创新精神. 福建教育出版社，2002.

程斯辉. 创新型教师. 东方出版社，2001.

申继亮. 教学反思与行动研究. 北京师范大学出版社，2006.

易凌云. 教师的个人教育观念. 教育科学出版社，2010.

李臣之. 教师做科研——过程、方法与保障. 深圳出版发行集团，2010.

第六章

苏霍姆林斯基. 和青年校长的谈话. 教育科学出版社，2009.

马克思. 范梅南·儿童的秘密. 教育科学出版社，2004.

房龙. 宽容. 陕西师范大学出版社，2010.

帕默尔. 教学勇气. 华东师范大学出版社，2005.

李茂. 彼岸的教育. 华东师范大学出版社，2006.

黄河清. 家校合作导论. 华东师范大学出版社，2008.

饶从满，杨秀玉，邓涛. 教师专业发展. 东北师范大学出版社，2005.

周东美. 教师合作与交流能力的培养与训练. 东北师范大学出版社，2004.

第七章

荣格. 人格的发展. 国际文化出版公司，2011.

L. A. 珀文. 人格科学. 华东师范大学出版社，2001.

雅斯贝尔斯. 什么是教育. 三联书店，1991.

乌申斯基. 乌申斯基教育文选. 人民教育出版社，1991.

四书五经. 中华书局，2009.

张双棣等译注. 吕氏春秋. 中华书局，2007.

黄宗羲. 明儒学案. 中华书局. 1985.

鲁洁. 通识教育与人格陶冶. 教育研究，1997（4）.

第八章

马克斯·范梅南著，李树英译：教学机智——教育智慧的意蕴. 教育科学出版社，2001.

刘次林. 幸福教育论. 人民教育出版社，2003.

郭思乐. 谛听教育的春天——郭思乐生本本教育思想随笔. 安徽教育出版社，2008.

余文森. 专业人员如何促进校本教研. 人民教育，2003（5）.

刘良华. 做思想者型的教师. 人民教育，2003（15－16）.

中小学教师职业道德规范

一、爱国守法。热爱祖国，热爱人民，拥护中国共产党领导，拥护社会主义。全面贯彻国家教育方针，自觉遵守教育法律法规，依法履行教师职责权利。不得有违背党和国家方针政策的言行。

二、爱岗敬业。忠诚于人民教育事业，志存高远，勤恳敬业，甘为人梯，乐于奉献。对工作高度负责，认真备课上课，认真批改作业，认真辅导学生。不得敷衍塞责。

三、关爱学生。关心爱护全体学习，尊重学生人格，平等公正对待学生。对学生严慈相济，做学生良师益友。保护学生安全，关心学生健康，维护学生权益。不讽刺、挖苦、歧视学生，不体罚或变相体罚学生。

四、教书育人。遵循教育规律，实施素质教育。循循善诱，诲人不倦，因材施教。培养学生良好品行，激发学生创新精神，促进学生全面发展。不以分数作为评价学生的唯一标准。

五、为人师表。坚守高尚情操，知荣明耻，严于律己，以身作则。衣着得体，语言规范，举止文明。关心集体，团结协作，尊重同事，尊重家长。作风正派，廉洁奉公。自觉抵制有偿家教，不利用职务之便谋取私利。

六、终身学习。崇尚科学精神，树立终身学习理念，拓宽知识视野，更新知识结构。潜心钻研业务，勇于探索创新，不断提高专业素养和教育教学水平。